天津市学校家庭教育指导中心 指导编写

学校家庭教育指导教程实用教案

XUEXIAO JIATING JIAOYU ZHIDAO JIAOCHENG SHIYONG JIAO'AN

张宗旺 陈秀茹 主 编
张铁梁 宋雪峰 副主编

天津大学出版社
TIANJIN UNIVERSITY PRESS

图书在版编目(CIP)数据

学校家庭教育指导教程实用教案：天津市学校家庭教育指导中心指导编写 / 张宗旺，陈秀茹主编；张铁梁，宋雪峰副主编. -- 天津：天津大学出版社，2023.11
ISBN 978-7-5618-7633-6

Ⅰ. ①学… Ⅱ. ①张… ②陈… ③张… ④宋… Ⅲ. ①学校教育－合作－家庭教育－教案(教育)－中国 Ⅳ. ①G459

中国国家版本馆CIP数据核字(2023)第219544号

策划编辑　语　砚
责任编辑　李　琦
装帧设计　逸　凡
技术编辑　赵向鑫
编辑邮箱　674692003@qq.com

出版发行　天津大学出版社
地　　址　天津市卫津路92号天津大学内（邮编：300072）
电　　话　发行部：022-27403647
网　　址　www.tjupress.com.cn
印　　刷　北京盛通印刷股份有限公司
经　　销　全国各地新华书店
开　　本　710mm×1010mm　1/16
印　　张　28.5
字　　数　496千
版　　次　2023年11月第1版
印　　次　2023年11月第1次
定　　价　78.00元

前 言
Preface

为深入学习贯彻习近平总书记关于家庭教育工作的重要论述，贯彻党的二十大精神，落实《中华人民共和国家庭教育促进法》，努力构建天津市学校家庭教育指导管理体系，引导和帮助家长树立正确的家庭教育观念，促进学生全面发展，做好校家协同育人工作。在天津市教育两委领导支持和帮助下，天津市学校家庭教育指导中心组织编写了天津市第一套学校家庭教育指导用书——《学校家庭教育指导教程》（下简称《教程》）。为做好《教程》的深入学习和推广使用，结合《教程》使用要求，天津市学校家庭教育指导中心在各区教育部门推荐名单的基础上，确定了近200所中小学校、幼儿园作为《教程》试用学校，组织开展了《教程》修改实验和教案编写工作，其中，300 多位教师参加了教案编写工作，经过审定，91 位教师撰写的教案入选《学校家庭教育指导教程实用教案》一书。

这本散发着油墨清香的《学校家庭教育指导教程实用教案》，凝结了各级领导的关怀和支持，凝聚了广大教师集体智慧和辛勤汗水，是教师上好家长课的方法集萃，是天津市学校家庭教育指导工作的又一创新成果，也是天津市蓬勃开展校家社协同育人的缩影。这本书承载着天津市学校家庭教育指导中心对全市中小学、幼儿园教师开展家庭教育工作的指导作用；体现着《教程》对指导家长育儿的专业引领；渗透着“活、实、新”的家长课的新型模式；肩负着全面提高家庭教育质量的神圣职责。这本书的出版是一项经过充分论证且具有创新性意义的工作。

这本书帮助教师理解和掌握《教程》的讲授内容，引领教师学会家长课的备课方式；这本书按照《教程》要求制定目标，体现着“三个维度”，注意了内容的广度和深度，规范了教师的家长课的课堂设计，且融入了许多优秀教师的教育经验，使家长课教案质量上升到了一个新的水平；这本书按照“导学合作、分析探究、方法检测、拓宽视野”的流程进行设计，体现了家长是学习的主体，教师是家长学习活动的组织者、参与者和引领者等许多家长课新理念，使家庭教育指导在课堂上有了一个崭新的载体。

马克思指出：“能给人以尊严的只有这样的职业，在从事这种职业时，我们不是作为奴隶般的工具，而是在自己的领域内独立地进行创造。”在撰写教案过程中，教师们积极探索，大胆实践，勇于创新，取得了可喜成绩。今天出版的此书正是教师这些精神风貌的体现，也是教师们走向成功的体现。

最后祝愿本书的出版开启学校家庭教育指导工作新篇章！让我们的教师、家长和孩子们共同学习，共同进步！

2023 年 4 月 28 日

目 录
Contents

第一编　幼儿园教师用书教案

一

二

三

第二编　小学 1—3 年级教师用书教案

一

第三编　小学 4—6 年级教师用书教案

一

二

第五编　高中教师用书教案

一

二

三

第一编

幼儿园教师用书教案

适应体验

新生活新体验——让孩子爱上幼儿园（教案）

授课学段：幼儿园小班
授课名称：适应体验
新生活新体验——让孩子爱上幼儿园
授课单位：天津市滨海新区中心商务区东沽幼儿园
授课教师：马妍　赵羽
指导教师：陈桂琴　沈怡岚

教育目标

（1）传播科学理念，帮助家长树立正确的育儿观。

（2）介绍一些科学的方法，鼓励家长帮助孩子尽快适应幼儿园生活。

（3）帮助家长调整心态，缓解心理焦虑。

学情分析

对于新入园的幼儿来说，第一次离开熟悉的家人和环境，独自来到一个陌生的环境，开启全新的集体生活，这无疑是一个巨大的挑战，难免会遇到各种各样的适应问题。新入园时期，感到焦虑的并不只有孩子，还有不少家长也容易感到焦虑。由于对幼儿园生活缺乏了解，家长对于孩子能否适应集体生活，能否正常进餐、如厕、入睡，能否与他人和平共处等问题感到担忧，也不知该怎样引导孩子缓解入园焦虑。

重点难点

（1）重点：缓解家长的入园焦虑；帮助家长了解一些科学的方法，缓解孩子的入园焦虑。

（2）难点：运用学到的方法，帮助孩子缓解入园焦虑。

教具准备

教学课件（见资料包），彩带若干、彩纸若干、笔。

课时安排

1 小时。

教育过程

一、讲授铺垫

组织游戏《绑带子》，引发思考。

教师：我们先来玩一个游戏，需要三四位家长参与，每人领 6 根彩带。当您出现下列情况时，每出现一种情况，则拿彩带绑住自己的双腿的某一个位置，从大腿、膝盖、小腿、脚踝，依次往下。

提问：①平时在家里您对孩子的事情总是包办代替吗？②当孩子上幼儿园哭闹时，您也会跟着一起哭吗？③孩子入园后，您会因为担心孩子，脑中经常浮现孩子在园中可能出现的意外状况吗？④当您把孩子送到幼儿园后，您会有不愿意离开的情况吗？⑤孩子入园后，您会经常给老师发信息打电话，不断询问孩子在园的情况吗？⑥接到孩子时，您会询问孩子在园有没有哭或有没有想爸爸妈妈吗？问题结束，现在请家长走到这边来。

提问：您被彩带绑着走过来有什么感受？

小结：游戏中的彩带就像家长产生各种焦虑时的行为表现，绑住自己的同时，也束缚住了孩子，这种焦虑的心理和错误的行为阻碍了孩子的成长！

二、讲授过程

1. 故事聚焦

教师讲述《教程》第 3~4 页“三、故事聚焦《娇娇上幼儿园》”。

2. 分析原因

教师讲述《教程》第 4~5 页“四、剖析根源”。

小结：在面临新环境时，我们成人都会紧张、害怕，何况孩子，我们需要做的并不是阻挡孩子的眼泪，而是陪伴孩子用坚定的脚步走向人生新的阶段。

3. 指导策略

教师：孩子即将上幼儿园，作为家长应该怎样做呢？请家长分成 4 个小组，每组派出 1 名代表讲述各小组观点。

教师请家长代表发表观点。

教师：我现在把大家的想法汇总、归纳，咱们从入园前、准备入园的早晨和放学回家后三个时间段来看看如何帮助孩子做好心理准备、生活准备、语言准备和交往准备。

教师讲述《教程》第 5~6 页“五、指导策略”。

（1）如何做好入园前的准备？

教师：作为家长，可以经常提到幼儿园，给孩子正确的心理暗示，让孩子对幼儿园充满憧憬，这样可使孩子为入园前做好心理准备。

教师：在对幼儿园生活有了初步的了解和期待后，家长们可以帮助孩子在生活方面做一些准备。

①锻炼自理能力。有的孩子会说“我不会穿衣服”“我不要自己穿”。面对这样的问题时，怎么办？挑食和不愿意自己吃饭的问题，又该怎么办？

教师为家长介绍《穿衣小游戏》《逛逛菜市场》与《帮厨我最棒》小游戏。

②培养规则意识。各位家长在家中应制定家庭规则，规范孩子的行为，如看到长辈要打招呼、玩完玩具后要放回原处等。

③做好语言准备。应教给孩子一些表达沟通的用语，如“老师，我要解小便”“老师，我想喝水”“老师，我还想再吃一碗”等。

④提高交往能力。如玩具要轮流玩，有好看的图书一起分享等。父母可以经常邀请小朋友来家玩耍，培养孩子交往能力。

（2）上幼儿园的早晨要做什么？

①起床后一鼓作气，保持轻松愉悦的心情。早晨在家磨蹭越久，孩子越不情愿去幼儿园。送孩子去幼儿园时尽量不要全家出动，那样孩子更容易撒娇。

②前往幼儿园的路上，尽量避免负面情绪表达。鼓励孩子并聊些开心的事，或者讲讲从前爸爸妈妈上学时的趣事，避重就轻，转移孩子的注意力。

③到达幼儿园后，果断把孩子交给老师，不拖泥带水。

（3）放学回家要做什么？

①家长要表达对孩子情绪的接纳和理解。孩子经历了一天陌生环境的挑

战，有的孩子会出现情绪异常的情况，当孩子想哭时，您怎么办？可以与孩子做游戏《黏住了》，当孩子朝你奔来的时候，一把抱住孩子，跟孩子黏在一起，怎么分也分不开；做游戏《这是我想你的味道》，带上孩子喜欢吃的巧克力，甜甜地一口下去，您可以问孩子："甜吗？这都是妈妈想你的味道。"

②进行积极的谈话分享。孩子放学回到家，主动了解孩子在幼儿园生活的情况，询问时要耐心，不要轻易打断孩子的话。

③理解孩子在焦虑情绪下出现的行为后退。上幼儿园后，您发现本来能自己去厕所的孩子，尿裤子了；本来自己吃饭的孩子，却一定要大人喂饭。面对这样的情况，家长不要着急，应理解孩子、关心孩子，不随意批评打骂孩子，帮助孩子做好生活自理工作。

4. 实践思考

教师：下面我们进行实践思考的问答环节，希望家长们通过问题积极思考，巩固咱们讲过的内容。

（1）促进幼儿入园适应的方法有哪些？

教师讲述《教程》第 7 页"六、实践思考（一）思考题"。

（2）孩子从幼儿园回到家后，一些家长会问："小朋友有没有欺负你？老师对你好不好？你挨批评了吗？"您觉得这样好吗？为什么？

教师讲述《教程》第 7~8 页"六、实践思考（三）案例分析题"。

三、讲授总结

教师：活动的最后我们来玩一个《下雨》的小游戏。

游戏玩法：各位家长听我口令，当我说"小雨"时，拍拍肩膀；说"中雨"时，拍拍手；说"大雨"时，拍拍腿；说"暴雨"时，跺跺脚。咱们一起放松一下。

注意事项：刚开始，可以按顺序，节奏慢一些。当家长们熟悉了身体各部位后，老师可以打乱顺序或加快节奏，最后快要结束时可以说："中雨、继续中雨、持续中雨、还是中雨！"家长们一直保持连续拍手的状态。

教师：谢谢各位家长热烈的掌声，我相信这个掌声既是对咱们孩子的肯定和鼓励，更是对您自己的一种肯定和鼓励。

总结：面对孩子成长过程中的各种"疑难杂症"，幼儿园有很多可以借鉴和学习的解决经验，也有更科学和成体系的教育指南。请家长放心地参与家园共育，一起为孩子的成长助力！

教师给家长提供《教程》第 8~10 页“七、智慧分享”。

附：本课资料包下载

兴趣萌发

用心用智育兴趣——助力孩子积极动起来（教案）

授课学段：幼儿园小班
授课名称：兴趣萌发
　　　　　用心用智育兴趣——助力让孩子积极动起来
授课单位：天津市滨海新区汉沽第三幼儿园
授课教师：刘媛
指导教师：张晓林

教育目标

（1）助力家长以平等的视角深度观察幼儿、充分了解幼儿。

（2）帮助家长找到适宜的方法，调动幼儿参与活动的兴趣。

（3）引导家长用心、有智慧地帮助幼儿找到适宜的活动。

学情分析

本专题从亲子间对于兴趣诠释和认知的不同视角出发，深度解读亲子对于兴趣的理解差异及产生的原因，基于教育实例，倡导通过巧解寻心之旅——关爱心、赏识心、信心、耐心的“四心”教育，助力家长学会走近幼儿，以平等的视角深度观察幼儿、充分了解幼儿，并找到适宜的方法调动幼儿参与活动的兴趣，引导家长用心、有智慧地帮助幼儿找到适宜的活动并使幼儿身心获得和谐发展。

重点难点

（1）重点：助力家长以平等的视角深度观察幼儿、充分了解幼儿；帮助家长找到适宜的方法，调动幼儿参与活动的兴趣。

（2）难点：引导家长用心、有智慧地帮助幼儿找到适宜的活动。

教具准备

教学课件、视频（见资料包）。

课时安排

1 小时。

教育过程

一、讲授铺垫

教师：各位家长朋友们，大家好，首先欢迎您抽出宝贵时间来参加我们的家长会。我们非常珍惜本次就家庭教育中的幼儿教育艺术与家长面对面交流的机会，希望能够引导各位家长建立科学的家庭教育理念，帮助家长了解幼儿兴趣产生的原因及亲子间的理解差异，基于教育实例，指导家长走进幼儿的世界，以平等的视角深度观察幼儿、充分了解幼儿，找到适宜的方法调动幼儿参与活动的兴趣，引导家长用心、有智慧地帮助幼儿找到自己的兴趣所在，并主动参与适宜的活动，使幼儿的身心得以和谐发展。

二、讲授过程

（1）案例导入，引发家长思考。

教师：各位家长，我想和大家分享一个案例，大家一起听听，故事里的妈妈做得对不对？

教师讲述《教程》第 12~13 页“三、故事聚焦《浩浩眼中的光亮》”。

提问：家长朋友们，案例中浩浩妈妈的做法对吗？如果您是浩浩妈妈，您会怎么做呢？

教师讲述《教程》第 13~14 页“四、剖析根源”。

（2）结合故事对小班幼儿兴趣的现状分析。

教师：根据案例我们不难发现小班幼儿的兴趣特点。小班的幼儿由于年龄比较小，对于什么事情都充满好奇心。但他们对事物的好奇心和兴趣都是短暂的。如何培养小班幼儿的兴趣特别是学习的兴趣，已经成为家长、老师们特别关注的问题。什么是兴趣？兴趣是指对事物的正面态度，是一种由事物引起的注意倾向。从情绪体验方面来说，是指个人在从事某项活动时所体验到的愉快感受。

教师结合“三、故事聚焦”和“四、剖析根源”进一步讲解如下内容。

《3~6岁儿童学习和发展指南》中明确指出，要“萌发幼儿对美的感受和体验，丰富其想象力和创造力，引导幼儿学会用心灵去感受和发现美，用自己的方式去表现和创造美”。在上述“故事聚焦”中，我们可以从孩子专注认真而创意奇特的想法看出孩子对绘画活动的浓烈兴趣，也就是说，孩子的艺术创作兴趣已经成功地被激发出来了。作为家长，应该充分尊重、支持和引导孩子感知欣赏和大胆表现生活中的美，以调动孩子参与活动的兴趣和内驱力，而不是单纯用成人的眼光去审视、评判孩子的作品，扼杀孩子的绘画兴趣及创作欲望。

孩子自由创作的体验是任何其他游戏所不能取代的，哪怕是家长嗤之以鼻的作品，也隐藏着孩子的喜乐悲伤。在活动参与的过程中，孩子天马行空的想象力与创造力便在其中生发、成长，并最终形成孩子对整个活动的兴趣与内驱力。这也是我们通过上述“故事聚焦”，对于家长“遥看春色近却无”的认知感受。

（3）结合幼儿实际情况，给出针对性指导。

教师讲述《教程》第14~16页“五、指导策略”。

教师：幼儿活动结束后，要展示每个孩子的作品，这不仅是对孩子的肯定，也是搭建家长与教师沟通的桥梁之一。在对作品进行整体评价时，要从构思是否新颖、独特，想象是否奇妙，落笔是否大胆，画面是否丰满等方面充分肯定每张作品的优点。

小结：小班幼儿对色彩掌握不是太好，教师可以引导其自然选择搭配，不作大块涂色要求。愿大自然美好的事物融于绘画之中，让每个孩子喜欢画画，让美术成为他们生活的一部分。

（4）创造孩子感兴趣的情境。

教师讲述《教程》第16页“六、实践思考（一）思考题”。

教师：带孩子去亲戚家串门，发现孩子正在专注于玩水玩沙玩土玩泥巴，玩得不亦乐乎，弄得浑身脏乱，瞬间变身“小泥猴”，这时您会如何做?

教师讲述《教程》第16~18页“六、实践思考（二）情境题，（三）案例分析题，（四）亲子实践活动”。

小结：利用家中常见的材料为孩子创造其感兴趣的活动情境，相关材料应贴近幼儿的日常生活，容易获取，便于操作，能够充分放大幼儿的兴趣，家长陪同其度过欢乐的亲子时光。

（5）陪伴孩子做趣味游戏。

教师：如何培养和提高孩子参与活动的兴趣？

教师讲述《教程》第 18~20 页“七、智慧分享（一）学习资料”中的各种游戏。

小结：“亲子活动”是孩子生活中必不可少的部分。孩子与成人的依恋是自然的又是十分重要的，在浓浓的亲情中成长的孩子健康、活泼、聪明。孩子和父母在快乐的亲子游戏中建立了亲密无间的关系。同时家长与孩子一起进行亲子活动，也能调动孩子参与活动的积极性和兴趣。下面就为大家介绍几组亲子游戏。

三、讲授总结

教师：为了让家长更好地树立教育观，推荐 2 本书籍，供大家参考。

教师讲述《教程》第 20 页“七、智慧分享（二）推荐书目”。

小结：兴趣是孩子最好的老师，作为家长如何用科学方法激发幼儿的兴趣，引导幼儿积极主动、自信乐观地参与各种活动，对幼儿的健康成长非常有利。通过今天的分享，希望能为您用心有智育幼儿提供更多的帮助，同时也希望您将好的方法和案例及时与我们分享，为更多的家长提供帮助！

附：本课资料包下载

同伴交往

融入集体有妙招——教会孩子大胆交朋友（教案）

授课学段：幼儿园小班
授课名称：同伴交往
融入集体有妙招——教会孩子大胆交朋友
授课单位：天津市西青区张家窝镇华夏阳光幼儿园
授课教师：张茗茜
指导教师：李茂莉

教育目标

（1）帮助家长了解幼儿怕生、不合群的表现和原因。

（2）帮助家长用科学的方法引导孩子融入集体。

（3）指导家长营造交往环境，让孩子感受到与同伴交往的乐趣，乐于与同伴交往。

学情分析

现阶段，大部分家长都非常重视培养孩子良好的社会性品质。如果自己的孩子有哪里与其他大多数孩子不同，便会引起家长的注意。随着社会的发展，各种新兴的社交渠道越来越多，但不合群的孩子也越来越多。然而家长对于孩子不合群的原因却了解甚少，也不能运用科学的方法去帮助孩子，总是急于让孩子尽快掌握成年人的交往技巧。幼儿园是孩子进行社会交往的第一个社会环境，家长是孩子的第一任老师，要抓住幼儿成长的关键期，密切家园联系，共同引导幼儿形成良好的性格，促进其社交能力的发展。

重点难点

（1）重点：帮助家长掌握幼儿融入集体的有效策略。

（2）难点：让家长有针对性地对幼儿进行心理建设。

教具准备

教学课件、测试题、背景音乐（见资料包）。

课时安排

1 小时。

教育过程

一、讲授铺垫

教师在音乐声中欢迎家长的到来，并请家长签到。

教师：在今天的活动开始之前，我们先来做一个简单的测试，看一看自己属于哪一种类型的家长。

二、讲授过程

（1）故事聚焦，引出话题。

教师讲述《教程》第 22~23 页“三、故事聚焦《第一天入园的泽泽》”。

（2）案例分享，交流学习。

教师：对于幼儿来说，家庭是他们最信任、最依赖的环境，从家庭到幼儿园的过渡是一个巨大的改变，自然会产生很多的不适应。但幼儿不合群的原因和表现有很多种，下面我们就来看看几个案例。

案例一：一天，丁丁跟小朋友玩游戏，没一会儿，因为一点小事，丁丁与小朋友发生了冲突，哇哇大哭起来。丁丁经常因为一点小事就大喊大叫，很难和小朋友和平相处。

提问：丁丁为什么会出现这样的行为？

教师：现在很多家庭都只有一个孩子，孩子自然会得到家中众多成年人的关怀和照顾，而这种关怀和照顾往往是单向、片面的，特别容易出现溺爱现象，使幼儿形成以自我为中心的心理。这类幼儿在进入集体生活后很难与他人交往，不能与他人友好相处，更谈不上谦让他人，缺乏人际交往所必要的交往经验和能力，其后果是导致幼儿的独处或被孤立。他们一旦进入集体活动或陌生环境，内心中不仅觉得有一种距离感，还会产生不安全感和恐惧、焦虑心理，反映在行为上，就会表现为胆小、爱哭、孤僻、不合群。

案例二：洋洋从出生起就跟着爸爸妈妈成长，甚至与爷爷奶奶、姥姥姥爷接触的时间也寥寥无几，在幼儿园也是和谁都不交往，哪怕是亲戚来到家里也会表现得扭扭捏捏。洋洋的妈妈为此纠结不已，为什么以前感觉很大方的孩子，如今变得这么胆小、没礼貌了呢？家长生怕孩子继续下去会变得性格内向，影响以后的生活。

提问：为什么洋洋会从大方变为胆小？

教师：幼儿刚出生的时候，谁抱都可以，因为幼儿并没有认生的心理，其需要的只是一个温暖的怀抱。出生后大概10个月左右，幼儿开始出现认生心理，抵触除父母之外的人。到了2至3岁时，幼儿的这种认生心理会逐渐转变为躲避心理。

很多家庭都会忽略这样一个问题：刚开始孩子不喜欢叫人。我们往往会解释为孩子认生害羞，让对方别介意；慢慢就演变成对孩子说："你这孩子怎么这么不懂礼貌，我是怎么教你的？"

其间孩子的态度并未改变，只是家长的态度在转变——从宽容变成了责怪。同时，不正确的引导也是孩子无法改善遇人躲避这一习惯并且逐渐加重的主要原因。逢年过节或家里来亲戚时，孩子的躲避会让家长感觉自己的孩子毫无礼貌，自己的教育毫无成效。如果我们可以在孩子小的时候给孩子以鼓励和正确的引导，便可有效改善孩子的这一习惯，培养孩子的自信心。

案例三：晨晨现在5岁，是幼儿园大班的孩子。她平常很少讲话，老师说她半学期只讲了6次话，每次也只讲一句。生活中很常见的事她也不会说，而且在幼儿园一整天就是一个人玩，不与他人交往。晨晨的父母最初以为孩子是发音器官有缺陷，但经医学专家多次会诊，晨晨的发音器官正常，只是发音迟缓，语言表达能力弱，并伴有性格变异。

提问：作为家长，如果自己的孩子不合群行为比较严重，您会不会正视孩子可能会出现的心理疾病？

教师：晨晨的父母都是地质工作人员，长期在野外工作、生活。晨晨出生后不久便被送到农村的外婆家，由外婆带到4岁半才接回父母身边。外婆是一个既无文化，又因丈夫过世早，一直寡居而形成孤独性格的老人。像晨晨这样体格检查和神经系统检查均属正常的情况下，存在发音迟缓、性格变异，就要考虑为儿童孤独症，又叫儿童自闭症。该症一般发病于2岁半以前，男孩多于女孩，发病率在1%~2%。

从三个方面可以识别孤独症儿童。一是与人交往和沟通困难；二是存在语言障碍，这是孤独症儿童的一个突出症状；三是兴趣狭窄，行为刻板，适应新环境困难。

孤独症的发病原因至今不明，可能与家庭环境、遗传、脑部疾病、母亲孕期生病吃药等因素有关。有调查资料表明，孤独症患儿的父母多数是文化程度较高的专业人员，他们整日忙于工作、科研，很少照顾孩子，亲子关系较淡漠。

（3）探索策略，智慧分享。

教师讲述《教程》第 27~30 页“七、智慧分享”。

教师：对于小班的孩子来说，上幼儿园是他们正式离开家庭、走上社会的第一步。孩子独自到一个陌生环境过群体生活，提前做好充足的准备是很有必要的。作为家长，我们该如何做呢?

（4）实践思考，学以致用。

教师讲述《教程》第 25~26 页“六、实践思考”。

三、讲授总结

教师：快乐是无价之宝，乐观主义精神能使孩子更多地从对事物有利的一面考虑问题。孩子能否很快融入集体，在很大程度上取决于家长的引导和教育。家长在日常生活中要时时用愉快的情绪和饱满的状态来感染孩子，不应沉默寡言、唉声叹气，相信在家园的共同努力下，孩子一定可以更好地成长。今天的内容就是这些，稍后我会与大家分享一个亲子游戏，大家如果有关于家庭教育的疑问，现在可以聊一聊。

附：本课资料包下载

和谐氛围

让家成为滋养生命的源泉——维系良好关系，建设和谐家庭（教案）

授课学段：幼儿园小班
授课名称：和谐氛围
让家成为滋养生命的源泉——维系良好关系，建设和谐家庭
授课单位：天津市和平区第十一幼儿园
授课教师：孟蓓
指导教师：赵静

教育目标

（1）帮助家长学会尊重差异，在家庭内部建立民主环境。
（2）为家长提供分担责任的方法，营造有爱的家庭氛围。
（3）帮助家长体验和感受正确处理家庭关系对家庭教育的影响。

学情分析

家庭教育是国民教育体系的重要组成部分，是社会和学校教育的基础、补充和延伸，在孩子整个教育的过程中，起着关键的作用。良好的家庭关系对孩子的成长极其重要，更容易正向激励孩子，也有利于其形成积极向上、自信担当的品质。在前期调查统计中，我们发现大部分的幼儿家长能够意识到和谐融洽的家庭氛围和亲子关系是有利于幼儿健康成长的，也能尝试通过自己的努力营造有爱的家庭氛围。但在实际生活中，家长往往也会因为缺少与孩子沟通的适当方法，在亲子关系方面产生困惑。因此帮助家长认识到规范自身的言行和维系良好的家庭关系等方法是建设和谐家庭的重要突破口。

重点难点

（1）重点：帮助家长充分感受和理解营造充满爱的家庭氛围对幼儿身心健康的重要性。

（2）难点：借助案例分析、情景讨论等多形式，逐步帮助家长学会创建民主、和谐的家庭氛围，为幼儿健康成长服务。

教具准备

教学课件、视频资料（见资料包），小礼物 10 份。

课时安排

1 小时。

教育过程

一、讲授铺垫

教师：什么样的家庭是和谐家庭？你是怎么认为的？

教师请家长思考后，邀请 3 至 4 位家长回答，并做简单记录。（提示家长：可结合之前的问卷内容，说一说自己对和谐家庭的认知。）

教师：和谐家庭应注重良好的夫妻关系和亲子关系。今天我和各位家长交流的内容是如何维系良好关系，建设和谐家庭。

二、讲授过程

（1）现状分析，引导家长了解当前家庭氛围对孩子成长的重要性。

教师讲述《教程》第 31~32 页“二、现状分析”。

教师：父母的行为在家庭氛围中起到决定性的作用。父母不恰当的意识和行为会给孩子带来困扰和不良情绪反应。在儿童心理发展要求和大教育观下，从国家层面更加重视对家庭氛围的营造。

教师出示前期问卷调查的对比结果，着重引导家长看问题部分，先不解答，而是向家长抛出问题，如“什么原因导致家庭中出现类似的问题”，希望家长带着这样的疑问来认真倾听今天的内容，并在最后请家长自己解答。

（2）故事聚焦，引发家长思考。

教师讲述《教程》第 32~33 页“三、故事聚焦《令人烦恼的绘画课》”。

教师：你赞同故事中这对父母的做法吗？为什么？

教师请家长思考后，以举手示意的方式表达自己想法。

小结：通过故事讲述，帮助家长意识到自身的言行和表面化的“一致性原则”给家庭教育带来的不良影响。

（3）剖析根源，逐条详细分析原因。

教师讲述《教程》第 33~34 页“四、剖析根源”。

小结：父母教育理念不一致时，容易形成不当的家庭互动方式；权威型家长教育模式，往往忽视孩子的兴趣与感受；家庭环境缺乏整洁与美感，不利于陶冶孩子的情操。这些都会影响孩子身心的健康发展。

（4）详细讲解指导策略。

教师讲述《教程》第 34~35 页“五、指导策略”。

教师：我还有一个问题：“怎样创建一个和谐的家庭氛围？”请家长进行 5 分钟的自由讨论。

教师结合家长讨论情况逐条详细讲解怎样建立民主和谐的夫妻关系、双向养育的亲子关系、美美与共的内外环境。

（5）设置情景，引发家长互动思考（参与的家长可得到一份小礼物）。

教师讲述《教程》第 35~36 页“六、实践思考（一）思考题”。

教师：结合刚才所讲内容，我请 3 位家长回答问题：“在日常生活中，父母应通过哪几方面营造一个民主和谐的家庭氛围？”

小结：通过几位家长的讲述，可以看出大家对和谐家庭氛围的营造有了初步的认识和理解。在实际生活中，我们还有可能会遇到以下类似的事情，让我们一起看一看。

教师讲述《教程》第 36 页“六、实践思考（二）情境题”。

教师：请认真观看情景表演《平平的一家》，并请家长换位思考，说说平平为什么会出现这样的表现？作为父母又应该怎样做？

小结：在日常生活中，我们应该用自己的实际行动来践行合作、分工、共同承担，为孩子做好榜样。如果我们在生活中遇到下面这种情况，我们可以通过怎样的方法调节呢？

教师讲述《教程》第 36~37 页“六、实践思考（三）案例分析题”。

教师：现在给家长 5 分钟的时间思考，我会邀请 2 至 3 位家长分享自己的看法。

小结： 日常生活中，建议家长抽出时间有效陪伴孩子，可以进行适宜的亲子游戏来拉近夫妻之间、亲子之间的关系，增强家庭归属感。

（6）亲子实践小活动，提升家庭成员之间的和谐氛围感。

教师： 之前我们一起进行了理论和实操的练习，各位家长对如何营造和谐家庭氛围也有了一定的了解。接下来我将播放视频资料片《恰当的语言表述使家庭氛围更和谐》，大家不妨试一试，如果我们能长期这样做，可以使家庭的氛围越来越和谐，更有利于孩子身心的健康成长。

三、讲授总结

教师： 和谐的家庭氛围是需要夫妻二人共同维系的，这样才能滋养生动善良健康的生命。

教师给家长提供《教程》第 37~40 页“七、智慧分享”。

教师： 我还要向各位家长推荐陈鹤琴的教育分享《父母应在孩子面前同一态度》。请家长默读。最后，感谢各位家长百忙中参与本次活动，我分享给大家的一些相关书籍和有趣的经验，稍后大家可以自主观看和学习。也随时欢迎大家遇到问题，和我一起交流、沟通，希望我们能共同学家庭教育，做智慧家长。

附：本课资料包下载

亲子游戏

接纳、支持、参与——和孩子共同游戏（教案）

授课学段：幼儿园小班
授课名称：亲子游戏
接纳、支持、参与——和孩子共同游戏
授课单位：天津市北辰区北仓幼儿园
授课教师：李颖
指导教师：陈秀凤　周晓丽

教育目标

（1）帮助家长提升开展亲子游戏的意识。

（2）帮助家长掌握开展亲子游戏的科学方法。

（3）帮助家长有意识地陪伴孩子开展亲子游戏，与孩子建立良好的亲子关系。

学情分析

通过面向家长的家庭教育调查问卷显示，亲子游戏中 50% 以上是妈妈参与，爸爸参与的比例大约为 30%，经常进行亲子游戏的家庭只有 30%。可见，大多数家庭不重视亲子游戏的开展，更没有真正关注幼儿的需求，缺乏对幼儿的有效陪伴。在面对幼儿玩打闹游戏时，大部分家长往往忽略幼儿心理上的需求，只有极少数家长会主动陪孩子一起玩，还有个别家长制止幼儿玩打闹游戏。与鼓励幼儿玩游戏相比，家长普遍更重视培养幼儿主动收拾玩具这样良好的行为习惯。培养好习惯固然重要，但从亲子游戏中培养亲子关系、助力幼儿成长更为重要。可以看出当前大部分家庭对于亲子游戏的观念及陪伴成长的理念还没有很好地建立起来。

重点难点

（1）重点：家长正确认识亲子游戏、树立科学亲子游戏观念，重视开展亲子游戏活动，初步掌握一些亲子游戏的方法策略。

（2）难点：突破亲子游戏误区，在科学理念下有意识开展亲子游戏，与幼儿建立良好的亲子关系。

教具准备

教学课件，提前录制的案例视频、音频，亲子游戏（见资料包）。

课时安排

1 小时。

教育过程

一、讲授铺垫

教师播放具有代表性、轻松愉快的亲子游戏视频，吸引家长注意力，激发家长对亲子游戏的兴趣，为活动创造良好的开端。

教师：各位家长，我们先观看一段很有意思的亲子游戏视频，希望能够唤醒您和孩子之间美好的亲子游戏记忆。

二、讲授过程

（1）组织家长观看具体直观的亲子游戏视频。

让家长回忆生活中真实发生的亲子游戏故事，在问题的引领下以讨论、谈话、问答等互动方式正确理解“亲子游戏”。

教师：家长们，观看视频后，您觉得什么是亲子游戏？亲子游戏对促进亲子关系有什么积极作用？

教师：说一说您和孩子有趣的亲子游戏故事。

教师讲述《教程》第 41 页“二、现状分析”第一自然段。

小结：亲子游戏是家庭内成年人（主要指父母）与儿童之间基于亲子情感，以各种活动为媒介，促进亲子情感，并向儿童传递知识、技能或解决问题策略的一种互动活动。亲子游戏除了具有游戏的特性外，还兼具情感性、发展性和教育性，它不仅是帮助儿童身心健康发展的方式，也是增进亲子关系、加强情感交流的手段。

（2）通过案例引导家长树立正确的亲子游戏观念。

① 听案例音频，分组讨论案例内容，通过讨论深入理解亲子游戏的内涵。

教师播放录制好的案例音频——《教程》第 42~43 页“三、故事聚焦《我不想看故事书》”。

② 教师提出问题，用实例帮助家长正确认识亲子游戏和亲子陪伴。

教师： 案例中有几个亲子游戏，您认为哪个亲子游戏是适宜的，哪个是不适宜的，为什么？您觉得不适宜的亲子游戏陪伴会产生什么不良影响？孩子在不同的游戏中有什么样的表现？通过对这个案例的分析，您对自己以往的亲子游戏陪伴有什么新的认识？

③ 讨论并理解亲子打闹游戏的价值。

教师： 刚才案例中爸爸和孩子玩《变形金刚》的游戏属于打闹游戏。那么您和孩子平时在家都玩儿过什么打闹游戏？在游戏的过程中您觉得孩子和您的心情是什么样的？您认为打闹游戏对孩子的发展有什么样的价值呢？

教师讲述《教程》第 47~48 页“七、智慧分享（一）学习资料”。

小结： 打闹游戏是一种可以随时跟随状态变化、即兴又充满快乐的游戏。游戏，尤其是互动性强的体能游戏（比如打闹游戏）会让孩子变得更聪明、情商更高、更受欢迎、更有同理心、身体更健康，也更快乐。这并非夸大其词，打闹游戏能激活身体和大脑的多个部位，如调控情绪的杏仁体，处理复杂运动技巧的小脑，负责认知和决策的前额叶皮质，等等。因此，每一次打闹游戏绝不仅仅只对身体有益，它甚至通过对大脑发育的影响，促使一些宝贵品质的形成，如合作、责任、正直、诚实、善良。

教师讲述《教程》第 41 页“二、现状分析”第二自然段。

教师： 随着社会的不断进步，越来越多的家长开始重视早期的家庭教育。然而社会上出现的一些认识误区和违背教育规律、幼儿发展规律的做法，导致家长在亲子陪伴、亲子游戏中也出现了一些问题，具体表现在以下几个方面：一是家长对亲子游戏的认识存在偏差，认为游戏只是幼儿玩玩而已，对未来的学习没有太大用处，学习识字、拼音、计算等才是更重要的，就像案例中的这位妈妈；二是家长在亲子游戏过程中的参与度较低，只是人陪在幼儿身边，却没有参与幼儿的游戏中；三是家长在亲子游戏中占主体地位，忽视了幼儿的主体性，导致幼儿盲目跟从模仿，在游戏中缺乏思考和锻炼。

（3）剖析根源，分析原因。

教师：请家长们分组讨论亲子陪伴游戏中应该注意哪些问题，并记录下来。

教师讲述《教程》第 43~44 页“四、剖析根源”。

小结：① 家长对亲子游戏重视不足；② 家长忽视了幼儿在游戏中的主体地位；③家长对亲子游戏缺乏科学的认识；④家长欠缺组织亲子游戏的方法技巧。

（4）亲子游戏的指导策略。

教师：在和孩子进行亲子游戏时我们要采用什么样的指导策略？

教师讲述《教程》第 44~45 页“五、指导策略”。

教师：下面请家长结合亲子游戏的指导策略来设计一个打闹游戏，要把孩子喜欢的三件事结合起来，讲故事、角色扮演以及身体碰撞。在设计游戏时首先决定一个故事主题，可以是孩子熟悉的动画片或者故事书中的故事，也可以是孩子自己创编的故事，要求所有人都要把动作、声音、表情带入角色。比如，最近小一班的小朋友比较迷恋《西游记》，家长可以借助《西游记》中的故事情节来设计并组织游戏。在游戏进行中，可以问问孩子：“接下来会发生什么事情？”指导孩子创编或回忆故事的情节。

教师给家长 10 分钟的准备时间，并邀请一位家长来分享一下自己设计的游戏？

（5）在实践中提供开展亲子游戏的能力。

教师讲述《教程》第 47 页“六、实践思考（四）亲子实践活动”。

三、讲授总结

教师：今天就以上内容和家长们进行了交流和互动，感谢家长们的积极参与。通过今天的交流，我们更加清晰地了解到亲子游戏的重要性。课后有几道思考题、案例分析和学习资料，感兴趣的家长可以自行下载。我将把资料包发送到班级群，希望我们能一起努力共助孩子健康快乐成长。

教师给家长提供《教程》第 48~49 页“七、智慧分享（二）推荐书目”。

附：本课资料包下载

自我服务

心手相牵乐于行——提高孩子的自我服务能力（教案）

授课学段：幼儿园小班
授课名称：自我服务
心手相牵乐于行——提高孩子的自我服务能力
授课单位：天津市北辰区宸宜幼儿园
授课教师：曹凤娜
指导教师：王淑青　刘凤晶

教育目标

（1）帮助家长了解幼儿生活自理内容以及生活自理能力对幼儿适应幼儿园生活及终身发展的重要性。

（2）帮助家长掌握提高幼儿生活自理能力的正确方法，通过提高幼儿生活自理能力培养幼儿良好的生活学习习惯。

（3）帮助家长树立培养提高幼儿生活自理能力的意识。

学情分析

通过对小班即将入园孩子的家长进行访谈调研，结合《教程》第 50 页“二、现状分析”，综合整理出以下几方面的学情内容。

（1）大多数小班即将入园孩子的家长均表示，由于不了解幼儿园的一日生活，所以不清楚孩子去幼儿园生活都需要哪些方面的自理能力。

（2）由于孩子从未在集体中生活过，所以不太清楚目前自己孩子的哪些能力存在不足，想提升孩子的自理能力，却无从下手。

（3）大部分家长不了解培养幼儿生活自理能力的具体方法，特别想要得到专业的指导帮助。

（4）还有一部分家长没有培养幼儿自理能力的意识，认为到了幼儿园，老师理所当然要承担起照顾孩子的责任，孩子本来就小，让他们学会自理本身就有困难。

重点难点

（1）重点：帮助家长掌握提高幼儿生活自理能力的正确方法。

（2）难点：一是培养家长树立让幼儿自我服务的意识；二是帮助家长掌握提高幼儿生活自理能力的正确方法。

教具准备

教学课件、音乐（见资料包），幼儿用的桌椅若干、短袖上衣（套头式）、纸、笔等。

课时安排

1 小时。

教育过程

一、讲授铺垫

教师提前安排家长参加“幼儿园一日生活体验”活动。

（1）体验环节。

请小班新生家长来到幼儿园参观幼儿的生活、游戏环境，了解幼儿园一日生活安排。教师重点介绍孩子在幼儿园生活需要具备哪些生活自理能力，以便家园携手让孩子更好、更快地适应幼儿园生活。

具体方式：请家长扮演孩子，根据幼儿园一日生活作息安排，参观环境，体验生活。

（2）挑战环节。

组织午睡后的“穿衣能力秀”。能力秀分 3 组，每组 2 人，共有 6 位家长参与。

“穿衣能力秀”规则：

一组的家长——正常穿；

二组的家长——只能用一只手穿；

三组的家长——不能用手穿。

限时 2 分钟，能力秀结束。参加“穿衣能力秀”的家长围绕活动谈感受。

小结：幼儿在集体生活中，如果生活自理能力强，能跟上集体的生活节奏，会自信且快乐；如果生活自理能力差，跟不上集体的生活节奏，就会让孩子感到不适。自理能力差的幼儿往往不会正确表达自己的内心感受，常以哭闹、不来园等负面情绪来发泄，这些都会影响幼儿自信心的树立，甚至让他们产生心理阴影，影响孩子未来对各种新环境的适应。

二、讲授过程

（1）理念传递——幼儿生活自理能力的认知与解读。

教师：什么是生活自理能力？小班新生要掌握的生活自理能力包括什么？

教师讲述《教程》第 50~51 页“二、现状分析”。

小结：幼儿生活自理能力，也称幼儿自我服务能力，是指幼儿在一定的年龄阶段内独立地照顾管理自己生活各方面的能力，主要包括进餐、盥洗、穿脱衣物、入睡、整理物品等。

小班新生的生活自理能力包括：会自己吃饭（包括正确使用勺子，具备好的用餐习惯，不挑食偏食等）；能自己喝水（会用水杯端水及喝水，能够自主饮水，有爱喝水的习惯等）；会洗手（包括洗手前知道卷袖子，洗手后主动挂毛巾，掌握洗手的正确方法等）；自己能穿脱衣服（包括分清衣服的反正面，会把衣服翻正，会穿脱袜子、鞋等）；大小便时会自己整理衣服（包括会蹲便，不尿湿裤腰和裤脚，主动表达要大小便等）。

（2）沙龙讨论——幼儿生活自理能力问题的追根溯源。

教师讲述《教程》第 51~52 页“三、故事聚焦《学不会穿衣的亮亮》”。

教师：请家长对照自己孩子的情况分别加入“爱上喝水洗手组”“香香吃饭组”“嘘嘘嗯嗯组”“穿脱自如组”4 个主题组，每组最多 6 人，以小组的形式围绕以下各组的主题进行交流。

①针对每个组的主题，家长讨论幼儿在该主题下普遍存在哪些问题？

②讨论产生这些问题的根源是什么？

③家长们一起商量的对策有哪些？

教师给家长15分钟的时间进行讨论，然后各组派一名家长代表进行分享。

小结：听到大家的分享，我觉得大家真的很棒，敢于直面问题，而且结合孩子的实际情况和自己的育儿经验，大家讨论得非常热烈，总结出来的对策也都很接地气、很实用。

教师讲述《教程》第52~53页“四、剖析根源”。

（3）理论指导——幼儿生活自理能力问题提升的指导策略。

教师：针对家长在分享中提出的幼儿自理能力存在的问题、根源及对策，我们可以进一步探析幼儿生活自理能力存在问题的原因：一是受幼儿生理发展特点的制约；二是家庭成员的溺爱；三是家长受“树大自然直”理念的错误导向；四是家长不当的教养方式。家长必须从自身着手，找到正确的指导策略。

教师讲述《教程》第53~55页“五、指导策略”。

教师：小班新生年龄相对较小，情感脆弱、能力差、畏惧感强，但他们的可塑性很强，所以家长要做到自我成长在先，情感态度在先，身体力行、言传身教，从以下几个方面着手培养幼儿的自理能力。

①在鼓励、表扬中强化孩子的自我服务行为。家长首先要帮助孩子养成自我服务的意识，让孩子明白自己的事情要自己做；其次家长要身体力行，为孩子们做榜样；最后，家长要用“欣赏”“鼓励”的形式来激励孩子，如制定一个“进步墙”或者“奖励榜”等，对孩子进行正向、积极的刺激。

②以游戏的形式激趣增信，给予孩子实践练习的机会。兴趣是最好的老师。在帮助孩子提升生活自理能力时，以游戏化、生活化的形式，辅之以示范法、榜样法、奖励法等具体方法，陪伴幼儿一起成长。

③借助儿歌、绘本等激发孩子自理意愿。家长可以借助儿歌、绘本等激发孩子自己动手的意愿，指导孩子学习和掌握生活自理的基本方法。

④家长示弱，让孩子体验被依赖的成就感和幸福感。让孩子作为家里的一分子参与家庭事务，同孩子商量家中的事情，让他发表自己的见解，帮助家长解决困难，培养其成为有主见、有想法、有生活情趣的孩子。

⑤形成“我为人人，人人为我”的家庭氛围。正所谓“孩子是家长的镜子”，有的孩子上课跷二郎腿，有的孩子随地吐痰，有的孩子口出脏话，追根溯源，家庭成员往往有类似的问题，所以一定要注重家风的营造。

⑥家长为幼儿生活自理能力的发展提供隐性支持。从孩子的角度出发，

为其生活自理能力发展提供便利，如用一些废旧纸箱、盒子开展亲子“DIY”（自己动手），供幼儿收拾和存放自己的玩具、图书或生活用品等；为幼儿购买的衣服、鞋子等要简单实用、松紧适度，便于孩子自己穿脱；家长平时带孩子多做锻炼腿部力量的游戏，为蹲便做准备。

（4）实践真知——幼儿生活自理能力问题提升的实践思考。

教师讲述《教程》第55~56页“六、实践思考”。

三、讲授总结

教师讲述《教程》第56~58页“七、智慧分享”。

教师：今天我们重点讨论分享了小班新生“生活自理能力”方面的知识，希望能够指导家长在家庭教育中帮助孩子尽快适应幼儿园的生活。生活自理能力从广义上来讲还包括人际关系、自我表达、心理承受力等多个方面，所以在接下来的幼儿园生活中，家园要携手全面发展孩子的生活自理能力，为孩子将来的生活和学习打下坚实的基础。活动到此结束，家长们如果有问题请私下和我沟通，再次感谢家长的积极参与！

附：本课资料包下载

情绪管理

解锁情绪管理密码——提升孩子的自我情绪调控能力（教案）

授课学段：幼儿园中班
授课名称：情绪管理
解锁情绪管理密码——提升孩子的自我情绪调控能力
授课单位：天津市南开区第十三幼儿园
授课教师：刘莹
指导教师：王双红　侯莉莉

教育目标

（1）帮助家长了解孩子情绪，知道应对各种情绪的策略和方法。

（2）引导家长正确处理和疏导幼儿的负面情绪。

（3）提高家长指导孩子调控情绪的能力，促进融洽和谐的亲子关系。

学情分析

孩子的情绪深受父母的影响。但家长在处理孩子的情绪问题时，经常会采用以暴制暴、当孩子情绪的奴隶、说教和指责他人等应对方式，伤害了孩子也伤害了自己。家长对问题的不同看法，直接影响家长面对孩子负面情绪的做法。情绪掌控力是我们情商体系中重要的一部分。家长要先学会如何正确处理情绪问题，进而才能在共情的基础上进行有效的亲子沟通。让我们一起家园携手，帮助家长学会有效处理孩子负面情绪的策略方法，做积极有智慧的父母。

重点难点

（1）重点：了解孩子情绪的相关知识，知道应对各种情绪的策略方法。

（2）难点：家长能正确处理和疏导幼儿的负面情绪。

教具准备

教学课件（见资料包）。

课时安排

1 小时。

教育过程

一、讲授铺垫

教师： 家长朋友们，大家好，欢迎您来参加学校家庭教育指导服务活动，希望此次活动能帮助您树立正确的育儿观，掌握科学的教育方法，让我们家园携手共同促进幼儿健康成长和全面发展。

情绪随人的出生而产生。情绪是天生的，是不学就会的。每个孩子都有自己的小情绪，在他们还不懂得什么是情绪时，就有发脾气、喊叫，甚至是哭闹等行为出现。面对孩子的“无理取闹”，您是否感到无从应对？我们从平日的家园互动中梳理总结了孩子常常表现出来的一些情绪问题，并提供一些应对这些情绪的小妙招，帮助您聆听孩子的“心声”，分析负面情绪背后的成因，找到解决问题的办法，指导孩子学会做自己情绪的小主人。

二、讲授过程

（1）故事分享，引发思考。

教师： 我想和大家分享一个故事案例，请您想一想，故事里的爸爸、妈妈做得对不对？您遇到过类似情况吗？您会怎样做？

教师讲述《教程》第 61~62 页“三、故事聚焦《我生气啦！》”。

提问： 如果您是案例中豆豆的妈妈或爸爸，您会如何应对呢？您认为豆豆的父母在孩子情绪失控处理中存在什么问题？

小结： 家长都能认识到案例中的爸爸妈妈在面对孩子消极情绪时，采用的很多方法都并不起作用，反而让孩子的负面情绪表达得更加激烈。为什么会出现这样的情况呢？其实，幼儿的情绪表现有其发展特点，家长要了解幼儿的情绪表达规则，这样才能在日常生活中正确处理好类似问题。

（2）分析问题，和家长共同了解情绪小知识。

教师：结合上述案例和我们刚刚讨论交流的内容，现在让我们对情绪做以下分析。

教师讲述《教程》第 62~63 页“四、剖析根源”。

（3）提升孩子自我情绪调控能力的意义和现状。

教师：情绪调控能力是孩子在成长过程中非常重要的一种能力，如果自我调节能力低，就容易作出冲动的行为，影响自己和他人的心情。若孩子能够对情绪进行自我调节，他们就能正确处理和排解情绪问题，更好地应对冲突和挑战，在自主解决问题的过程中获得自信和愉悦的成功体验。家长都希望孩子拥有情绪管理的能力，但这种能力不会平白无故获得，要从小培养。但家长在孩子的情绪培养教育上却始终感到缺少章法，或是在教育孩子的过程中心烦意乱、难过生气，甚至暴躁愤怒。

小结：如果家长不了解有关孩子情绪的心理知识和教育方法，便不能帮助孩子提升情绪管理能力，找到解决问题的方法。那怎样才能帮助家长引导幼儿发展自我情绪调控能力呢？结合刚才豆豆的故事，我想和家长分享一些策略方法。

（4）结合实际，运用策略。

教师讲述《教程》第 63~64 页“五、指导策略”。

教师：希望以上几种策略能够帮助家长以正确的方法应对孩子的情绪问题。只要家长投入了时间和耐心，运用了技巧和策略，就能让孩子知道自己可以有所选择，做自己情绪的小主人。

（5）实践思考，互动交流。

①情境思考，巩固认知。

教师讲述《教程》第 65 页“六、实践思考（一）思考题”。

教师：各位家长想一想，自己在调整孩子情绪时都有哪些好办法？下面请 3 位家长来说说。

小结：大家说得都非常好，将我们之前学习的情绪小知识和处理策略都融汇到了这个情境中。培养情绪管理能力是一个持续进行的过程，一旦有好的开始，就会渐入佳境。

②情境分享，辨别对错。

教师讲述《教程》第 65 页“六、实践思考（二）情境题”。

教师：结合刚才分享的情境，再看看文文的爸爸处理的方法，您有什么感想？下面请 3 位家长来说说。

小结：大家说得对，案例中文文的爸爸采取的处理方法是正确的。看来大家对我们讲授的内容学习得很用心，掌握得也很快。家长不要给情绪设限，不管是好的情绪还是坏的情绪，都应该被认同和接纳。当情绪可以被表达时，表达可以被倾听关注时，孩子才能去思考、去尝试更合适的表达方式。当声音不被听见时，孩子才会更大声；当情绪不被关注时，孩子才容易表达得更激烈。

③案例分析，提升能力。

教师讲述《教程》第 65 页“六、实践思考（三）案例分析题”。

教师：结合这个案例，请家长分析一下亮亮爸爸的做法是否妥当？哪位家长愿意分享一下？

小结：家长分析得很有道理。家长应循循善诱地引导孩子说出自己的想法，积极表达自己的情绪感受。家长要与孩子感同身受，产生共情，可以在安抚孩子情绪的基础上，帮助孩子一起分析、寻找解决问题的好办法。

④通过亲子实践活动，促进亲子关系和谐。

教师：前面我们一起了解了相关理论，进行了实操练习，大家对提升孩子的自我情绪调控能力有了一定了解。下面为大家介绍一个亲子实践活动，感兴趣的家长可以和孩子共同完成。

教师讲述《教程》第 65~66 页“六、实践思考（四）亲子实践活动”。

小结：希望以上亲子活动能为您起到抛砖引玉的作用，您还可以自创其他实践活动对孩子进行情绪上的积极引导。

三、讲授总结

教师：相信通过今天的家长课堂，大家已经对如何处理孩子的情绪问题有了一些策略和方法。由于课堂上的时间有限，为了家长能在实际应对孩子情绪问题时有更多的抓手，现为大家推荐一些专业书籍和绘本读物，有兴趣的家长可以自主延伸学习。

教师为家长讲述《教程》第 66~69 页“七、智慧分享”。

教师：在成长过程中，孩子会面临很多情绪上的困扰。希望我们的活动能给大家带来思考和帮助，助您引导孩子的成长，为孩子开启一个崭新的精神世界。期待孩子在我们的正确引导下都能成为自己情绪的小主人。

附：本课资料包下载

观察探究

做教育孩子的有心人——培养孩子的观察力、探究力（教案）

授课学段：幼儿园中班
授课名称：观察探究
做教育孩子的有心人——培养孩子的观察力、探究力
授课单位：天津市南开区第十幼儿园
授课教师：张婷
指导教师：师竑灵

教育目标

（1）家长能够认识到培养孩子“勤思、善观、爱探究”能力的重要性，知道方法和途径。

（2）在孩子的观察探索过程中，家长能灵活有效地运用指导方法和途径。

（3）家长具有会观察、爱探索的态度、精神与能力。

学情分析

（1）有些家长常常用自己认为正确的标准评价孩子或简单地将孩子与其他孩子作比较，对孩子观察、探究能力的判断存在偏差。

（2）当孩子遇到困难或提出问题时，家长常常代劳、直接告诉孩子答案或者随便敷衍一下，没有给孩子探索、解决问题的时间与机会。

（3）一部分家长有引导孩子探究的意识，但指导策略不多，导致出现束手无策的局面。

《3~6 岁儿童学习与发展指南》中指出，鼓励孩子根据观察或发现提出值

得继续探究的问题，或由成年人提出有探究意义且能激发孩子兴趣的问题，支持孩子积极动手动脑寻找答案或解决问题。

重点难点

（1）重点：家长能够认识到培养孩子“勤思、善观、爱探究”能力的重要性，知道方法和途径。

（2）难点：家长能够灵活有效地运用策略和方法指导孩子的观察探索活动。

教具准备

教学课件（见资料包）、材料夹（每人一个）、水笔、幼儿观察能力检测表、中班科学领域发展评估表。

课时安排

1 小时。

教育过程

一、讲授铺垫

教师：请家长完成幼儿观察能力检测表、中班科学领域发展评估表。

教师：现在，家长是否更加了解自己孩子在观察探索方面的发展水平？欢迎家长在后面的教学环节提出问题，共同探讨。

二、讲授过程

1. 故事聚焦——轩轩的乐高玩具

教师：下面我们通过两个真实案例对比，引发思考，发现问题。

教师讲述《教程》第 71~72 页“三、故事聚焦《轩轩的拼搭玩具》”。

教师：下面我与家长共同分析案例中出现的问题。

教师讲述《教程》第 72 页“四、根源剖析”第一、二段内容。

教师：为什么孩子一开始对拼搭积木的兴趣不高？孩子为什么不断寻求妈妈的帮助，而不能自己独立完成？下面我通过表格的形式帮助大家还原事件，通过对比来分析原因（表 1 根据《教程》第 73 页表格拓展而来）。

表 1　对轩轩拼搭玩具案例的分析

事件的发展	事件		原因分析	
	轩轩	妈妈	轩轩	妈妈
轩轩的新玩具	初见玩具新鲜，拼搭后没有兴趣	疑惑轩轩不喜欢乐高玩具的原因	动手操作缺乏主动性	不了解孩子现有乐高游戏水平，没有用恰当的语言激发轩轩游戏兴趣
合作拼玩具	学着妈妈的样子拼搭，遇到困难后停下	主动邀请轩轩拼搭乐高玩具，但在拼搭过程中没有主动给轩轩留出自己动手的空间	没有独立观察、探究的意识	没有将游戏的权利还给孩子，面对轩轩的退却，没有采取有效的方式指导
小船坏了	想拼好，但需要妈妈的帮助	对照步骤图直接指出孩子拼搭错误的地方，过多采用包办代替的方式帮助幼儿搭建	过度依赖家长的帮助	没有给孩子独立思考的机会
自己拼玩具	拼不上着急，需要妈妈帮助	不了解孩子在拼搭过程中出现的问题，盲目购买多种乐高玩具	观察步骤图的能力不强，缺乏独立探究意识	未解决孩子在拼搭乐高游戏中存在的问题，没有调动孩子自主探究的兴趣

2. 案例分析——有趣的“泡菜干”

（1）播放教学课件。家长仔细观察画面，教师分享案例（见资料包）。

（2）根源剖析。出示表格，与家长回顾探索过程的几个阶段（见表 2）。

表 2　有趣的“泡菜干”案例的分析

事件的发展	妈妈的指导	孩子的表现
菜盆里的黑东西（观察）	和宝宝一起讨论遇到的问题，没有直接给幼儿答案	孩子表现出极大的兴趣和好奇心，有了主动观察探究的内驱力
泡菜干初探（提问）	放手让孩子自主探索，及时追问，帮助孩子梳理问题	能够根据已有经验进行初步猜想，并通过实验验证猜想，当求证失败后，依然能够保持极高的探究兴趣，轻易不放弃

表 2　有趣的"泡菜干"案例的分析续表

事件的发展	妈妈的指导	孩子的表现
冷水和温水（提问、思考）	适时指导，给予幼儿提示，推动探索活动的发展	愿意尝试新探索，有一定的观察记录习惯，能在启发式的提问下，积极主动思考，能充分运用多种观察方式进行有效探究
菜干泡好了	做细心的观察者，不做探索的主导者	孩子能够与合作伙伴共同探究，吸取经验，付诸行动

教师： 如果您是案例中的妈妈，您还有哪些好方法来启发孩子呢？还可以提出哪些变量来引导幼儿继续深入探究（如水温、食材、容器、时间等）？

小结： 探索活动丰富多彩，神奇有趣。家长要做生活中的有心人，发现孩子的兴趣，巧妙地和孩子一起进行探索活动，激发孩子探索欲望，引导孩子用科学的探索方法去探究问题，解决问题，体验探索的乐趣。

3. 分享总结——家长指导幼儿观察探究活动的策略

教师： 孩子探索能力的培养是循序渐进的过程。接下来我们从观察、提问、思考、探究四个方面来探讨在探索活动中的指导策略。

（1）观察。

教师： 作为家长我们应该支持孩子自发的观察活动，对其探究发现表示赞赏，应该多鼓励孩子根据观察或发现提出值得继续探索的问题。

互动——下面我们来做一个小游戏，请家长看大屏幕，找找图片中有几个正方形（播放教学课件）？

教师： 您找到了几个正方形？您是按照什么顺序观察的？除此之外，在观察其他事物时，您还可以按照怎样的顺序进行观察？

小结： 顺序观察法包括从头到尾、从大到小、从近到远、从上到下、从前到后、从左到右，或者倒过来观察。顺序观察法可以做到比较全面、细致、不易疏漏地进行观察，幼儿比较容易掌握。

我们还可以指导孩子根据事物的典型特征进行观察、学会追踪观察事物、运用多种感官进行观察活动。

（2）提问。

教师：下面介绍几个提问技巧。

①注重及时追问。家长作为一个倾听者、观察者、理解者和引导者，要善于发现孩子在学习中出现的问题，并给予进一步支持和引导。

②进行价值判断。面对孩子的问题，家长应迅速作出价值判断，及时给予反应。

③善于运用质疑。家长应该敏锐地抓住孩子的反应，及时提问质疑，以激活孩子的情感，通过反问的方式来促进孩子思考，引导孩子的思维能力不断提高，让孩子养成有问题先自己思考的习惯。

④有效启发提问。家长要多进行启发性提问，支持孩子大胆联想、猜测问题答案，并设法验证。

互动——请您尝试说出一个或几个启发式的问题。

（3）思考。

教师：那么怎样提高孩子的思考能力呢？下面和家长分享几种方法。

①不要直接告诉孩子问题的答案。

②主动提出问题和孩子一起讨论。

③鼓励孩子发表自己的意见。

④允许孩子标新立异。

（4）探究。

教师：最后我们再来一起探讨一下如何培养孩子的探究能力。

①注重探索内容的选择，把握探索时机。

②提供合理有效的操作材料，激发幼儿主动探索的欲望。

③善于提问，促进幼儿探索能力的发展。

④教给幼儿探究的方法，培养幼儿分析解决问题的能力。

4. 指导策略——保护和培养孩子的探索精神

教师：听了刚刚的分析与总结，现在让我们回归原点，运用所学，进一步讨论《轩轩的乐高玩具》案例带给我们的启迪。相信大家有很多的感触，下面，让我们共同运用这些方法一起回到最初的乐高拼搭案例中，帮助案例中的妈妈解决孩子的困境。

以文字形式呈现在教学课件中，内容为《教程》第71~72页“三、故事聚焦《轩轩的拼搭玩具》”。

①轩轩的新玩具——讨论：妈妈选择的玩具，轩轩为什么不喜欢，可以怎么解决？

②合作拼玩具——讨论：您认为轩轩没有继续拼搭的原因是什么？您会怎样引导孩子观察步骤图？

③小船坏了——讨论：当轩轩拼搭存在困难时，您会怎样回应孩子的问题？具体怎么做？

④自己拼玩具——讨论：您觉得孩子为什么会频繁求助家长？轩轩妈妈应该如何从根本上解决这样的问题？

教师讲述《教程》第73~74页“五、指导策略”。

三、讲授总结

教师：如何积极引导孩子观察、探究？怎样保护和培养孩子的探索精神？我们可以进一步进行如下的实践思考。

①观察。注重日常的观察和积累，了解轩轩玩乐高游戏的实际水平，选取适合孩子现有智力发育水平的难易度适宜的乐高玩具。家长可带领轩轩观察现实生活中的船，讲一讲有关船体方面的构造，从而激发他的兴趣。当轩轩遇到困难退缩时，家长要引导孩子观察小船搭建步骤图，根据步骤图中的顺序进行搭建。

②提问。对于轩轩的疑问，家长应该肯定幼儿当前的成果，可以说“你搭建得非常快了，真棒！”“你在哪个地方遇到了一些小困难？”“没关系，我们来找一找原因”等鼓励的话。

③思考。孩子发问时，家长可以鼓励孩子说一说自己在前期的拼搭过程中，在哪一个步骤存在疑问，并向孩子提出诸如“你之前都是怎样拼搭的”“步骤图的这一步你是怎么完成的”等问题，这样可以减少孩子对家长的依赖性。

④探究。调动孩子运用全身感官参与观察。鼓励幼儿用科学的观察方法去探索未知的世界。家长应注意多创造让孩子动手锻炼的机会，比如轩轩每一次拼搭失败，家长都要运用不同的策略去引导孩子进一步探究，不要斥责孩子，更不要包办代替。

教师讲述《教程》第74~76页“六、实践思考”。

教师： 为了进一步帮助提高探究精神和能力，我还有一些资料可以分享给各位家长。希望我们家园合作，共同促进孩子的成长。

教师讲述《教程》第 76~78 页“七、智慧分享”。

附：本课资料包下载

规则意识

无规矩不成方圆——培养孩子的规则意识（教案）

授课学段：幼儿园中班
授课名称：规则意识
无规矩不成方圆——培养孩子的规则意识
授课单位：天津市蓟州区第一幼儿园
授课教师：张学伟　欧阳明
指导教师：崔俊茹　王佳佳

教育目标

（1）知道幼儿懂规则守秩序的重要意义，了解不遵守规则的危害。

（2）能够辨别幼儿行为，并能够选择用科学且合适的方法引导幼儿遵守规则。

（3）愿意参加家长学校活动，积极配合家园共育工作，为幼儿养成规则意识和遵守规则习惯作出自己的努力。

学情分析

大部分家长对幼儿规则意识的培养非常重视，能够认识到规则意识对幼儿未来发展的重要作用。但对幼儿在日常生活中的行为还不能清晰地辨识，不能用科学发展的眼光剖析幼儿的行为，对幼儿不遵守规则的处理方式存在简单粗暴、无从下手等情况。部分家长缺乏反思意识，单方面要求幼儿遵守规则，但不能做到榜样引导的作用，对自身要求较低，没有认识到言传身教的重要性。因此家长在矫正自我行为、精准辨识幼儿行为、科学指导等方面需要全面系统地学习和实践。

重点难点

（1）重点：了解幼儿遵守规则的重要性，能够正确辨识幼儿的行为。

（2）难点：针对幼儿行为进行科学分析并能够给予幼儿精准的指导。

教具准备

教学课件（见资料包）、红绿灯纸板道具。

课时安排

1小时。

教育过程

一、讲授铺垫

教师：从心理学上讲，规则意识是指发自内心的、以规则为自己的行动准绳的意识。对于这种意识，幼儿能够理解，同时也能表达出来，在其内心形成一种程序规范，并且从行动上去遵守。培养幼儿的规则意识，有利于帮助幼儿养成良好的生活卫生习惯，促进幼儿健康发展；有利于帮助幼儿适应社会，更好地成长；有利于培养幼儿的独立性；有利于引导幼儿形成良好的品质。对于中班幼儿来说，规则意识已显雏形。他们虽然已有初步的规则意识，但对于遵守规则，仍需要家长的不断提醒和督促以及老师的引导和启发。

二、讲授过程

（1）游戏导入，产生共鸣。

教师：今天我们的主题就藏在游戏里，我们通过玩游戏互相熟悉、了解主题。游戏的名字叫《红绿灯》（教师介绍游戏规则）。

教师组织开展游戏。

教师：游戏结束了。今天我们的主题就是“无规矩不成方圆——培养孩子的规则意识”。

教师播放视频，引发家长思考。

教师：请选出您认为的视频中哪位小朋友在今后的学习和生活中会有较好的发展。

（2）科学辨识，现身说法。

教师讲述《教程》第80~81页“三、故事聚焦《霸道的龙龙》”。

教师：请家长回忆一下自己的孩子懂规则守规矩的例子。请家长说一说当遇到孩子不遵守规则时应该怎样做，与大家分享一些家庭育儿做法。

通过家长的分享，可以看到大家都很重视孩子规则意识的培养。那么，我们为什么要帮助孩子建立规则意识呢？

小结：造成孩子规则意识差的主要原因主要有以下几个方面。一是孩子规则意识的缺乏（举例说明）；二是家长规则教育存在误区（举例说明）；三是家长缺乏开展规则教育的方法（举例说明）。

（3）育儿妙招，深入思考。

家长应如何帮助孩子建立规则意识、遵守规矩呢？今天，我们来分享怎样根据孩子的年龄特征来制定相应的规则。

①树立榜样，以身作则（举例说明）。家长把想告诉孩子的道理自己做出来，让孩子看，就是最好的教育。家长的榜样作用远比规则本身更能让孩子学到规则意识。

②循序渐进，指导培养（举例说明）。

一是趣味引导，提高认识。家长要注意采取一些灵活多样、行之有效的途径与方法，引导孩子树立规则意识。比如，给孩子讲一些趣味的小笑话、生动的小故事，用轻松的氛围实现润物无声的教育。还可以设计一些有趣的游戏活动，让孩子在生动的活动体验中感受规则的重要性。比如，我们可以让孩子拿出笔和纸来，自由地画圆、画方，随便画几个都行。看看怎样才能画得圆、画得方。当孩子用尺子和圆规画出标准图形的时候，要及时引导孩子认识到“没有规矩不成方圆”。家长也可设置一些规则冲突，让孩子在体验中认识规则、感知规则、思考规则，提高规则意识。也可以把一些规则编成小歌谣，教给孩子。

二是用心陪伴，积极互动。家长要陪伴孩子一起制定生活规则。比如和孩子共同制定作息时间表、家务分工表、游戏时间表、奖惩小规则等。孩子参与制定规则，可以增强孩子对规则的认同，提高遵守规则的自觉性，将来才能自觉遵守社会规范。

三是让孩子做有限的选择。把幼儿必须要做到的事定为规则，在这个范围内给孩子几个可选择的方向，这样不论孩子选择什么，他的行为都在规则之中，从而自然而然地接受规则。

四是坚持原则，正确执行。培养规则意识，不等于生硬地要求“不准这样”“不准那样”，而是要以简洁明确的方式让孩子清楚知道可以做什么、不可以做什么。订立的规则要符合孩子的年龄特点，体现父母对孩子的关爱和责任。

五是鼓励到位，恰当评价。在制定规则时可附加奖惩措施，以此来强化孩子好的行为。每个孩子在心底都渴望被家长认可和表扬，所以及时而适当的奖励能更好地帮助孩子形成规则意识。

③约定俗成，规则内化（举例说明）。生活中，有的规则是以文字形式规定的，如班规、校规、法律法规；有的规则则是约定俗成的，如民族风俗。

④ 家园携手，合力育人（举例说明）。规则的养成教育需要家园的共同配合，家长一定要积极与教师沟通，了解孩子在校的表现，如哪些地方表现好，哪些地方表现有欠缺，还要改进。家长要积极配合学校，在家庭中开展一些有针对性的教育。

（4）现场演练，巩固提升。

教师：现在我们进行家长教育策略演练。请家长自由结合分成 3 组，选择以下情境题目，讨论应对的策略方法，10 分钟后由各组家长分别扮演家长和幼儿进行演练。

情境题目一：孩子一到超市就要求买零食和玩具，不给买就哭闹不停，家长碍于面子只能给买。这样做对吗？应该怎样做？

情境题目二：孩子沉迷于玩 iPad 小游戏，每次到规定的时间都舍不得关掉，会用撒娇等方法要求再多玩一会儿，而妈妈每次也会在孩子的撒娇中不断妥协。家长的这种做法正确吗？家长应该怎样做？

情境题目三：孩子在家中玩完玩具，每次都会摆得满屋都是，如果爸爸妈妈因为要干活给挪了地方，孩子还会大发脾气。每次让孩子收拾玩具的时候，他会拒绝，最后不是父母妥协就是老人主动帮忙收拾。作为妈妈的你，持什么态度处理这个问题？

最后我们共同完成总挑战：为自己的家庭制定家规。

三、讲授总结

规则的建立对孩子以后的发展是非常重要的，小时候规则没有建立好，再想纠正孩子的不良习惯就会非常困难。因此帮助孩子懂规则、守秩序是我们每一位家长的责任，习惯的养成、规则意识的培养需要一个漫长的过程，只有常抓不懈，日积月累，才能使规则意识得到巩固。需要每一个家长关注孩子生活中的点点滴滴，悉心培养。让我们共同努力、家园共育，为孩子们的一生幸福打下坚实的基础。希望我们的孩子能更主动适应未来的生活，节约成长成本，将来更自信地适应社会，成为社会栋梁。

附：本课资料包下载

学习体验

游戏点亮童年——让游戏成为孩子学习的主旋律（教案）

授课学段：幼儿园中班
授课名称：学习体验
游戏点亮童年——让游戏成为孩子学习的主旋律
授课单位：天津市河东区第七幼儿园
授课教师：陈佳琦
指导教师：刘蕊

教育目标

（1）引导家长树立对游戏正确的认识，知道亲子游戏是幼儿最重要的一种游戏方式，亲子游戏能够促进幼儿的身心发展和增进亲子关系。

（2）帮助家长掌握适合孩子年龄、兴趣的游戏方法，创设家庭化游戏氛围。

（3）引导家长认识亲子游戏带给孩子学习与成长的价值意义，与孩子共同体验游戏的快乐。

学情分析

亲子游戏是在家庭环境中，父母与幼儿以语言、动作、表情、声音等为媒介开展的游戏活动。亲子游戏有利于促进幼儿丰富情感，促进家长和幼儿之间形成健康的依恋关系。多数家长能认识到陪幼儿游戏的重要意义，但其陪伴方式更多地体现在时间上的陪伴，而没有体现在亲子游戏中的互动。虽然部分家长有充足的时间陪孩子互动，但家长在亲子活动的选择上主要以提高幼儿知识和技能的游戏为主，缺乏对体育类活动的重视，家庭亲子游戏形式过于单一。

重点难点

（1）重点：引导家长树立正确的游戏观，让家长明确了解游戏活动在孩子成长中的作用。

（2）难点：引导家长在家庭生活中运用游戏活动来教育和陪伴孩子。

教具准备

教学课件、游戏视频（见资料包）。

课时安排

1 小时。

教育过程

一、讲授铺垫

教师：大家好，首先欢迎各位家长抽出宝贵时间来参加家长会，我们也非常珍惜本次就家庭教育对幼儿身心健康成长的作用开展面对面交流的机会，希望能够帮助各位家长走出家庭教育观的舒适区，建立科学的家庭教育理念。您的积极参与代表了您对孩子教育的重视，这是孩子的幸运，也是孩子健康快乐成长的有利条件。

我们都知道玩耍是孩子的天性，他们多么希望生活中充满了游戏的乐趣，他们多么希望爸爸、妈妈能够成为自己生活中最亲密的玩伴。他们乐于体验充满挑战与乐趣的游戏，他们期望被关注并渴望分享自己的想法与感受，他们更享受与父母在一起的亲子时光、游戏瞬间。在家园共育中，我们把家长反馈的家庭亲子教育中存在的困惑进行了归纳梳理，我们发现，许多家长很想尽心地陪伴孩子快乐游戏，但苦于不知自己的精心陪伴与孩子的期盼是否有差距，家长们表示“不知道该怎么陪孩子玩”。针对许多家庭在开展亲子游戏过程中存在的一些问题，今天，我将通过案例、游戏举例等为您提供“怎样和孩子玩到一起”的新思路。

二、讲授过程

（1）案例导入，引发家长思考。

教师：各位家长，我想和大家分享一个案例，大家一起听听，故事里的妈妈做得对不对？如果您是这位“妈妈”，您会怎么做？

教师讲述《教程》第89~90页“三、故事聚焦《是妈妈不会教，还是墨墨不爱学？》”。

提问：家长朋友们，案例分享后，我想问几个问题。首先，如果您是墨墨妈妈，您会用什么方式帮助墨墨认识这四个汉字？其次，您认为4岁的墨墨是真的学不会、不爱学吗？再次，墨墨在游戏中真的全心投入了吗？最后，妈妈应该怎样引导墨墨识字呢？

小结：通过这个案例的交流，各位家长都认为墨墨妈妈太急于求成，没有考虑到孩子的兴趣和接受度，大家说得都很有道理。其实通过墨墨“拿着扫帚学着妈妈平常扫地的样子”扫床，我们不难发现墨墨是一个认真观察生活且学习模仿能力很强的孩子。那么，是什么原因造成家长觉得自己绞尽脑汁陪孩子“玩中学”，可是效果却不理想，孩子没学到知识又玩得不开心呢？

（2）分析问题，和家长一起探索解决方法。

教师讲述《教程》第90~91页“四、剖析根源”。

（3）简述亲子游戏的意义和现状。

教师：各位家长，亲子游戏对孩子和家长双方都很重要。亲子游戏是在家庭环境中，父母与幼儿以语言、动作、表情、声音等为媒介开展的游戏活动。约翰逊和斯特恩的研究表明，亲子游戏有利于促进幼儿丰富情感，促进家长和幼儿之间形成健康的依恋关系。拉塞尔等人的研究表明，亲子游戏有利于促进幼儿的社会性发展，以便幼儿更好地适应社会环境和同伴关系。幼儿可以在亲子游戏中获得丰富的知识，培养多方面能力，促进语言发展。

小结：如果家长们没有树立正确的游戏观，那么便不能以幼儿可接受的、喜爱的方式参与亲子游戏，还会造成家长与幼儿的双重苦恼。现在，我们一起回到最初的话题“怎样和孩子玩到一起？”结合刚才墨墨的故事，我想给大家提供几点新思路。

（4）结合实际，探析对策。

教师讲述《教程》第91~93页“五、指导策略”。

小结：希望以上几点对策能够帮助您更清晰地了解怎样与孩子一起探索

游戏的世界。总的来说，家长要多从孩子的角度选择游戏，真正地进入孩子的游戏世界，让自己再做一次孩子吧。

（5）设置情景，启发家长思维。

教师：各位家长，前面我们分享了许多亲子游戏的理论知识，现在我们有一个角色互动游戏，这也是我们经常在教研中提出的“以儿童视角”看游戏、看活动。下面请家长看看我们的育儿策略是否适宜，是否考虑到孩子的感受与接受能力。同时，也请家长在亲身体验中思考如何回应孩子的需求。

教师讲述《教程》第93~94页“六、实践思考（二）情境题”。

小结：大家演绎得都非常好，因为世界上没有完全相同的两片树叶，没有完全相同的两个孩子，更没有完全相同的两个家庭。什么是好的方法，适合自己的才是。许多家长采用适合自己宝宝的有趣游戏方法，带领幼儿主动学习，例如：家长示范读，幼儿跟读；家长和幼儿比赛读；家长与幼儿接读；家长与幼儿进行古诗表演；家长与幼儿画一画古诗；家长与幼儿唱一唱古诗；等等。

教师：我们再来尝试一个别的情境。

教师讲述《教程》第94页“六、实践思考（三）案例分析题”。

小结：各位家长说得都很有道理，看得出平时是用心教育孩子的。在生活中家长是观察者，要做到对幼儿的兴趣和发展水平心中有数，尊重孩子已有水平和兴趣发展；家长是支持者，要做好对幼儿学习内容与学习方式的有效引导；家长是陪伴者，需要用适宜的方式引导幼儿对学习感兴趣。

（6）通过亲子游戏，增进亲子感情。

教师：前面我们一起进行了理论和实操练习，各位家长对亲子游戏也有了一定的了解，接下来我想为大家介绍一个游戏，在游戏中传授给孩子生活经验的同时增进感情，密切亲子关系，和孩子一起探索世界。我将播放这个游戏的视频，如果大家有兴趣的话不妨回家和孩子一起玩一玩。

小结：以上的小游戏提供给大家，希望能抛砖引玉，在以后的生活中多用“游戏”的思维引导孩子。为您和孩子提供一个相互给对方带来快乐的舞台，促进亲子间的感情。

三、讲授总结

教师：通过今天这次家长课堂，大家感受到亲子游戏是学前期儿童成长过程中不可或缺的营养素，也是家庭内成年人与幼儿交往的一种重要形式。

它既可以促进幼儿的身体生长，又可促进幼儿的智力发展，甚至还可以激发幼儿的良好情绪。这也是培养孩子良好性格与行为方式的最佳方式。

感谢大家在百忙之中参与这次活动。我这里还有一些关于家庭亲子游戏的指导内容，我将通过资料包发送，如果您在以后的实践中有任何疑惑也许从这里能找到答案。随时欢迎您与我沟通，希望我们能一起共助孩子成长。

教师讲述《教程》第 95~97 页“七、智慧分享”。

附：本课资料包下载

亲子沟通

做会听会说的家长——解锁亲子沟通的密码（教案）

授课学段：幼儿园小班
授课名称：亲子沟通
做会听会说的家长——解锁亲子沟通的密码
授课单位：天津市津南区第五幼儿园
授课教师：胡宝璇
指导教师：岳丽　刘悦

教育目标

（1）帮助家长了解亲子沟通的重要意义。

（2）帮助家长掌握科学的亲子沟通方法。

（3）帮助家长与孩子建立良好的亲子沟通关系。

学情分析

亲子沟通是指家长和孩子之间的沟通，是运用语言和非语言（眼神、表情或动作）来表达和传递双方的情感、态度或意见等信息交流的过程。良好的亲子沟通能使幼儿感受到爱与尊重，为幼儿的个性发展和健康成长奠定坚实的基础。然而，由于部分家长的传统教育观念一时难以改变且欠缺亲子沟通方面的知识、技巧，导致亲子沟通方式欠妥，效果不理想。一些不恰当的沟通方式，会给孩子的成长发育，特别是性格和心理发展造成消极的影响。

重点难点

（1）重点：帮助家长掌握科学的亲子沟通方法。

（2）难点：帮助家长了解亲子沟通的重要意义，建立良好的亲子沟通关系。

教具准备

教学课件（见资料包）。

课时安排

1 小时。

教育过程

一、讲授铺垫

教师： 欢迎家长朋友们在百忙之中来参加家长课堂。作为教师，我与您有一个共同的心愿——孩子们的健康成长。

苏联教育家苏霍姆林斯基说："两个教育者——学校和家庭，不仅要一致行动，要向孩子提出同样的要求，而且要志同道合，抱着一致的信念，始终从同一原则出发，无论在教育的目的上、过程上，还是手段上，都不要发生分歧。"所以我们今天相聚在一起，共同探讨教育孩子的话题。我将通过案例、游戏举例等为您提供解开亲子沟通"密码"的钥匙。

二、讲授过程

教师： 沟通是指人们通过谈话或其他方式进行相互了解。沟通是家庭教育的主要手段，也是非常重要的家庭教育方式。要促进孩子健康成长，就要建立有效沟通的家庭教育方式。

（1）案例导入，引导家长思考、讨论。

教师： 各位家长，我想和大家分享一个案例，大家一起听听，故事里的爸爸做得对不对？如果您是这位爸爸，您会怎么做？故事中妈妈的表达是否正确？她使用了什么样的话语？这对孩子有什么意义？

教师讲述《教程》第 99~100 页"三、故事聚焦《我要看电视》"。

小结： 通过这个案例，我相信有些家长会从乐乐爸爸的身上或多或少看到自己的影子。有的家长认为故事中乐乐爸爸的做法过于简单粗暴，没有理解孩子是想表现自己，希望和家长一起分享成功的喜悦。而乐乐拒绝关掉电视去吃饭，又让爸爸觉得孩子不听话，不理解家长的辛苦付出。亲子之间的矛盾出现了。那么问题到底出在哪里呢？我们怎样做才能让沟通更顺畅，让孩子更易于接受家长的要求呢?

（2）情景表演。

教师展示3组情景剧（不良的沟通方式）。

教师： 对于这样一些现象家长有什么看法? 您与您的孩子是怎样沟通的? 比如聊天聊些什么? 有哪些困惑?

（3）分析问题，和家长一起剖析根源。

教师讲述《教程》第100~101页“四、剖析根源”。

（4）简述亲子沟通的意义和现状。

教师： 亲子沟通在幼儿家庭教育中的作用非常重要。良好的亲子沟通是幼儿形成健康人格、思想意识以及良好意志品质的基础。积极、和谐的亲子沟通，有助于幼儿的身心健康发展，这是幼儿其他一切发展的基石。创设积极、良好的家庭氛围，以思考并构建新型亲子沟通方式为基础，以提高家庭教育质量为目标尤为重要。当前，有相当一部分家长在与幼儿的沟通过程中采取的方式不当，影响幼儿生理、心理的健康成长，进而影响家庭和谐关系的构建。

小结： 如果家长没有树立正确的亲子沟通观念，不能用儿童能接受的方式沟通，会让幼儿出现不同的心理问题。

①家长一味地指责埋怨会让孩子逆来顺受、没有主见或者极度逆反、攻击性强。

②过度溺爱会导致孩子调皮任性、自私自利、不愿付出。

③家长总将自己处于绝对权威的地位，孩子会经不起打击、缺乏自信心。

那么，我们现在一起回到最初的话题——“什么才是解开亲子沟通的密码?”

（5）结合实际，探析对策。

教师讲述《教程》第101~102页“五、指导策略”。

小结： 希望以上几点对策能够帮助您更好地和孩子交流，真正走进孩子的内心。我们在幼儿教育中一直强调“蹲下身来”教育，这不仅仅是一种动作，更是要求成年人走进孩子的世界，把他们当作有独立思想的个体，与你我一样的人。

（6）设置情景，启发家长思维。

教师： 各位家长，前面我们分享了许多亲子沟通的理论知识，在日常生活中，也有的家长做得很好，这里请他们给我们介绍一下经验。

共同进行《教程》第 102 页“六、实践思考（一）思考题”。

教师：孩子的年龄特点决定了教育方式的不同，幼儿园小班的孩子有瞬时记忆性，孩子出现的问题要当场指出，沟通，不能“秋后算账”。我们一起跟随故事情景，各抒己见。

教师讲述《教程》第 102~103 页“六、实践思考（二）情境题”。

小结：大家表达得都非常好，我能够感觉到，大家今天都收获颇丰。掌握了亲子沟通的“密码”。

（7）活动延伸，提出家庭任务，增进亲子感情。

教师：前面我们一起进行了理论和实操练习，各位家长对亲子沟通也有了初步的理解，有了一些心得体会。接下来我为家长再提供一些有关沟通的时机、话题以及常用的问题的资料文档，如果大家有兴趣的话不妨回家和孩子多聊聊。

小结：希望我们都能尊重自己的孩子，真正地让沟通变得有效，促进亲子间的感情。

三、讲授总结

教师：俗话说精诚所至，金石为开，只要真正地关心爱护孩子，就一定会找到与孩子良好沟通的办法。祝愿我们所有的父母都能将自己的爱心和耐心化成细雨、化成春风，找到一把开启自己子女心灵的钥匙。感谢大家在百忙之中参与这次活动，我将通过资料包的形式将今天活动的内容以及一些关于亲子沟通的材料发送给各位家长。在以后亲子沟通的过程中有任何问题，您可以随时联系我，我们一起讨论，共同成长。

教师给家长提供《教程》第 104~106 页“七、智慧分享”，并将全部资源打包发送。

附：本课资料包下载

自我管理

点亮“心”光，解放双手——培养孩子的自我管理能力（教案）

授课学段：幼儿园中班
授课名称：自我管理
点亮“心”光，解放双手——培养孩子的自我管理能力
授课单位：天津市河北区第七幼儿园
授课教师：李爽
指导教师：穆莹　刘蕊红

教育目标

（1）帮助家长更新观念，使家长明确自我管理在幼儿发展中的重要价值。

（2）帮助家长掌握培养幼儿自我管理能力的有效方法。

（3）鼓励家长参与家校联动，乐于主动分享培养幼儿自我管理的经验。

学情分析

新时代的家长学历层次已有较大提升，文化素质修养不断提高，对幼儿的教育越来越重视，但也出现对幼儿期望过高、关心过度的情况。在家庭教育中，家长更重视孩子在知识能力方面的发展，容易忽略孩子自我管理能力的提高，对于培养幼儿自我管理能力的认识不足。部分家长认为到了一定的年龄，孩子自己会控制好自己的行为、管好自己的事情。同时，部分家长认为孩子年龄小、不懂事，动作慢、身体弱，常常会对其过度保护，对应由孩子处理的事情包办代替，孩子在家也很少有动手操作的机会，使孩子失去了进行自主管理的机会。

重点难点

（1）重点：使家长明确自我管理在幼儿发展中的重要价值，并掌握指导幼儿加强自我管理的有效方法。

（2）难点：能够将自我管理的有效方法应用在家庭教育中。

教具准备

教学课件、视频案例、文字案例《情绪多变的妮妮》（见资料包），8开白纸4张、水彩笔若干、提前下发电子问卷（调查家长对自我管理能力上的理解，以及平日在家庭中培养幼儿自我管理能力上的好方法或遇到的困难，以实例的方式呈现）。

课时安排

1小时。

教育过程

一、讲授铺垫

（1）谈话导入，了解中班孩子的年龄特点。

教师：欢迎各位家长来参加今天的活动，在开场之前，我想和大家共同探讨一个问题："作为中班的家长，您对您的孩子了解吗？"教师鼓励家长积极回答，并根据家长的回答做小结："中班幼儿较为活泼好动，喜欢游戏，与人交往时已经有了明确的行为意识，开始主动认识周围的人和事，他们渴望有游戏的伙伴，个性很鲜明，但情绪情感具有不稳定性，自我控制能力还是较差一些的。"

教师讲述《教程》第107~108页"二、现状分析"。

教师：这个阶段是培养幼儿自我管理能力的重要阶段。那自我管理是什么呢？

（2）出示教学课件，引出自我管理的主题。

教师：自我管理，顾名思义就是自己管理自己。幼儿的自我管理能力是指幼儿能够掌握并主动实施与自身生活相关事宜的管理方法。自我管理都包含哪些内容呢？主要分为四大方面：生活、学习、时间、情绪。生活方面最直观的体现就是自理能力的培养；学习方面主要体现在保管自己的学习用品，分配好自己要做的事情；时间方面体现在可以尝试简单地规划时间，管理自己在固定的时间段做需要做的事情；情绪方面主要体现在可以控制好自己的情绪。

《3~6 岁儿童学习与发展指南》提到："不宜过度保护和包办代替，以免剥夺幼儿自主学习的机会，养成过于依赖的不良习惯，影响其主动性、独立性的发展"。《幼儿园教育指导纲要》也指出："建立良好的常规，避免不必要的管理行为，逐步引导幼儿学习自我管理。" "独立、自主、创新"是面向未来的人才培养的关键，而这些素养的形成必须从幼儿的自我管理能力抓起，以帮助幼儿更好地适应未来社会生活。

教师讲述《教程》第 107 页"二、现状分析"第一自然段。

（3）了解中班小朋友在自我管理上存在的问题。

通过调查发现，中班幼儿在自我管理方面存在以下问题：

①社会行为的规则还没有很好地建立起来，行为具有反复性，遵守规则的能力不强；

②由于情绪情感具有不稳定性，幼儿自我控制能力较差，只有 23% 的幼儿能够经常克服困难情绪，大部分幼儿都处于无法正确处理情绪的处境；

③和同伴交往中容易出现各种问题，经常表现的行为是告状、推挤、打闹、吵嚷等。

教师讲述《教程》第 107~108 页"二、现状分析"第二自然段。

二、讲授过程

（1）出示视频案例，引导家长分析问题，为家长提供培养幼儿自我管理能力的好方法。

教师：那前面说了这么多，我们来看看实际生活中我们会遇到的一些真实案例。

教师播放视频 1、视频 2 和视频 3。

教师：视频中的现象是不是看着很熟悉呢？那么出现了这样的问题，我们可以怎么办呢？

教师引导家长谈谈自己的想法和做法。家长回答后，教师根据家长的回答内容进行小结。

小结：引导孩子提高自我管理能力有小妙招。如为改变孩子做事拖沓的习惯，家长可以和孩子以比赛的方式一起做事，旁边放一个小沙漏或者计时器，到时间后看谁先完成（开始家长可稍慢，逐渐增强孩子的自信心）。家长还可以与孩子共同做计划，按计划完成一件事奖励一朵小红花；也可以利用相关绘本引导孩子自己的事情自己做；还可以采取多鼓励、多倾听、共同约定、共同进行是非判断、谈话等方式，逐渐让幼儿学会自我管理。

（2）针对“故事聚焦”分组讨论，帮助家长剖析问题。

教师出示调查问卷中搜集到的实例，引导家长分组进行交流讨论。

教师：家长们，我们前期进行了一个问卷调查，在调查中也发现了，家长确实在培养孩子自我管理能力上存在许多的疑惑，现在我们将大家提供的一些小实例进行一下分组讨论，大家 5 人一组自选一个案例进行分析，看一看这个小故事中孩子和家长存在哪些问题？如果您是故事中孩子的家长，您会怎样引导？给大家 15 分钟的时间讨论，15 分钟后每组请一位家长代表与大家分享。

教师给每组分发一张 8K 画纸和若干画笔，引导家长将讨论的内容总结在画纸上。在家长讨论过程中，教师巡回进行观察，对于家长的疑问可以简单地做以提示解答。讨论结束后家长代表上前分享，教师根据家长的解答，帮助剖析问题的原因。

教师讲述《教程》第 108~109 页“三、故事聚焦《情绪多变的妮妮》”和第 109~111 页“四、剖析根源”。

（3）出示教学课件，帮助家长总结推进幼儿自我管理能力发展的指导策略。

教师：在家中要给孩子锻炼的机会和空间，学会做力所能及的事情，培养独立性和自主性；不允许孩子做的事情从一开始就不允许孩子去做，并坚持到底，家长不要心软，不要妥协，以此增强幼儿的自控能力；要进行积极教育，减少消极教育，采用正面语言，减少对孩子的训斥；在家里设置“家庭小助手”“家庭管理员”的角色区，指导孩子进行社会交往活动等方法。

教师讲述《教程》第 111~112 页“五、指导策略”。

（4）开展知识问答活动，强化自我管理能力的好方法。

教师：家长们，通过我们分析案例，总结出了一些好方法，相信大家也学到了很多，那我们现在进行一个知识问答小游戏，看看大家掌握了多少。

教师出示教学课件中的知识问答，引导家长进行抢答游戏。

教师讲述《教程》第 112 页“六、实践思考（一）思考题”。

三、讲授总结

教师：下面给各位家长再提供一次资料，希望对家长有所帮助。

教师讲述《教程》第 113~115 页“七、智慧分享”。

①智慧分享：提供公众号“好家长新课堂”。

②推荐书籍：为家长提供幼儿自我管理方面的书籍，引导家长利用业余时间进行学习，遇到问题可随时和老师沟通。

附：本课资料包下载

幼小衔接

开启人生学习之旅——助力孩子幼小衔接（教案）

授课学段：幼儿园大班
授课名称：幼小衔接
　　　　　开启人生学习之旅——助力孩子幼小衔接
授课单位：天津市南开区时代奥城幼儿园
授课教师：于佳
指导教师：吕俊华

教育目标

（1）帮助家长了解幼小衔接的重要性。

（2）指导家长掌握科学的幼小衔接的方法、策略。

（3）引导家长积极做好幼儿入学心理准备。

学情分析

幼小衔接指幼儿园教育与小学教育的衔接，是幼儿心理发展的一个转折期，他们将结束以游戏为主导的学龄前生活，走上以学习为主导的正规学习生活。

步入小学前的部分孩子表现出的主要问题如下：做事拖沓，缺乏时间观念；依恋性强，自理能力差；懒散，缺乏学习自觉性，无法适应相对紧张的小学生活等。

教育部发布了《关于大力推进幼儿园与小学科学衔接的指导意见》，对解决好幼小衔接问题、促进人的可持续发展、提高教育质量具有重要意义。

重点难点

（1）重点：帮助家长了解幼小衔接的重要性，积极做好幼儿入学心理准备。

（2）难点：引导家长在家庭生活中运用科学的幼小衔接方法、策略为幼儿入学做好准备。

教具准备

教学课件、案例视频（见资料包）。

课时安排

1 小时。

教育过程

一、讲授铺垫

教师：家长朋友们，大家好！幼小衔接是幼儿教育与小学教育的过渡与衔接。请各位家长谈谈目前最关心和担忧的问题。

教师：带着这些问题让我们看看幼儿园和小学有哪些不同。教育部发布的《关于大力推进幼儿园与小学科学衔接的指导意见》中给了我们哪些提示呢？

教师讲述《教程》第 118~119 页“二、现状分析”。

二、讲授过程

（1）观看案例，引发思考。

教师：首先，我想和大家分享几个案例。

教师讲述《教程》第 119~120 页“三、故事聚焦《图图妈妈的苦恼》”。

提问：您认为图图出现以上问题的症结在哪里？如果是您会怎样做？

组织家长观看视频《冷静后的沟通》。

教师：如果您是孩子的家长会怎样做？视频结束后讨论：您赞同视频中家长的做法吗？对您有什么启发？

教师播放视频《熙熙的烦恼》。

教师：您认为熙熙的烦恼重要吗？如果您是视频中的家长会怎样做呢？

教师播放视频《不爱上学的提提》。

教师：您认为孩子不爱上学的原因有哪些？如果您是视频中的家长会怎样做？

（2）分析问题，思考原因。

教师讲述《教程》第 120~121 页“四、剖析根源”。

①入学准备不充分。图图的家长忽略了孩子心理上和能力上的准备，过分强调知识学习量，没有做全面的准备，不利于一年级新生顺利度过适应期。

②小学生这一角色带来的压力。面向小学生这个身份的转变，孩子的主要任务变成了学习，还要主动遵守新的行为规范。既要适应小学生活，又要完成学习主体角色的转变，会在心理上对孩子形成巨大的冲突，产生入学适应上的困难。

③课程内容系统机械。小学的课程内容是系统化的，主要以上课的形式进行，教师讲、学生听是主要的教育模式。一年级新生的注意力发展水平仍不高，易在学习适应上出现困难。

④家长的期望值过高，怕孩子输在起跑线上。家长不了解孩子的学习特点，强迫孩子超标、超前学习，挫伤了孩子的学习积极性和主动性，产生厌学、焦虑、恐惧等情绪，学习的兴趣与自信心也会逐渐丧失。

⑤家长的焦虑传导。在孩子进入小学前，家长的一些过度担心会通过情绪表现出来，势必会影响孩子的心理状态，从而使其对学校产生抗拒感。

（3）结合实际，探析对策。

教师讲述《教程》第 122~123 页“五、指导策略”。

①帮助孩子建立积极的入学期待。与孩子讨论、分享对小学的认识、期待和担心，通过有针对性的引导，强化孩子积极的入学期待。此阶段儿童身心特征更接近学龄前儿童。家长对孩子的要求不能超负荷。

②开展角色演练与转变游戏。开展角色游戏，家长可称孩子为某某同学，并说：“上了学就是一名学生了，就要遵守学校纪律，团结同学，尊敬老师，爱惜公物，这些都是学生要做到的。”

③创设良好学习环境，培养孩子学习习惯。如在家中创设清净的学习空间与氛围，备有书、杂志、报纸，引导孩子喜欢书、爱阅读。孩子专心做事时，不要去打扰他，不要让他同时做太多或做一些超出他能力范围的事，否则很容易放弃，不能做到有始有终。

④为孩子树立榜样，营造读书和学习的氛围。家长在茶余饭后留出一定时间作为家庭阅读时间，与孩子一起读书学习。

⑤放平心态，培养孩子适应小学生活的各种能力。入学前提高孩子的学习兴趣与能力，培养孩子良好的学习习惯。

⑥陪伴孩子而非包办代替。父母的陪伴给孩子安全感与归属感。如与孩子一起运动、一起游戏、一起聊天、一起阅读等，同时充分相信孩子，放手让孩子做自己力所能及的事，不仅能提高孩子的自理能力与动手能力，还能让孩子形成责任感，为其独立面对小学生活做足准备。

小结： 希望以上策略能帮助您更科学地陪伴孩子进行幼小衔接。

（4）情境体验，启发思维。

教师： 各位家长，前面我们针对幼小衔接进行了深入讨论，现在我们来一次情境体验，检验一下我们的理念和策略在实际生活中是否适宜，是否有效回应了孩子的需求。

教师讲述《教程》第 123 页“六、实践思考（二）情境题”。

小结： 大家把握得非常好，给孩子的任务不见得就是知识学习任务，也可以是把一些简单的儿歌朗诵给爸爸、妈妈听，和爸爸、妈妈一起做手工，帮助爸爸、妈妈扫地，自己洗袜子……这些更能增强孩子的任务意识。

教师： 我们再来尝试另一个情境。

教师讲述《教程》第 124 页“六、实践思考（三）案例分析题”。

小结： 大家说得很有道理，孩子认识和管理时间的能力是要结合实际生活逐渐培养的。

（5）互动游戏，增进亲子感情。

教师： 接下来我想为大家介绍几个帮助孩子建立时间观念、培养专注力、调动学习兴趣的小游戏。请大家配合我上前来尝试体验一下，回家和孩子一起玩一玩。

小结： 希望以上游戏能抛砖引玉，在以后的生活中大家多用“游戏”陪伴孩子度过幼小衔接的关键期。

三、讲授总结

教师： 通过今天的家长课堂，大家认识到幼小衔接是幼儿心理发展的一个转折期，是儿童结束以游戏为主导的学龄前生活，走上以学习为主导的正规学习生活的过渡。做好幼小科学衔接，对于孩子的后继发展和终身学习具有重要意义。

教师给家长提供《教程》第 125~127 页“七、智慧分享”。

附：本课资料包下载

审美体验

以美育人，寓美于教——激发孩子的审美情趣（教案）

授课学段：幼儿园大班
授课名称：审美体验
以美育人，寓美于教——激发孩子的审美情趣
授课单位：天津市宝坻区景苑幼儿园
授课教师：王冬梅
指导教师：李依娜

教育目标

（1）帮助家长树立正确的审美教育观念，知道家庭美育的概念及其重要性。

（2）了解开展家庭美育的基本方式方法，能借助自然资源、废旧物品资源以及家庭物品开展相应的活动。

（3）愿意带领孩子在家庭中进行美育活动，促进幼儿的身心健康发展。

学情分析

（1）家长对美育的认识不到位。大部分家长将“美育”等同“美术”，忽视其对于幼儿成长的重大意义。家长对于“美育”认识也只停留在“纸质绘画”上或模仿绘画上，忽视其最本质内涵。幼儿的学习只停留在室内、笔纸等。

（2）资源利用不充分。因为家长对美育的片面理解，导致其忽视了自然资源、废旧物品资源在美育中的使用，忽视了大自然对培养幼儿美的感受和体验的重要，忽视了与生活物品互动中幼儿想象力和创造力的培养。

重点难点

（1）重点：知道家庭美育的概念及其重要性。

（2）难点：开展家庭美育的基本方式方法。

教具准备

教学课件（见资料包）。

课时安排

1 小时。

教育过程

一、讲授铺垫

教师：各位家长大家好，希望我们通过此次交流和讨论，帮助您建立起科学的家庭教育理念。今天我们一起讨论的主题是关于家庭教育中的美育教育。

那什么是家庭美育呢？为什么今天要了解这个内容呢？家庭美育指通过家庭途径实施的美育，以培养和提高孩子发现美、欣赏美、创造美的能力为宗旨。从国家层面来说，家庭美育是 2015 年国务院发布的《关于全面加强和改进学校美育工作意见》中提出的一项重要任务，关系到每个家庭精神文明建设及国民素质的整体提高。2018 年全国教育大会提出“要全面加强和改进学校美育，坚持以美育人，以文化人，提高学生审美和人文素养”。2020 年，中办和国办发布的《关于全面加强和改进新时代学校美育工作的意见》提出，“以提高学生审美和人文素养为目标，弘扬中华美育精神，以美育人、以美化人、以美培元”。可见，对孩子开展美育教育是非常重要的。

从孩子发展层面来说，幼儿教育的核心问题就是培养孩子主体能动性的问题，就是培养孩子的自主性、能动性与创造性的问题。相关教育经验表明：以审美教育为中心的教育结构，能调动人的主体能动性，开发自主性、能动性与创造性。家中进行审美教育，有助于激发幼儿的审美情趣，对于学龄前儿童从小形成正确的世界观、人生观、价值观很有帮助。

二、讲授过程

（1）剖析现状，引发家长重视。

教师：我们先来了解一下家长对美育教育的普遍认识。我们通过对本园所的家长美育教育情况的调查分析，发现大多数家庭比较忽视美育教育，即使是开展美育教育活动，也主要是让孩子参加一些艺术班、社会艺术活动等，实施途径比较单一，偏重技能技法的培养。

（2）故事明晰，引发家长思考。

教师：接下来，我们来看一个故事，思考一下“孩子为什么最后失去了画画的兴趣？”“爸爸妈妈具体做了什么？”“如果是您会怎么做呢？”

教师讲述《教程》第129~130页“三、故事聚焦《爸爸眼中的青蛙》”。

现场互动：“爸爸妈妈说了什么？”“产生了哪些后果？”

小结：从案例中，我们看到爸爸妈妈使用了“像不像”“瞎画”“乱七八糟”“如果你说什么就是什么，咱还上美术班干什么？”从这些语言中，我们能够感受到家长只是重视孩子绘画的技能，只用“像不像”来评价孩子作品。在孩子讲解自己作品时，表现出来的不耐烦，直接影响了孩子绘画的兴趣。

（3）分析案例，剖析根源。

教师：分析案例我们能够明白，导致孩子对艺术丧失兴趣、变得胆怯，根本原因是大人对孩子的态度。

教师讲述《教程》第130~131页“四、剖析根源”。

（4）结合实际情况，给家长支招。

教师讲述《教程》第131~132页“五、指导策略”。

教师：希望以上几点方法，能打开家长的思路，家庭美育是多样的，而绘画只是美育教育中小小的一部分，手工、雕塑、建筑、设计、工艺、摄影，一个时装秀、一场绘画展等等都属于美育教育的范畴。父母首先需要转变观念，带着孩子轻松地进入“玩”的状态，去亲近艺术，潜移默化中提高孩子的各种能力。

（5）身临其境，解决实际问题。

教师：家长可以思考一下，如何在家中支持孩子进行审美活动呢？

教师讲述《教程》第132页“六、实践思考（一）思考题”。

教师：听了家长的分享，看来大家都有了不一样的感受。这是转变观念的第一步。我们在日常生活中遇到相同的问题应该如何去做呢？我们通过一个情境来了解正确的做法。

教师讲述《教程》第132~133页“六、实践思考（二）情境题”。

教师：接着我们再来看一个案例。

教师讲述《教程》第 133 页“六、实践思考（三）案例分析题”。

小结：有了这些具体的抓手，家长就能够知道在生活中如何和孩子进行互动，怎么保护他们的兴趣，让他们愿意做、喜欢做、大胆做。

（6）游戏体验。

教师：有了理论的支撑，现在我们来通过游戏的方式，进一步体验。家长要分成 3 组，分别是自然资源组、废旧材料资源组和水果蔬菜拼盘组，并进行体验，教师进行现场指导（播放轻音乐）。

● 自然资源组

体验内容：去户外收集各种树枝、石头、叶子进行拼摆游戏。

● 废旧材料资源组

准备材料：可准备 2 类材料，一类是废旧物品，另一类是厨房废弃食材。

体验内容：① 蔬菜添画——将收集的蔬菜根沾上颜料进行拓印，并根据形状进行添画；② 废旧手工制作——鸡蛋托大变身。

● 水果蔬菜拼盘组

准备材料：准备各类水果、水果刀、盘子。

体验内容：将各种水果切片，根据形状拼摆出各种造型。

小结：通过体验的方式，让家长亲身感受到了美育教育并不难，只需要家长有一双发现的眼睛，有一颗平常心去陪伴孩子，和孩子一起发现美、感受美，大胆地表达美。

三、讲授总结

教师：今天的家长会，相信大家从家庭美育教育概念、形式以及对实际问题的解决方面，对家庭美育教育有了更深的感受。亲子美育是实施家庭美育最好的途径。在和孩子互动中，能使亲子关系更融洽，也有助于孩子养成良好的行为习惯和健康的审美情趣。

最后，感谢大家参与此次活动，关于家庭美育还有相关资料包，可加以借鉴。如有问题随时沟通，让我们一起携手共助孩子成长。

教师给家长提供《教程》第 134~136 页“七、智慧分享”。

附：本课资料包下载

健康锻炼

全家锻炼总动员——让宝宝在运动中健康成长（教案）

授课学段：幼儿园大班
授课名称：健康锻炼
全家锻炼总动员——让宝宝在运动中健康成长
授课单位：天津市河北区第十幼儿园
授课教师：方向红
指导教师：董娟

教育目标

（1）引导家长了解家庭体育锻炼的重要性，增强运动促进孩子终身健康的意识。

（2）帮助家长掌握科学的运动方法，带领孩子开展体育锻炼。

（3）树立正确的幼儿体育观，使孩子在家庭中能够养成健康运动的习惯，与孩子共同体验体育锻炼的乐趣。

学情分析

体育活动是强健体格、增强体能的重要手段。0~6 岁是儿童发展基本动作及运动能力的黄金阶段，跑、跳、投掷、平衡、支撑、钻爬等均在这一阶段习得，身心健康是保证他们各方面发展的基础。因此，我们应该树立先有健康才有教育、才有幼儿的幸福生活的理念。

虽然有的家长自己热爱运动，但是对如何激发孩子的运动热情却缺乏应有的常识，也不会合理选择项目、器材和场地，不了解运动保健知识，对培养孩子的体育习惯常常不知从何入手。在幼儿体质健康水平总体下降的现实背景下，家庭体育作为提高幼儿体质的一种有效的方法和途径，应当得到高度重视并积极开展。

重点难点

（1）重点：引导家长了解家庭体育锻炼的重要性，掌握家庭体育锻炼的原则，学会科学的运动方法，带领幼儿开展亲子体育锻炼。

（2）难点：帮助家长更新育儿观念，树立正确的幼儿体育观；培养幼儿健康运动的习惯，为终身健康打好基础。

教具准备

教学课件、亲子游戏视频、体育锻炼图片、特殊天气体育锻炼的照片（见资料包）。

课时安排

1 小时。

教育过程

一、讲授铺垫

教师：各位家长，大家好！今天与家长分享的话题是“全家运动总动员——让宝宝在体育锻炼中获得身心健康”！

谈到这个话题，我想问问大家：“作为父母，每周会陪同宝宝开展体育锻炼的请举下手？”“您与宝宝玩过什么项目的体育游戏？”“您是怎么理解家庭体育锻炼与幼儿身心健康的意义和作用？”（请部分家长来说一说）

家长应该都知道，父母的一言一行影响着孩子的成长与发展，相对于其他影响，我觉得父母在体育方面对孩子的影响来得更直接。因为体育活动本身除了语言的交流外，更多的时候需要父母和孩子面对面、手把手，甚至身体直接对抗等肢体语言的交流。父母与孩子在体育锻炼的过程中，可以是同伴、玩伴，也可以是对手。体育锻炼既能起到良好的锻炼效果，更能使孩子在此过程中享受运动带来的乐趣，增进孩子与父母之间的亲情交流。

二、讲授过程

（1）案例导入，引发家长思考。

教师：下面，给大家分享一个生动的小故事，这个小故事是关于一个小男孩阳阳“该不该练篮球”的事情，大家来听一听，故事里的爸爸做得对不对？如果您是这位“爸爸”，您会怎么做？

教师讲述《教程》第138~139页“三、故事聚焦《该不该练篮球》”。

提问：家长朋友们，通过这个小故事，我们一起来剖析当下幼儿家庭体育锻炼中存在的一些问题。如果您是阳阳的爸爸，您会用怎样的方式让孩子运动健身呢？您认为阳阳每次进行打篮球练习时是积极投入了吗？为什么？应该怎样让阳阳参加体育锻炼，增强体质呢？

小结：通过这个案例，我们可以看出，案例中阳阳的爸妈为了让孩子胖一点，体质强一点，除阳阳的妈妈从饮食上精心和生活上细心照料外，阳阳的爸爸让孩子进行打篮球的体育锻炼初衷是好的。但由于没有考虑孩子对打篮球是否感兴趣，应该用什么形式进行运动，而且从阳阳4岁开始就为他制订了运动计划，让孩子参加篮球的专业训练，这是不利于孩子身心健康的。就连下雨天的特殊天气，户外场地无法进行体育锻炼，阳阳的爸爸仍逼迫阳阳在小区的地下车库练习打篮球。但因车库空间狭窄，空间设施不适宜运动，造成了阳阳的意外伤害。家长想一想，是什么原因造成阳阳这样的结果呢？我们应该用怎样的方式让幼儿进行体育锻炼呢？

（2）分析问题，和家长一起探索解决方法。

教师讲述《教程》第139~140页“四、剖析根源”。

（3）家长参与幼儿体育锻炼的意义和作用。

教师：体育锻炼是提高幼儿体质的根本途径，只有满足幼儿的体育锻炼需求，才能促进幼儿体质健康水平的提高。目前，许多家长非常忽视孩子运动的质量与锻炼的过程。结合幼儿的年龄特点，以亲子体育游戏为基本活动，采用科学、有效的体育锻炼方法，不仅能够促进儿童身体生长发育，增强体质，还对幼儿的全面发展起着积极、关键的作用。

（4）简述家庭体育锻炼中的注意事项。

教师：通过对上述小故事的分析和总结，在幼儿家庭体育锻炼中，家长们应该注意以下事项。

①树立正确的体育运动观，增强体育锻炼意识。

②了解孩子的运动需求和爱好，发掘孩子的运动潜能。

③家长以身作则，创造良好的家庭体育氛围。

④讲究科学适宜的方法，亲子体验运动乐趣。

⑤对照《3~6岁儿童学习与发展指南》，与家长解读幼儿体育锻炼的

目标。

小结：我们在对照《3~6 岁儿童学习与发展指南》对幼儿进行体育锻炼时，不能把这些量化的指标当做一个硬性的标准，不能对幼儿一刀切，要求您的孩子必须达到。我们要充分理解和尊重幼儿发展过程中的个体差异，我们所要做的就是支持和引导自己的孩子从他们原有的水平向更高水平发展，促进孩子自身的一个纵向发展和提高。

（5）结合实际，探析对策。

教师讲述《教程》第 140~142 页“五、指导策略”。

小结：家长参与幼儿家庭体育锻炼活动，务必坚持“六性”原则。一是游戏性原则；二是经常性原则；三是准确性原则；四是多样性原则；五是安全性原则；六是全面性原则。

（6）设置情景，启发家长思维。

教师：各位家长，前面我们分享了许多亲子游戏的理论知识，现在我们思考一下，假如今天是一个冬季的雾霾天气，您不能带孩子外出进行锻炼，请您想一想，可以利用家里的哪些空间做运动？

教师讲述《教程》第 142 页“六、实践思考（二）情境题”。

小结：可利用楼梯、过道、墙面、床面等开展家长与孩子的共同游戏。如在床上练习翻滚，上下楼扔垃圾比赛，利用大人四肢着地做成山洞让孩子练习钻爬等。

教师：我们再来分享一个案例。

教师讲述《教程》第 142~143 页“六、实践思考（三）案例分析题”。

小结：大家说得都很有道理，看得出平时是用心教育孩子的。爸爸的参与让洋洋提高了活动的兴趣。在家庭体育运动中，要注重家长的引领作用，为孩子提供更加丰富的游戏材料。使用游戏的方式让洋洋享受到体育运动的乐趣。

（7）通过亲子游戏，增进亲子感情，享受快乐。

教师：前面我们一起进行了理论和实操练习，各位家长对亲子游戏也有了一定的了解，接下来我想为大家介绍一个游戏，可以在游戏中给孩子传授生活经验的同时增进亲子感情，密切亲子关系，和孩子一起运动游戏。

我将播放这个游戏的视频，如果大家有兴趣的话不妨回家和孩子一起玩一玩。

小结：以上的小游戏提供给大家，希望能抛砖引玉，家长带领孩子一起进行体育锻炼，并以游戏为主要形式开展运动，使孩子保持对运动的兴趣。希望为您和孩子提供一个相互给对方带来快乐的舞台，促进亲子间的感情。

三、讲授总结

教师：总之，幼儿体育锻炼作为家庭教育的重要组成部分，承载着增强幼儿体育锻炼意识、提升幼儿体育锻炼能力、促进幼儿健康体质的重任。家长在参与、陪伴幼儿进行体育游戏锻炼的同时，一定要遵循游戏化、经常化、多样化和全面发展的原则，培养幼儿良好的运动习惯，树立终身锻炼的健康观。

教师给家长提供《教程》第 143~145 页“七、智慧分享”。

附：本课资料包下载

家务劳动

打开幸福之门——带领孩子体验家务劳动的乐趣（教案）

授课学段：幼儿园大班
授课名称：家务劳动
打开幸福之门——带领孩子体验家务劳动的乐趣
授课单位：天津市红桥区第一幼儿园
授课教师：王玥
指导教师：赵慧雯　梁颖梅

教育目标

（1）帮助家长树立正确的家庭劳动教育观念，了解家务劳动对幼儿全面发展的重要意义和价值。

（2）帮助家长了解幼儿家务劳动的概念与内涵，掌握提升幼儿家务劳动能力的教育方法与途径。

（3）在幼儿感受参与劳动乐趣、萌发爱劳动情感的同时，优化亲子关系，增进幼儿与家长的情感沟通与互动。

学情分析

在现实生活中，家长对幼儿普遍存在“重智轻劳”的现象。一是家长认为孩子小，应该把主要精力放在智力的开发和培养上；二是当幼儿想尝试做家务劳动时，家长总会包办代替；三是家长缺乏有效的教育方法。

3~6 岁幼儿的劳动意识开始增强，这是培养幼儿自理、自立、自强的最佳时机。大班幼儿生活自理独立、动作灵活，若家长进行适当引导将会达到很好的教育效果。

重点难点

（1）重点：转变家长“重智轻劳”的认识误区，树立科学的家庭劳动教育观念。

（2）难点：指导家长掌握提升幼儿家务劳动能力的教育方法与途径。

教具准备

教学课件（见资料包），大图画纸、彩色笔。课前请家长填写“幼儿参与家务劳动情况调查表”，教师对问卷结果汇总，形成分析报告。

课时安排

1 小时。

教育过程

一、讲授铺垫

（1）聆听案例《我想洗衣服》并思考。

教师：案例中家长采取了哪些方法让孩子喜欢参与家务劳动的？您的孩子在家都尝试做过哪些家务？

教师讲述《教程》第 147~148 页“三、故事聚焦《我想洗衣服》”。

结合案例请家长交流各自的看法、观点，就家长填写的问卷情况进行分析。

小结：家长非常重视孩子参与家务劳动，但在家务劳动对幼儿发展的意义和价值、培养孩子做家务的方法等方面家长还存在一些误区和困惑，正如案例中的甜心，为什么自理能力不强，做事拖拉，让我们来追根溯源，寻找答案。

（2）案例辩研，讨论出现问题的原因及解决方法。

教师讲述《教程》第 148~149 页“四、剖析根源”。

二、讲授过程

（1）多层面分析，帮助家长进一步理解家务劳动对幼儿全面发展的重要意义和价值。

①国家政策层面：通过教学课件让家长学习了解国家教育政策，提高家长对幼儿劳动教育重要性、必要性的重视程度。

②社会发展层面：向家长讲授未来社会发展对创造性人才的多元化需要。

③幼儿发展层面：从幼儿生理特点、情感发展、社会性发展需求等方面向家长讲授幼儿参与家务劳动对自身习惯、能力、情感等方面发展的价值。

小结：幼儿家务劳动教育旨在从小培养幼儿正确的劳动观念与劳动意识，参加家务劳动不仅可以培养幼儿独立自主的能力，促进其独立意识的形成，还可以促进幼儿智力和思维的发展，在潜移默化中使其养成吃苦耐劳、珍惜劳动成果、尊重劳动者等良好的个性和道德品质。那作为家长我们又该怎样进行有效的劳动教育呢？

（2）链接对策，指导家长进行家庭劳动教育。

教师讲述《教程》第 149~151 页“五、指导策略”。

小结：家长要从孩子不同的年龄特点出发，运用多种策略从多方面对孩子进行劳动教育，激发孩子的劳动兴趣，提高孩子的劳动能力和意识。让孩子在轻松、愉快的环境下变得自理、自立、自强。

（3）互动学习，指导家长掌握教育方法和策略。

教师将家长分为 3 组，分别探讨不同的问题，每组派一名家长分享结果。

第一组：请家长一同探讨培养幼儿积极参与家务劳动的方法有哪些？

教师讲述《教程》第 151 页“六、实践思考（一）思考题”。

小结：家长总结的这些好方法能够激发幼儿积极参与家务劳动的兴趣，并让幼儿在参与中获得成就感，增强自信心。

第二组：如果遇到以下情境您会怎样做？

教师讲述《教程》第 151 页“六、实践思考（二）情境题”。

小结：孩子参与家务劳动可以培养他们的责任感和独立能力，但同时也需要家长的正确引导和保护。在孩子做家务劳动时，家长需要提供安全的材料和劳动工具，在保证安全的情况下，让孩子获得成功感。同时，家长应该做好劳动示范和正确指导，帮助孩子积累劳动经验。

第三组：请这组家长进行案例分析，家长应该怎样做呢？

教师讲述《教程》第 151~152 页“六、实践思考（三）案例分析题”。

小结：家长可以从亲子共同参与劳动、明确劳动任务和标准两方面入手，让孩子更好地认识到劳动的社会意义，培养良好的劳动意识和能力。

（4）亲子实践，促进亲子情感交流。

教师：家长结合今天的收获，回家后可以和孩子进行亲子实践——“清洗小件衣服”。

教师讲述《教程》第 152 页“六、实践思考（四）亲子实践活动”。

过程建议：

①家长指导幼儿制订劳动计划，绘制思维导图，让孩子说一说清洗小件衣服所需要的工具、洗洁剂、方法等。

②通过家长示范如何清洗小件衣服，提高孩子的清洗技能，对孩子的劳动行为、结果给予充分的肯定与表扬，增强孩子劳动的兴趣和自信。

③当孩子能够熟练掌握劳动技巧后，家长可以适当增加难度，让孩子尝试清洗自己的其他衣物、玩具等。

三、讲授总结

教师：通过今天的内容，家长能够了解如何通过家务劳动教育培养孩子的责任感、独立性和劳动意识，为孩子的未来成长打下坚实的基础。希望家长能够将这些教育方法应用到实际生活中，与孩子们一起享受家务劳动的乐趣，共同营造温馨和谐的家庭氛围。下面我向家长发送学习包，包括培养孩子做家务应注意的问题及参考书籍，希望家长学习借鉴，谢谢大家！

教师给家长提供《教程》第 152~154 页“七、智慧分享”。

附：本课资料包下载

亲子阅读

从阅读到“悦”读——抓住阅读关键期，亲子快乐读书（教案）

授课学段：幼儿园大班
授课名称：亲子阅读
从阅读到“悦”读——抓住阅读关键期，亲子快乐读书
授课单位：天津市南开区第十九幼儿园
授课教师：刘畅
指导教师：国文芳

教育目标

（1）帮助家长建立亲子阅读的正确观念。

（2）帮助家长掌握科学的亲子阅读方法，激发幼儿阅读兴趣，提高自主阅读能力。

（3）帮助家长及幼儿获得亲子共读的愉悦体验。

学情分析

亲子阅读中存在如下问题：一是家庭没有为幼儿营造良好的阅读环境，家长没有起到示范作用；二是家长将重点放在了幼儿智力开发与文字学习上，没有重视幼儿阅读能力及兴趣的培养；三是缺乏科学的亲子阅读策略。

《全民阅读“十三五”时期发展规划》提出“大力倡导家庭阅读、亲子阅读，发挥父母和未成年人监护人言传身教的重要作用。《3~6 岁儿童学习与发展指南》指出：“经常和幼儿一起阅读，引导他以自己的经验为基础理解图书的内容。”

重点难点

（1）重点：帮助家长树立正确的亲子阅读观念。

（2）难点：帮助家长掌握科学的亲子阅读方法，帮助幼儿成为自主阅读能力者。

教具准备

教学课件（见资料包）。

课时安排

1小时。

教育过程

一、讲授铺垫

教师：各位家长，大家好。我园多年来一直致力于幼儿快乐阅读的实践探索，至今已经召开了6届“快乐读书节”活动。每届读书节的举办都离不开各位家长的大力支持和积极参与。同时，读书节的开展有力地带动了亲子阅读的开展。

亲子阅读即幼儿和家长一起阅读图画书，并围绕图画书开展讨论、交流的一种分享性、个性化的阅读活动。亲子阅读是培养幼儿自主阅读能力提升的有效方法。但是，在家园共育的过程中家长所反馈的亲子阅读中出现的诸多问题，我们感受到尽管家长想尽心陪伴孩子阅读，但又不知道何为有效的亲子阅读。因此，亲子阅读常常戛然而止，很难推进。今天，我将通过案例分析、方法推荐、互动问答等环节为您剖析亲子阅读中的问题，为您提供亲子阅读的有效方法。

二、讲授过程

（1）案例分享，互动讨论。

教师：家长朋友们，我们先来分享一个案例，大家一起听一听您认为故事里的妈妈对于孩子的评价是否正确呢？如果是您，您会怎样做？

教师讲述《教程》第156~157页“三、故事聚焦《优优爱看书吗？》”。

提问：听过这个案例，大家认为妈妈对优优的评价是否正确呢？您又会怎样做？您认为优优爱看书吗？

小结：通过这个案例，各位家长都认为优优妈妈的做法是不对的，妈妈没有考虑孩子的兴趣，而是依照成年人的想法为幼儿选择阅读材料，大家的分析都很准确。其实通过优优的案例我们可以感受到家长阅读对幼儿今后发展的重要性，但是对于亲子阅读缺乏一些科学的方法。

（2）分析问题，剖析根源。

教师：通过大家的谈论我们总结出如下的结论。

教师讲述《教程》第 157~158 页“四、剖析根源”。

（3）互动交流，建立理念。

教师：家长朋友们，通过优优的故事，我想与大家交流一下对“阅读”和“悦读”的不同理解是什么？

小结：幼儿阶段的阅读要以幼儿兴趣为重点，并不是要重视知识的积累，对此，家长要树立正确的阅读理念。同时，在亲子阅读中家长不应存在“不输在起跑线上”的攀比心理。作为家长，您要了解孩子的阅读特点，选择孩子喜欢的方式进行阅读，激发他的阅读兴趣。现在回到开始的问题，我们要如何在家庭中进行亲子阅读呢？结合开展快乐阅读活动的经验，我与您分享几点亲子阅读的有效方法。

（4）结合实际，给予方法。

教师讲述《教程》第 158~160 页“五、指导策略”。

小结：希望以上的策略能够帮助您更清晰地了解在家庭中如何开展亲子阅读。其实，在亲子阅读的过程中，家长要多从幼儿的兴趣出发，让幼儿有充分的参与感。相信我们每一位家长都会成为幼儿阅读中的支持者、引导者、陪伴者。

（5）设置问题，引发思考。

教师：家长朋友们，我们分享了亲子阅读的方法，现在咱们进行一个互动问答，从第一视角去感受在亲子阅读中我们应该如何做才能尊重幼儿阅读兴趣，提升幼儿自主阅读能力。

教师讲述《教程》第 160~161 页“六、实践思考（一）思考题和（二）情境题”。

小结：大家分析都很准确，都认为皮皮妈妈的做法是不对的。在生活中我们常常会遇到家长给孩子贴标签的现象。其实，家长不应以成年人的眼光审视孩子。家长要充分考虑到每个孩子的个性发展和需求，才能激发幼儿的阅读兴趣。

教师：我们再讲述一个案例，来看看如果您是家长您会怎样做？

教师讲述《教程》第 161 页“六、实践思考（三）案例分析题”。

小结：通过案例，家长朋友都能准确支持小磊的想法，可见我们的家长朋友不但树立了正确的亲子阅读理念，更学会了科学的育儿观。我们要肯定孩子的想象，支持幼儿的独到见解。

（6）亲子实践，掌握方法。

通过今天的理论和案例的分析，各位家长对亲子阅读也有了一些新的理解，接下来我们要将理论演变为实际。如果现在给您一本图画书，您将如何与孩子一起阅读呢？

教师讲述《教程》第 161 页“六、实践思考（四）亲子实践活动”。

三、讲授总结

教师：通过这次的家长学校，大家感受到了亲子阅读是培养幼儿阅读兴趣和能力的重要手段，也是推进家长亲子关系的有效方法。家长的积极参与能激发孩子的想象力和兴趣，提高参与阅读活动的积极性；对于家长朋友而言，通过亲自参与，他们能了解孩子的阅读能力、思维水平及个性特点。

感谢大家的积极参与，我这里还有写关于开展亲子阅读的指导内容，稍后我将通过微笑云向大家推送，当您在亲子阅读中遇到困难的时候也可以从这里找到答案，也欢迎大家与我进行沟通，让我们一起伴随孩子快乐成长。

教师给家长提供《教程》第 162~163 页“七、智慧分享”。

附：本课资料包下载

自我保护

安全无小事——提高孩子的自我保护意识（教案）

授课学段：幼儿园大班
授课名称：自我保护
安全无小事——提高孩子的自我保护意识
授课单位：天津市武清区第二幼儿园
授课教师：沙建萍

教育目标

（1）帮助家长认识安全教育的内涵，将科学、全面的安全知识渗透给孩子。

（2）帮助家长掌握合适的安全教育方法，使幼儿的自我保护意识得到提高。

（3）帮助家长认识到安全教育的重要性和必要性。

学情分析

自我保护即依靠自己的保护措施，做好本人的保护工作。自我保护能力是一个人在社会生存发展过程中保存个体生命的最基本的能力，它包括生活自理能力、自我防范能力、自我救护能力、自我调整能力。自我保护能力是幼儿独立生活的可靠保障，它有助于幼儿尽早摆脱成年人的庇护，成为一个独立自主的个体。

大班幼儿好奇心比较强，判断能力比较弱，对基本的健康保健常识和安全自救知识掌握欠缺，尚未形成良好的生活习惯和饮食习惯，情绪稳定性欠佳，习惯于被大人保护，自我保护意识差，时而发生的安全事故是威胁幼儿人身安全的一大因素。近年来，幼儿安全教育的现状不容乐观，幼儿安全事故频繁发生。据统计，我国每年约有 64 万儿童因意外伤害致残。儿童遭受意外伤害的人数已经超过肺炎、先天畸形、心脏病以及恶性肿瘤这四种常见儿童疾病导致儿童死亡人数的总和。

《3~6 岁儿童学习与发展指南》中在自我保护方面上对 5~6 岁年龄段末期的幼儿提出了 4 条合理的期望：未经大人允许不给陌生人开门；能自觉遵守基本的安全规则和交通规则；运动时能注意安全，不给他人造成危险；知道一些基本的防灾知识。另外，自 1996 年起，我国确定每年 3 月份最后一周的星期一为全国中小学生“安全教育日”。设立这一制度是为了全面深入地推动中小学生安全教育工作，使中小学生增强自我保护能力，提高安全防范意识，积极预防、降低和减少学生各类伤亡事故的发生率，切实做好中小学生的安全防护工作，促进孩子们成长。由此可见，国家对孩子们安全教育的重视程度之高。对于即将升入小学的大班孩子来说，学会自我保护，也是适应日后小学生活的重要保障。

重点难点

（1）重点：帮助家长认识安全教育的内涵，以及安全教育的重要性和必要性，掌握适宜的教育方法，将科学、全面的安全知识渗透给幼儿。

（2）难点：帮助家长掌握教育幼儿自我保护的方法和技巧，使幼儿的自我保护能力得到提高。

教具准备

教学课件、多媒体动画、开场音乐（见资料包），道具桌椅，安全热身操。

课时安排

1 小时。

教育过程

一、讲授铺垫

教师：尊敬的各位家长，大家好！我们非常珍惜本次就家庭教育对幼儿身心健康成长的作用与家长面对面交流的机会，希望能够帮助各位家长走出家庭教育的舒适区，建立科学的家庭教育理念。您的积极参与代表了您对孩子教育的重视，这是孩子的幸运，也是孩子健康快乐成长的有利条件。课程开始之前，请家长先跟我一起做一个幼儿“安全韵律操”吧，调动一下我们的全身，进行开场热身！

教师播放音乐，带领家长做“安全韵律操”——进餐礼仪、午睡、滑梯，调动家长参与的积极性，引发家长关注幼儿安全的意识。

二、讲授过程

1. 故事导入，引发家长思考

教师：今天我给各位家长带来一个跟我们生活息息相关的小故事，让我们一起来听听吧——播放故事《活泼的毛毛》。

教师讲述《教程》第165~166页“三、故事聚焦《活泼的毛毛》”。

听完故事，教师提问：

（1）故事中出现了哪些危险行为？您觉得产生原因是什么呢？

小结：危险行为如下所示。

① 吃饭时，翘椅子。产生的原因：在家吃饭时习惯就不好，存在喂饭现象，老人看到孩子不好好吃饭就给一些零食；挑食厌食。

② 午睡时，把异物放进鼻孔里。产生的原因：孩子对人体器官知识了解不多，缺乏自我保护常识。

③ 在户外滑滑梯时头朝下。产生原因：孩子好奇心强，喜欢尝试危险动作，缺乏危险意识。

（2）故事中的毛毛在吃饭时、户外活动时、午睡时，如果没有及时提醒会发生哪些后果？

小结：作为孩子的家长，您一定要有提前预判可能发生各种危险的能力，未雨绸缪，提前排查各种危险隐患。

（3）您觉得故事中老师做得对吗？

班级里有那么多小朋友，为什么却总是毛毛发生各种危险事情呢？

为什么故事里老师多次提醒了毛毛，可是毛毛还会惹出很多麻烦呢？

小结：孩子的成长不能仅靠学校的教育，家庭教育也是重中之重，应该形成家园合力。

2. 情境表演，分析应对策略

教师：家长听完这个故事后都会觉得毛毛做得不对，而故事里的有些情景也会常常出现在我们自己的生活中，您觉得如果毛毛是您的孩子，您想对他说些什么呢？

教师给家长 1 分钟思考时间，让家长想一想自己想对孩子说的话，为下一情景表演环节做好准备。

教师请一位家长扮演毛毛小朋友，模仿孩子可能说出的各种问题，吃饭时晃小椅子，其他家长扮演毛毛家长，分别举手来跟毛毛对话。

（1）表演开始。

A 家长：吃饭就要有吃饭的样子，规规矩矩的，你看看动画片里小朋友吃饭哪有乱晃小椅子的？不许乱晃了啊。毛毛：我要把它变成摇摇椅，这多好玩啊，可以边吃边玩，哈哈。

B 家长：宝贝，如果你吃饭时能端正坐好，把饭菜全部吃光，妈妈奖励你一个喜欢的玩具好吗？毛毛：好吖，妈妈你真好，那我晚上吃饭也不晃椅子啦，您奖励我两个玩具好吗？

C 家长：我们宝贝可真棒，不仅吃饭像大老虎一样，而且还不挑食，肉菜全都吃，你可真是妈妈心中的好宝宝，如果吃饭时再不晃小椅子你就更棒了，你可以作为咱们家的小标兵啦，妈妈一定也要把这个好消息告诉你的老师，相信你们老师也一定会表扬你，为你高兴的，好吗？毛毛：嗯，好的妈妈，回头老师一定会在全班小朋友面前也表扬我的。

（2）分析应对策略。

教师：刚才很多家长朋友都用不同的方式去回应了孩子，我们一起来分析一下孩子的心理感受。

A 家长：属于强迫的压制型，没有把孩子跟自己放在一个平等的位置去沟通。孩子大多会出现逆反心理，也许当时管用，那是因为孩子还小，没有更大的能力去反抗，所以这种压制会在孩子青春期爆发。孩子越来越大，翅膀也越来越硬了，从小家长就用这种方式去沟通，青春期孩子叛逆就会越厉害，到那时，家长就会束手无策了。

B 家长：属于妥协的被孩子牵制型，只要孩子现在听话按照家长的要求去做，家长就可以满足孩子的愿望。但我们都知道愿望是无穷的，家长的能力是有限的，孩子小的时候我们可以满足孩子买玩具的需要，当孩子长大了，有一天他需要月亮的时候，我们就无法用物质来满足孩子了，这时候就是问题的暴发点。所以物质奖励也要建立在一定原则的基础上。

C 家长：属于平等尊重、原则性强的家长，采取的也是我们比较推崇的一种跟孩子有效沟通的方式。既给予孩子肯定，用平等的方式跟孩子沟通，也有自己的立场和原则，潜移默化地让孩子知道哪些行为是正确的，并且还会受到老师和父母的表扬，充分发挥了家园合力的作用。

小结：不管是晃椅子、倒着滑滑梯，还是不好好午睡，生活中面对孩子的每一件小事儿，作为家长一定要有正确的认识和恰当的引导，面对同样的问题一定要采取平等尊重的方式与孩子沟通。

3. 教师针对故事中的案例情节进行梳理与解读

教师讲述《教程》第 166~167 页“四、剖析根源”。

教师：通过案例情节再现和讨论，我们可以得出以下结论。

（1）剖析根源（如表 3 所示）。

表 3　毛毛在园的一天做出的危险行为及其产生原因

	出现的危险行为	产生原因
吃饭时	翘椅子	在家吃饭时习惯就不好，存在喂饭现象，老人看到孩子不好好吃饭就给一些零食
午睡时	把异物放进鼻孔里	对人体器官知识了解不多，缺乏自我保护常识
户外时	滑滑梯头朝下	好奇心强，喜欢尝试危险动作

（2）根据案例中出现的问题，将孩子自我保护意识缺乏的原因总结如下。

① 家长对孩子身心发展特点缺乏了解。学前期的孩子们都是活泼好动的，对任何事都充满了好奇心，什么都想看一看、摸一摸。但 3~6 岁的幼儿正处于身心发育的阶段，身体的协调性较差，缺乏一些必要的生活经验，自我保护的意识较差，常常不能预见自己的行为会产生什么样的后果。所以，毛毛的一些行为是这个年龄段的孩子都可能出现的。如果家长对孩子身心发展了解不足，则会产生儿童安全问题。

② 家长对孩子安全教育的重视程度低。父母是孩子的第一任老师，通过与毛毛父母的沟通得知，毛毛的父母工作比较忙，经常出差在外，把教育孩子的任务全权交给了老人。老人对孩子的生活照顾较多，没有重视孩子的安全教育问题，在家有可能会给出错误的示范，导致对孩子在安全教育上存在缺失，使孩子不知道如何自我保护，时常出现一些危险的行为。

③ 教育方式应用不当。老人对孩子呵护有加，常常用包办代替的方式解决问题，如孩子不好好吃饭就追着喂饭，孩子遇到不愉快或者不顺意的事情

就过分妥协。老人什么事都依着孩子，不管对错，尽可能让孩子高兴，就算出现一些可能导致危险的行为也不进行制止和教育。

④ 灌输式说教，缺乏行动训练。家长们平时在对孩子进行安全方面的教育时，大部分是通过言语告知“你不能……做，你要远离……注意……安全”，孩子可能听到后就抛之脑后，到实际面对时又不知所措。学前期幼儿的思维以具体形象为主，只有通过实际操作和行为训练，才能将安全知识内化到幼儿的认知中去。

4. 结合实际，探析对策

教师讲述《教程》第 167~168 页“五、指导策略”。

学前期的孩子活泼好动，因此危险常常伴随着孩子们。如何规避危险，让他们知道自我保护呢？

（1）良好的行为习惯是前提。

培养幼儿良好的生活习惯也是促进孩子提高自我保护能力的前提。现在的家长往往对孩子包办代替过多，认为孩子还小，长大了就会了。虽说出发点是为了保护孩子，但孩子却因此失去了很多锻炼的机会，造成孩子各种能力缺失，在面临危险和意外时往往不知所措。家长应该抓住适时教育的契机，探索有效的教育方法，培养孩子良好的生活习惯。例如，上下楼梯要扶好扶手，靠右行走，避免拥挤；吃饭时保持安静可避免被食物呛到；喝热饮热汤要小口喝，避免烫伤……平时对孩子进行生活小节的训练，不包办代替，自己能做的事就让孩子自己做，让孩子在实践中建立良好的生活习惯，也起到了提高自我保护意识的作用。

（2）适时利用孩子的好奇好问进行教育。

在和家长的交谈中，很多家长认为自己的孩子好奇心强，精力旺盛。那么我们何不利用这一点进行教育呢？孩子对于很多被禁止的活动好奇，比如一些危险工具，像针、剪刀小刀等，与其过分压制孩子，不如告诉孩子这些工具的使用方法，教孩子穿针、用针绣花，用剪刀剪纸、做手工，用小刀削苹果等。在孩子们尽情游戏的同时，也学习了怎样使用工具，怎样保护自己。

（3）依据孩子的思维发展特点进行安全教育。

由于孩子思维的形象性和直观性，要想吸引孩子的注意力和兴趣点，就应该按照孩子的特点和兴趣来进行。在安全教育时，家长如果单凭语言来表述“这样做是正确的，那样做是错误的”，孩子会感觉十分模糊。如果通过生动形象的故事和游戏，唤起孩子的感知，孩子才能理解，达到事半功倍的效果。蒙台梭利也曾说：“我听了我会忘记，我看了我会记住，我做了我会理解。”把那些原本较为枯燥的安全教育内容生动形象化，以游戏贯穿始终，注重动静交替，充分调动孩子的积极性，这样才能最大限度地实现教育的价值。

5. 实践思考

教师讲述《教程》第168~169页“六、实践思考”。

（1）思考题。明明对爸爸在厨房做饭非常感兴趣，总是在爸爸做饭的时候溜进去玩，爸爸每次都呵斥明明赶紧出去，小孩子不能进厨房，作为明明的妈妈该怎么办？

答：① 理解孩子的好奇心，并告诉孩子厨房里存在哪些危险因素，让孩子理解爸爸说的“小孩不能进厨房”的真实原因。② 让孩子参与做饭过程，比如择菜、洗菜等，也可以给孩子准备玩具厨具，在游戏中模拟做饭的场景，既锻炼了动手能力，又能让孩子的安全意识得到提高。

（2）情境题。放学了，孩子看到其他孩子的家长带着滑板车来接孩子，也表示想要滑着滑板车回家，让你明天也带着滑板车来接他。这时你会如何做？

答：① 拒绝请求。以交警叔叔的口吻交代幼儿代步车是不能上路的。② 发散思维。请孩子想一想这样做可能带来的危险，以及在哪里可以安全地玩滑板车。

（3）案例分析题。周末，甜甜一家去科技馆参观，甜甜在参观地震小屋时感觉头晕目眩，站都站不住，只能趴在地上。甜甜说：“妈妈，地震也太可怕了。”妈妈问：“你知道地震的时候应该怎么做吗？”甜甜想了想说：“老师说过要躲在桌子底下。”妈妈说：“老师说得对。”请对此案例中妈妈的行为分析解读。

答：① 妈妈在参观后的提问非常及时，但是却没有进行经验提升和总结，孩子掌握的只是片面的地震避灾常识。② 当孩子对地震非常感兴趣时，家长可以利用这个契机，根据孩子的兴趣点，与孩子一起梳理地震相关的安全常识，如地震时应该怎么做、地震后被困如何逃生等。③ 家长可以通过再玩一次，去感受地震，并且按照刚才了解的地震避险知识进行实践。

（4）分享与讨论。家长朋友们，您还有哪些好的家庭教育方法，来提高幼儿的自我保护意识吗？请家长分组讨论，并记录，以备分享。

教师将家长的讨论分类并概括总结如下。

① 让孩子理解什么是危险，告诉孩子什么是危险。由于视野和经验的限制，孩子在很多时候意识不到自己处在危险中，手不抓紧秋千绳，会摔下来；倒在蹦蹦床上起不来，有可能被别的小朋友踩到；乘车吃糖葫芦，有可能被竹签扎着；厨房的锅，有可能是烫的……所有这些，都需要我们在孩子第一次接触相应情景时，用孩子能懂的方式及时告诉他，帮他建立起安全意识。可以从简单的危险开始教，例如，坐在车上吃糖葫芦会被扎到嘴、下楼时跑得快容易摔倒、碎玻璃会割破手指等等，慢慢过渡到复杂的危险状况。

② 教会孩子怎么去表达。在很多情况下，孩子受到伤害后，是不懂怎么去表达的，甚至如果家长不去问，也根本就不会自己说出来。家长需要做的就是让孩子敢于表达，引导孩子学会表达，尊重孩子的表达，别以为自己懂了就替她说，或替她做了，要耐心听，细心想，听完后再做总结，并以平和的态度来鼓励孩子和我们“辩论”，“纠正”我们理解错误的地方……以此发展孩子用语言保护自己的能力。

③ 培养孩子灵活的应变能力，趋利避害。在遇到危险时，要尽快远离危险源。如果不幸就在危险中心，要教育孩子及时向警察、安保人员求救，大声呼唤爸爸妈妈，不要同陌生人讲话。提高孩子的灵敏度。踢皮球、打气球等球类游戏，需要孩子敏锐地判断球的来去方向，并果断地击球、接球或躲闪。这些游戏同样也能帮助孩子在奔跑的人群中避开危险。

④ 锻炼孩子坚强的体魄。家长应该从小就加强孩子的体育锻炼，提高孩子的身体素质。拥有健康的体魄，可以帮助孩子在面对危险时，能够更加敏捷地躲避危险，也更容易展开自救。父母应该经常带孩子做一些运动，尤其是户外运动，如带孩子去野营、跑步、打球和跳绳等都可以。同时，帮助孩子树立良好的规则意识，强化游戏时的安全意识，做到不斗殴、不做危险动作，避免发生危险，减少意外事故的发生。

教师：希望家长在会后继续自由交流，一起探讨如何提升幼儿自我保护意识。如丰富幼儿的生活安全知识，培养幼儿良好的生活习惯，加强身体锻炼，提高平衡与灵敏性，强健体魄，提升自我保护能力……

三、讲授总结

教师：授人以鱼不如授人以渔。故事中毛毛反映出来的只是生活中的局部问题，生活中还有更多类似的问题，这就需要家长努力让孩子提高自身的自我保护意识。本次家长课堂结束后，请家长持续关注和参与此“加强安全教育意识，帮助幼儿提高自我保护意识与能力”的交流群，可以把我们每个人教育自家宝宝比较有效可行的方法发到群里进行沟通和交流，希望我们能一起共助孩子成长。

教师给家长提供《教程》第 170~171 页“七、智慧分享”。

附：本课资料包下载

第二编

小学 1—3 年级教师用书教案

适应教育

新生入学新起航——做好幼小衔接（教案）

授课学段：小学一年级
授课名称：适应教育
新生入学新起航——做好幼小衔接
授课单位：天津市滨海新区南益小学
授课教师：鞠洋
指导教师：那月

教育目标

（1）传播科学家教理念和知识，帮助家长树立正确的育子观，传授行之有效的方法和策略。

（2）帮助家长提高指导孩子顺利适应小学生活的家教能力，同时清楚家长在陪伴一年级新生时应做的保障工作。

（3）帮助一年级新生家长调整心态，破解心理焦虑问题，帮助孩子找到适合自己的小学生活节奏。

学情分析

许多一年级的家长在孩子上学没多久，就由开始的兴奋转为担心与焦虑。他们或为孩子的精力不足而担心，或为孩子的作业问题而焦虑，或为孩子的拖延而发愁，或为孩子人际关系问题而担忧……这时就需要进行双向的适应教育。

首先，承担教育角色的家长，要去适应孩子的身心发展，尊重其“主体”地位；其次，还要引导孩子去适应环境，发挥其“引导”作用。帮助孩子从“顺利衔接”到“适应接受”有助于他们建立良好的学习态度和习惯，为他们在小学阶段的学习打好基础，促进他们身心健康成长。

重点难点

（1）重点：帮助家长提高家教能力，讲解科学家教知识，传播科学家教理念，分享科学家教技巧。

（2）难点：帮助一年级新生家长调整心态，破解心理焦虑问题，帮助孩子找到适合自己的小学生活节奏。

教具准备

教学课件（见资料包）。

课时安排

1 小时。

教育过程

一、讲授铺垫

教师：家长朋友们，大家好，很荣幸和大家共同学习、分享和交流关于一年级新生家庭教育的有关内容。我是今天的授课教师，今天我们授课的主题是：新生入学新起航——做好幼小衔接。说到新生入学，我想问问各位家长，孩子幼儿园毕业，即将步入小学生活，你的心情如何？

家长 1（预设）：孩子上小学了，我们非常开心激动，这是他人生的新起点。

家长 2（预设）：虽然平时我们在家也一直教孩子，但还是觉着学校能给他更好的教育，所以孩子上小学，我的内心还是充满期待的。

家长 3（预设）：前两位家长说的感受我也有体会，而对我来说，更多的是迷茫与困惑吧。第一次为人父母，经验不足，如何教育培养他，真的是一件艰巨烦琐的任务，有时让人很头疼。

小结：谢谢三位家长的回答。正如他们所言，孩子背上书包上学，无疑是作为父母的幸福时刻之一，因为那不仅意味着孩子步入了人生的新阶段，也意味着承载着父母希望的帆船从此起航。但新的征程并不是一帆风顺的，今天我们一起对“一年级新生如何进行幼小衔接”这个问题进行讨论和交流。

二、讲授过程

（1）案例导入，引发家长思考。

教师： 许多一年级的家长在孩子上学没多久，就由开始的兴奋转为担心与焦虑。接下来我们一起听听一位妈妈的独白，看看她遇到了什么情况。请听故事《忙乱的焦虑妈》。

教师讲述《教程》第3~4页“三、故事聚焦《忙乱的焦虑妈》”。

提问： 各位家长，听了丽丽妈妈的讲述，您是否觉得这些场景似曾相识呢？孩子从幼儿园到一年级都是在上学，为什么家长突然变得忙乱而焦虑？

家长（预设）： 孩子从幼儿园过渡到小学一年级，有太多不适应的情况了，我家孩子也是，从早上起床就如同行军打仗一般，状况百出，实在让人着急。

小结： 孩子们遇到的情况虽有差别，但确实有一部分原因是家长没有做好充分的思想和方法准备。孩子进入小学，在适应的初期可能遇到各种各样的情况，家长如果能提前有预案，在看到孩子出现状况时也不会这么束手无策了。

（2）分析问题，和家长一起探寻解决方法。

教师： 我相信每位家长都为孩子的入学做了认真的准备，但还是有意料不到的状况出现。其实丽丽妈妈遇到的情况也是我们很多家庭出现的共性问题，之所以会这样，主要有以下三个方面原因。

教师讲述《教程》第4~6页“四、剖析根源”。

小结： 在孩子入学初期，状况百出其实是正常的，作为家长不必惊慌失措，只要根据问题顺藤摸瓜，找到出现问题的真正原因，先从家长自身入手找到解决问题的办法，就能很快帮助孩子度过适应期。

（3）结合实际，探析对策。

教师： 就如我们刚才所分析的，孩子上学了，需要做好“衔接与适应”的不仅有孩子，还有家长。家长心理上和生活上的准备不足，都会造成家长的忙乱与焦虑，会直接产生孩子的适应问题。可家长到底应该如何应对，谁能说一说吗？

家长1（预设）： 我想我们不仅要给孩子提前购置上学所用的学习用具，更重要的是提前给孩子进行知识储备，提前学习一年级的知识，这样孩子在学业适应过程中会轻松一些。

家长 2（预设）： 我们大部分家长都是第一次陪伴孩子一起面对人生新阶段，孩子们在成长，我们也需要成长，幼儿园的教育方式不再适合小学生活了，作为家长也需要学习才能为孩子提供适当的指导。

教师： 我非常同意这位家长的看法。孩子上学是否适应，前提是家长先做好衔接，家长适应了，家庭教育观念正确了，教育智慧提升了，就会掌握指导孩子顺利适应小学生活的正确方法。我们家长具体如何去做呢？有以下几点建议。

教师讲述《教程》第 6~8 页“五、指导策略”。

小结： 希望以上几点对策能够帮助您，在新生入学初期和孩子一起尽快调整，做好孩子的后盾，帮助孩子尽快适应小学生活。

（4）设置情境，学会对“症”下药。

教师： 小学生活的场景已经拉开了帷幕，孩子们也会不同程度地存在“水土不服”的情况，不同的情况都有着不同的原因，只有对症下药，才能做到药到病除。通过本次交流，相信家长们或多或少都受到了一些启发，在面对孩子可能出现的状况时，也不再那么手足无措。

教师讲述《教程》第 8 页“六、实践思考（一）思考题”。

小结： 是的，在发现孩子入学有不适的情况时，我们需要及时与孩子交流，找到问题背后的原因，帮着孩子一起调整。同时，家长还应学会总结反思自己在家庭教育中的优势与不足，了解一年级学生应具备的适应能力，梳理自己的家庭教育方法与策略，以好的方法帮助孩子，才能事半功倍。

教师： 如果遇到下面这种情况我们应该怎么办呢？

教师讲述《教程》第 9 页“六、实践思考（二）情境题”。

小结： 遇到这种情况，首先需要家长寻找原因，反省自身家庭教育问题，再教给孩子一些整理和规划的技巧。在日常的交流中就着重强调两个时间点的要求，一是早上出门前提醒孩子检查物品是否带齐全，二是睡觉前要求孩子想一想物品是否摆放整齐，让孩子懂得为自己的行为负责。

教师： 还有这样一个案例。

教师讲述《教程》第 9 页“六、实践思考（三）案例分析题”。

家长（预设）： 我觉得日常可以训练孩子安静地坐一段时间，时间的长度可以从 20 分钟慢慢过渡到 35 分钟。在这段时间，可以让他看看书、画图画，也可以给他讲故事等等，让孩子习惯倾听，这有助于提高他的学习能力。

小结： 确实如此，孩子的不良习惯是需要家长下功夫帮忙纠正的。首先学习了解一年级学生的年龄及心理特点，然后主动与孩子谈话，向老师了解孩子在校的情况，探寻问题背后的原因。作为家长要静心思考，用成长型思维方式制定帮扶措施。

三、讲授总结

教师：通过今天的交流，我个人认为帮助孩子适应小学生活，重点要做到以下四个方面：一是了解小学阶段的特点，用积极的心态尊重、陪伴孩子；二是用商量的方式、积极的心态培养孩子的学习习惯及生活习惯；三是做孩子的典范，放下手机，拿起书本；四是不轻易给孩子贴标签，就事论事，保护孩子的积极性。

教师做好引导、教育工作，家长也应好好学习教育知识，了解孩子，用合理的、恰当的教育方式“爱”孩子。我们相信孩子一定会在教师、家长的帮助和自己积极的心态下茁壮成长。

最后，我还有一些学习资料和推荐书目，课后将以资料包的形式发送给各位家长。祝愿我们的孩子尽快适应新环境，拥有美好的小学生活！也让我们与孩子一起适应新变化，与孩子携手共成长！

教师给家长提供《教程》第 10~11 页“七、智慧分享”。

附：本课资料包下载

环境营造

家风春霖育新苗——好家风成就好孩子（教案）

授课学段：小学一年级
授课名称：环境营造
家风春霖育新苗——好家风成就好孩子
授课单位：天津市和平区万全小学
授课教师：张莉
指导教师：赵岩

教育目标

（1）帮助家长掌握良好家风建设的方法策略。

（2）帮助家长传承好家风，为孩子营造良好的家庭成长环境。

（3）帮助家长明确良好家风对孩子的影响。

学情分析

家风是一个家庭或家族的传统风尚，体现着家庭或家族的价值观。目前绝大多数的家庭形成了尊老爱幼、诚实守信、谦虚有礼、勤劳致富、重视教育等家风，但仍有部分家庭存在家风建设意识不强的情况，尤其是青年父母，普遍缺乏家风建设的意识。另外，很多家长在家庭教育上只能就事论事，全体家庭成员缺乏共同崇尚、一致遵守的行为规范。部分家长对自身要求不严，却苛求孩子。家风建设要以家训家规为依托，要依靠一定的强制力量，必要时要有相应的惩罚措施。

重点难点

（1）重点：好家风对孩子的影响。

（2）难点：家长掌握良好家风建设的方法策略。

教具准备

教学课件、央视《家风是什么》采访视频（见资料包）。

课时安排

1 小时。

教育过程

一、讲授铺垫

教师：各位家长朋友们，大家好。首先欢迎您参加本期“家长课堂”。中国是礼仪之邦，五千年的中华文化传承至今，深深铭刻在中国人的心中。每个家，都有家训、家规、家风。俗话说得好：无规矩不成方圆。从孟母三迁到岳母刺字，好的家训、家风不仅承载了祖祖辈辈对后代的希望和鞭策，还体现了中华民族优良的民族之风！今天，我们就一起聊一聊“家风”这个话题。

二、讲授过程

（1）定义“家风”，阐述其重要性。

教师：什么是“家风”？面对这个问题，相信每个人的答案都不相同。我们先来看一段视频，看看祖国各地对于“家风”的理解。

教师播放央视《家风是什么》采访视频。

教师：家风，简单说就是门风，是一个家庭或家族世代相传的精神风尚、生活作风，即一个家庭当中可以传承的生活方式、文化氛围。家风时刻影响着一个人的思想与行为。家庭中良好的家风传承对于一个人的世界观、人生观和价值观的形成起着至关重要的作用。好家风是家庭日益兴旺与社会和谐稳定的坚实基础。家风的好坏对孩子的成长起着举足轻重的作用。

教师讲述《教程》第 12 页“二、现状分析”第一自然段内容。

教师：曾有过一篇报道，讲述了两大家族，却有着不同的境遇。在英国有一个爱德华家族，是真正的书香门第。老爱德华是个博学多才的哲学家，为人严谨勤勉。他的子孙有 13 位大学校长、100 位教授、80 多位文学家、60 多位医生，1 人当过大使，20 多人当过议员。同样，在英国有另一个朱克家族，与之相比则大相径庭。老朱克是远近闻名的酒鬼和赌徒，浑浑噩噩无所事事。这个家族至今已传下八代，子孙后代中有300多人当过乞丐和流浪汉，400多人因酗酒而致残或死亡，60多人犯过诈骗或盗窃罪，出了7个杀人犯，整个家族没有一个人有出息。可见，家风对孩子的行为习惯、是非观、价值取向有很大影响，更深层次的就是对孩子世界观和人生观的影响。

中央电视台曾播放了纪录片《家风》，开展了关于“家风”主题的采访活动，在全社会展开了家风大讨论。在讨论中，大家明确了家风建设的重要性。当然，也暴露出了一些问题。随着人民生活水平的日益提升，信息技术的飞速发展，家风的传承意识逐渐淡化，道德的内容被世人所忽视。在一些家庭的思想意识里似乎丢掉了“家风”二字。据调查，有73%的家庭没有明确意义的家风、家训；有20%的家长认为有没有家训无所谓；有10%的家长知道家里有家训，但在忙碌中也忘了带着孩子一起学习。就以过节为例，调查显示，有42%的家长只知道在节日中带孩子游山玩水、吃喝玩乐，却忽视了中华优秀传统文化的教育意义。在诸多家庭中，家长注重给孩子丰富的物质满足，而忽视了对其精神的尊重；关注了孩子的身体健康，却忽视了心理营养的补给；重视孩子的智育发展，而轻视了孩子的德育教育。因此，一些中小学生出现了一系列的问题。

教师讲述《教程》第12~13页“二、现状分析”第二自然段内容。

教师：家庭建设重点是家风，家风建设的基础是家教。2021年10月23日，《中华人民共和国家庭教育促进法》颁布后，“家事”已上升为“国事”。培养少年儿童是当今一项重要的战略任务，事关长远。好家风、好家教才是孩子最好的起跑线。在孩子进入校园学习的起始阶段，家长有责任带领孩子一起学习家风、家训，做好家风建设，搞好家庭教育，给孩子讲好“人生第一课”，帮助孩子扣好人生第一粒扣子，引领孩子稳健前行，走好人生第一步。

教师讲述《教程》第13页“二、现状分析”第三自然段内容。

（2）案例剖析，追溯问题根源。

教师：可能有的家长朋友会觉得，“家风”太高大上了，怕把握不好教育的方向。其实只要我们用心观察，抓住机会，在与家人的聊天中就可以传承家风。下面，我给大家分享一个小故事《一次特殊的家庭会议》。

教师讲述《教程》第13~14页“三、故事聚焦《一次特殊的家庭会议》”和第14~15页“四、剖析根源”。

小结：在这个案例中，明明爸爸在忙碌的工作中，忽视了对孩子价值观的教育。爷爷的提醒，让明明爸爸知道了家长的价值观对于孩子的影响，知道了家庭教育中家风传承的重要性。明明家发生的事情，是众多家庭的一个缩影，那为什么会出现这个问题呢？

①物质发达，精神空虚。在生活中，许多人对于国庆小假期的认识有偏差，认为放假就是游山玩水，就是吃喝玩乐，渐渐地淡忘了国庆节的意义所在。也有些家长，面对学校布置的德育作业，还有些抵触情绪。就拿背诵社会主义核心价值观来说，有的家长帮助孩子背诵，也只是简单地应付老师检查，并没有关注其实际意义，也没有落实到行动上。甚至有的家长根本就没有真正地学习与理解这其中的意义。

当下，许多家庭的文化信仰与价值观出现了偏差，一些家长只关注如何赚钱，不关注精神追求；只关注自我的感受，甚至不关注家人的感受；只关注孩子的学习分数，不关注孩子内在的心理需求，不关注孩子的精神世界，更不关注孩子道德品质的提升。好家风被遗忘，好家风得不到传承，就会导致一些中小学生出现一系列的问题。

②概念模糊，缺乏认识。有的家庭对于家训、家风的概念是很模糊的，这源于他们的家庭里没有家训、家风。有的人则是在思想意识中，简单把不能做什么当作了家训、家风，没有明白家训、家风在家族延续中的重要作用。

③意识淡薄，方法缺失。随着人们的家庭结构、生活方式、思想观念等发生变化，家庭中家训、家规、家书等家风的传承载体逐渐淡出了人们的视线。有的父母既不会言传，也不能身教，家庭德育功能弱化，造成好家风的传承被忽视。就像故事中的爸爸，不知不觉地忽视了家训的学习。

④观念冲突，造成矛盾。在当今许多家庭结构中，年轻一辈的父母希望孩子能够独立自主、创新自信，但又疏于教育管理；而祖辈家长则是采用传统的教育方式，对孙辈溺爱有加。不同教育观念的冲突，造成了家庭矛盾，不利于孩子的教育，不利于传承好家风。

（3）指导建议，营造优良家风。

教师：家风虽是家教的一个重要组成部分，但教育无痕、润物无声。综合以上四个原因，建议家长朋友们可以尝试从以下几个方面入手，在日常开展好家风的建设。

教师讲述《教程》第15~17页“五、指导策略”。

①好家风的建设在家长的身体力行中。一年级孩子刚踏入校门，正是树

立世界观、人生观、价值观的关键期。家长要抓住时机，与孩子一起学习家风、家训，了解家族的荣耀经历和祖辈优秀事迹，将优秀的家族精神发扬光大。家长要积极创设良好的道德氛围、健康的心理氛围、正确的思想氛围、温馨的情感氛围、积极的奋进氛围、认真的思考氛围、刻苦的学习氛围、节俭的生活氛围、勤恳的劳动氛围等。在孩子心里播下良好的家风精神的种子，精心培育，期盼收获。

②好家风的建设在承接先辈的能量中。新时代家庭中，家长可以带领孩子与先辈对话，继续追寻历史足迹，深入找寻先辈的光荣业绩，挖掘先辈的英雄事迹，感受先辈留下的家规家训，引导孩子承接先辈的优良传统，获得家族生生不息的延续动力。就像故事中的家长，带领孩子积极学习《包拯家训》，努力成为孩子成长背后的靠山，身体力行把家族的精神发扬光大，他们的子孙定将成才。

万全小学二年级赵墨然同学的家庭就是一个四世同堂的红色大家庭。他的太姥爷新中国成立前参加工作，是参加抗美援朝战争的铁道兵；姥爷 17 岁参军，作为职业军官在部队服役将近 30 年，屡获战功；父母是工程师，秉承红色基因，为中国轨道交通贡献一份绵力。长辈们的言传身教让赵墨然同学耳濡目染爱党爱国的优良家风，更始终秉承军人家庭严谨自律的生活作风。

③好家风的建设在家规的制定中。家训、家风是家庭教育的重要形式。从古至今，所有优秀的家族都有一个优秀的家风。颜之推的《颜氏家训》、范仲淹的《家训百字铭》、朱子的《治家格言》等之所以在民间广为流传，正是其良好家风的思想在熠熠生辉。

家规家训对于家风传承是很有益处的。家长要善于把握教育契机，把新思想引入家规的制定上。如社会主义核心价值观、“请党放心，强国有我！”……把家规、家训内容转化为孩子成长的精神力量，让好家风在孩子心中生根发芽。

④好家风的建设在家庭教育细节中。家长每天与孩子朝夕相处，好家风建设就在家庭教育的细节中，就在每天衣食住行的点点滴滴中。

衣——穿着有样。一个家庭的整体穿着也是一个好家风的缩影。家长给孩子起到表率作用，穿着打扮端庄大方，干净整洁。一年级学生，在穿上新校服的时候，家长做好着装教育，引导孩子穿出小学生的自豪感。

食——饮食有节。家长要给予孩子与食品相关的知识，通过饮食文化的熏陶、食品技艺的传承、劳动观念的引导、节约粮食的教育、健康饮食的启蒙、对食物兴趣的探源等，达到培养孩子健康身心的教育目的。

住——起居有律。让居住环境干净整洁，生活起居规律有序。指导孩子参与家务整理，把家庭打理得井井有条，让家庭充满温馨氛围。

行——行之有效。好家风从家门走出。走出家门的孩子懂得“莫以恶小而为之，莫以善小而不为”，知道“爱护环境”“遵守交通规则”“不能在公共场合吃东西”“走路的时候不看手机”“不能归时先告知家人”……举手投足间有教养的孩子处处都彰显出好家风。好家风环境熏陶下的孩子，收获的将是精彩的人生！

（4）互动反馈，促进知行合一。

教师：通过刚才的分享，相信大家对于如何建设好家风已经有了初步的了解。接下来，我们一起演练演练。请大家扫描屏幕上的二维码，参与互动答题。（给家长留出 5 分钟时间。）

教师讲述《教程》第 17~19 页“六、实践思考”。

三、讲授总结

教师：时间过得真快，转眼今天的分享即将结束。其实关于家风建设从古至今还有很多值得我们借鉴学习的案例和理论，由于时间原因不能在这里和大家交流，现在给家长推荐几本关于家风建设的书籍和视频。

教师讲述《教程》第 20 页“七、智慧分享（二）推荐书目”。

教师：最后，再给大家留一个小任务：和孩子共同完成亲子活动——整理家谱，向先辈学习。

教师讲述《教程》第 18 页“六、实践思考（四）亲子实践活动”。

附：本课资料包下载

时间管理

让生活充满节奏感——培养孩子的作息规律（教案）

授课学段：小学一年级
授课名称：时间管理
　　　　　让生活充满节奏感——培养孩子的作息规律
授课单位：天津市河东区第二实验小学
授课教师：卢莹（作者现单位：天津市第七中学）
　　　　　张亦洋
指导教师：张全胜

教育目标

（1）认识培养孩子良好作息规律（睡眠与起床）的重要性，知晓学生每天应睡眠时长和就寝时间。

（2）学会培养孩子良好作息规律（睡眠与起床）的方法。

（3）在培养孩子良好作息规律的过程中加深亲子感情。

学情分析

一方面，部分一年级新生家长不了解小学生应该睡眠的时长与就寝时间，也不太重视孩子睡眠和起床的作息是否规律，忽视对学生睡眠及起床问题的家庭教育与引导，甚至有的家长夜深了还在大声聊天、看电视、娱乐等，破坏孩子的睡眠环境，造成孩子睡眠不足或起床困难，直接影响孩子的身体发育和学业成绩。另一方面，大部分家长主要是通过电视、广播、网络等媒介渠道获得有关学生睡眠的知识，许多家长对学生睡眠知识的知晓率不高，应加强对家长进行学生睡眠知识的宣传与普及。

重点难点

（1）重点：掌握培养孩子良好作息规律（睡眠与起床）的方法。

（2）难点：如何将方法运用于现实生活中。

教具准备

教学课件（见资料包）。

课时安排

1 小时。

教育过程

一、讲授铺垫

教师： 家长朋友，大家好。欢迎您百忙之中来到学校参加本次家长学校活动。今天，我们家长学校的主题是“让生活充满节奏感——培养孩子的作息规律”。

作息是指工作和休息，对于小学生来讲，就是学习与休息。他们的作息内容包括起床、上学、午休、放学、运动、阅读、劳动、学习、洗漱、睡眠等内容。规律的作息可以使人体形成良好的节律，就是常说的生物钟，它掌管着起居、睡眠的时间。有规律的作息可以使孩子生活学习有条不紊，更为高效。

今天，就让我们一起来聊一聊在家庭中如何培养孩子良好的睡眠与起床的作息规律。

二、讲授过程

（1）案例导入，引发家长思考。

教师： 各位家长，我想和大家分享一个案例，大家一起听听，故事里的孩子的表现怎么样？如果您是这个孩子的妈妈，您会怎么做？

教师讲述《教程》第 22 页“三、故事聚焦《‘兵荒马乱’圆舞曲》”。

提问： 听完这个小故事，家长们是不是都有种似曾相识的感觉呢？现在，我有几个问题想与您沟通了解。首先，如果您是林林妈妈，您会选用怎样的方式帮助林林按时睡觉与起床呢？其次，您认为林林是真的养不成良好的作息习惯吗？再次，您认为林林的哪些表现影响了他的作息？最后，妈妈应该怎样引导林林？

小结：《“兵荒马乱”圆舞曲》这样的情景是许多家庭中常见的现象，孩子晚上不睡，早上不起，家长早上又急着上班，晚上拖着疲惫的身子回到家中，要做饭做卫生，还要照顾孩子的饮食、学习、运动，真是筋疲力尽。是什么原因造成孩子作息不规律呢？孩子健康规律的作息习惯，一定是在家长的辅助下，长时间养成的，最终习惯成自然。

（2）分析问题，和家长一起探索解决方法。

教师：通过上述案例和刚刚我们讨论过的结论。我们进一步来分析孩子作息不规律问题产生的根源。

教师讲述《教程》第 23~24 页“四、剖析根源”。

（3）简述规律作息的意义和现状。

教师：我们的孩子是一年级的小学生，刚刚由幼儿园升入小学，每天的作息发生了变化，他们有了学习的任务，无形中产生了一定的压力，如果不能帮助他们养成良好的作息规律，他们就很容易产生焦虑的情绪，也会影响后续的学习效果。现实生活中，刚从幼儿园升入小学的孩子，有的并没有养成良好的作息规律，有的还不适应小学生活的节奏，晚上不睡，早上不起。作为家长，应帮助孩子形成良好的作息规律，形成人体的生物钟。孩子的主观能动性如果能被唤醒，就能很好地学习与生活。

一年级小学生应该有怎样的作息规律呢？国家教育部颁布了“五项管理”规定，包括睡眠、作业、手机、课外读物、体质健康等方面。对于一年级的学生来讲，保证睡眠是重中之重。教育部专门发文明确规定学生的睡眠时间，教育部办公厅在《关于进一步加强中小学生睡眠管理工作的通知》（教基厅〔2021〕11 号）中指出，“睡眠是机体复原整合和巩固记忆的重要环节，对促进中小学生大脑发育、骨骼生长、视力保护、身心健康和提高学习能力与效率至关重要”，要“教育学生养成良好的睡眠卫生习惯，引导家长重视做好孩子睡眠管理”。文件强调，小学生应保证每天睡眠时间达到 10 个小时，就寝时间一般不晚于 21：20。

小结：如果家长没有树立正确的睡眠观，便不能帮助孩子养成良好的作息规律，还会影响孩子的正常生活与健康成长。现在，我们一起探索话题“怎样培养孩子良好作息规律”。结合刚才林林的故事，我想给大家提供几点新思路。

（4）结合实际，探析对策。

教师：下面，我给大家一些培养孩子作息习惯的指导策略。

教师讲述《教程》第 24~26 页“五、指导策略”。

小结：家长还要对孩子的表现进行阶段性总结，以肯定、表扬为主，家长和孩子还要对做得不好的地方一起分析讨论原因，制定新举措。希望以上几点对策能够帮助您更清晰地了解培养孩子良好作息规律的方法，让孩子能够每天好好睡觉、按时起床、身体棒棒。

（5）设置情景，启发家长思维。

教师：各位家长，前面我们分享了许多帮助孩子培养良好作息规律的理论知识，现在就让我们做几道有意思的题目，通过做题启发我们的思维、指导我们的行动。

教师讲述《教程》第 26~27 页“六、实践思考（一）思考题”。

小结：看来，经过我们今天的分享，家长对什么才是良好的作息规律有了一定的了解，也知晓了我们的孩子每天应该拥有的睡眠时间。正确的认知能够帮助我们把握好前进的方向。

教师：我们再来尝试一个情境题和一个案例分析题。

教师讲述《教程》第 27~28 页“六、实践思考（二）情境题和（三）案例分析题”。

小结：从这两道不同类型的题我们可以看出，运用科学的方法才能起到事半功倍的作用。作为家长，当我们劝说孩子睡觉或起床的时候，一定要首先控制好自己的情绪，用温柔的话语、温暖的怀抱安抚好孩子，这样才能真正帮到孩子。

（6）通过亲子游戏，灵活运用方法。

教师：虽然家长们可能已经帮孩子养成了按时上床的好习惯，但是孩子到了床上之后翻来覆去就是睡不着，那么不妨来做一个帮助孩子入睡的睡前小游戏吧，既能帮孩子打发睡不着的无聊时光，又能让孩子快点进入甜蜜的梦乡。

①比赛伸懒腰。就像打哈欠会传染一样，伸懒腰同样也有一定的传染性，孩子躺在床上睡不着，家长不妨和孩子来个打哈欠比赛或是伸懒腰比赛，让孩子酝酿一下睡意，再轻轻地在孩子耳边说：“宝贝，该睡觉了噢。”孩子慢慢就打着哈欠乖乖地闭上了眼睛。

②来点亲子阅读。阅读能让人很快就产生睡意，而晚上 8 点到 9 点，又是最佳的阅读时间，此时给孩子洗一个舒服的热水澡，然后一家人坐在床上一起进行亲子阅读吧。这么做既能帮助孩子学到知识，又能让孩子更快地进入梦乡。如果能配一些轻缓的音乐就更加完美了，听着熟悉的音乐，看着自

己喜欢的故事书，孩子很快会放松下来，进入到睡眠状态。

③看看谁先睡着。家长和孩子一起躺在床上，然后闭上眼睛比赛谁先睡着。不一会儿，家长就会发现，小家伙已经进入甜蜜的梦乡了。这是一个很简单的小游戏，但孩子们却很喜欢，他们总是希望有机会挑战大人的世界，觉得自己能赢，事实上他们真的赢了。当然有些孩子也会耍花样，他们假装睡着，然后观察大人的反应。如果孩子出现了这种现象，父母一定要忍住，不要轻易上当，不然孩子下次就真的很难睡着了，因为他们知道你没有真的睡着。游戏的规则不能破坏，一旦破坏就不好玩了。

小结：孩子入睡快和平时父母以及家庭的习惯有很大关系，有些父母本身就是喜欢晚睡的，有时躺在床上还要聊天、玩手机或是看电视，给孩子树立了不好的学习榜样。让孩子平时没有固定的上床睡觉时间，想几点睡就几点睡，没有养成良好的睡眠时间点，这样即便是孩子上了床，他们也睡不着。

想让孩子入睡快，前提条件还是要养成良好的睡眠习惯。养成良好的睡眠习惯不是一天两天的事，父母要长期坚持，不能三天打鱼，两天晒网，一旦养成了习惯孩子就会自然到点就入睡。

三、讲授总结

教师：美好的一天是从入睡的那一刻开始的。好的睡眠 = 好身体 + 好精神 + 好头脑。良好的睡眠状态可以让孩子的精神状态更佳、身体更好，让孩子更聪明。

感谢家长听取本次家长学校的内容。由于时间短暂，我们不可能穷尽对此类问题的探讨。我这里还有一些可以分享给大家的资料，也许您在实践中的困惑可以从材料中找到答案。如果有任何问题，也欢迎您随时与我沟通。希望我们家校能够一起帮助孩子养成良好的作息习惯，睡个好觉，早早起床，开启快乐的一天。

教师给家长提供《教程》第 28~30 页“七、智慧分享”。

附：本课资料包下载

交往能力

融入集体有方法——会交朋友快乐多（教案）

授课学段：小学一年级
授课名称：交往能力
融入集体有方法——会交朋友快乐多
授课单位：天津市河北区育婴里小学
授课教师：底静
指导教师：叶文君

教育目标

（1）帮助家长认识到同伴交往对于孩子身心发展的重要性。

（2）帮助家长培养孩子学会与人交往的技巧。

（3）帮助家长提高孩子情商，让孩子感受健康友谊的滋养。

学情分析

父母是孩子的第一任老师，相对于学校和社会的教育，家庭教育具有更多的主观性，所以父母的家庭教养方式对孩子的影响更为重大。家长是社会中的人，各自的交往能力也是有差异的。有的家长外向开朗，善于交际；有的则性格内向，喜欢独来独往。一个人际交往能力不强的家长，对孩子的人际交往也会有影响。也有的家长用自己的价值观限定孩子交友，制约了孩子人际交往能力的发展。因此，家长需要不断学习，把引导孩子与人交往的功课做足做好。

重点难点

（1）重点：有计划、有目的地指导家长帮助孩子掌握与人共处的技巧，助力孩子快速融入集体，健康快乐成长。

（2）难点：改变以往与孩子相处的方式，重新反思家庭教育中的问题，从而以正确的方式引导和训练孩子的交往能力。

教具准备

教学课件、短视频、短剧文案、事例（见资料包）。

课时安排

1 小时。

教育过程

一、讲授铺垫

教师：今天我们要探讨的话题是“如何指导孩子学会交往”，交流孩子与人交往的现状

教师在教学课件中出示主题：融入集体有方法——会交朋友快乐多。

二、讲授过程

（1）故事聚焦，沟通问题。

教师讲述《教程》第 32~33 页“三、故事聚焦《晴晴笑了》”。

教师：刚才看到的案例，家长觉得自己的孩子在与人交往中还存在哪些障碍?

教师引导家长在纸上写出自己的孩子在与人交往中存在哪些困惑，家长相互交流。

小结：通过刚才的交流，我们也认识到，案例中晴晴身上发生的问题，令很多一年级新生家长感到困扰，那就是孩子在新的环境中与同伴关系的问题。归根原因，我们总结为以下几点：

①家长自身性格的影响；

②家庭结构和居住环境的影响；

③家长对孩子宠溺的影响；

④缺乏交往方法与技巧；

⑤家长的思想意识还有待提升。

教师讲述《教程》第 33~34 页“四、剖析根源”。

（2）明确孩子学会交往的重要性。

教师：随着现代社会日益信息化、多元化和开放化，人际交往能力和人际关系和质量日益成为衡量个体整体素质的重要指标。下面，我们通过另一个例子与各位家长交流探讨。

教师：我们一起来看一则很有意思的故事《卖梳子》，并进行交流讨论。

提问：小钱为何能成功地能把梳子卖给和尚？（引导家长互相交流讨论。）

小结：小钱之所以能成功地把梳子卖给和尚，最关键的原因是他能共情。对于小学生来说，人际交往能力是提高其心理素质的重要内容，它对其心理健康意识和社会技能的获得、学业成就与认知水平的提升以及社会性发展均具有重要影响。

（3）在事例中指导孩子学会交往。

教师：有两个一年级的孩子因为一点小事发生了争吵，我们一起去看看！

教师安排学生现场表演。

提问：一件微不足道的小事，却导致两个孩子吵得面红耳赤。各位家长，如果其中一个是您的孩子，你打算怎样疏导、教育孩子？

教师：各位家长谈得非常好，相信有了各位家长的疏导，孩子们会更和谐地与人相处。根据一年级学生人际交往发展的特点，家长可以相应地帮助孩子掌握与人相处的一般技巧和方法。

①真诚敬人。我们每个人都希望别人对己尊重，但要想得到别人的尊重，首先必须做到的是尊重别人。

a. 请家长 1 提前准备事例 1，并在会上和大家分享。

b. 讨论交流：女主管为什么会被辞退？如果你是故事中的妈妈，你怎样引导孩子？

c. 小结：总之，我们要引导孩子尊重他人，不仅要尊重老师、父母长辈，要尊重同学、伙伴，更要尊重每一个人，用自己对别人的尊重来换取别人对自己的尊重。

②热情赞人。在潜意识里，我们每个人都渴望别人的赞美。由己及彼，别人也渴望我们的赞美。你适时确切地发出了真诚的肯定，你会得到接受你肯定的人给你直接的回馈。所以赞美别人增加的是个人的魅力，有利于与人

友好和谐地相处。

a. 请家长 2 提前准备事例 2，并在会上和大家分享。

b. 现场交流：说说我赞美别人的故事。

c. 小结：让孩子学会赞美的同时要告诉孩子，赞美绝不是虚伪，一定要真诚，带有情感体验的赞美既能体现人际交往中的互动关系，又能表达出自己内心的美好感受，对方也能够感受到你对他真诚的关怀！

③宽以待人。宽容是一种品德，也是一种智慧，学会了宽容，就有了一份很好的人际关系。它是一个社会人必需的智慧，家长应该注意在生活的点点滴滴中教会孩子宽容。

故事赏析：我们分享事例 3 这个故事足以说明理解别人的重要性。所以，让孩子学会以一颗平常心来对待别人，真正理解别人。

④乐于助人。

a. 请家长 3 提前准备事例 4，并做分享。

b. 现场互动：听了这两则故事，各位家长有什么感受？

c. 小结：只有主动去关照、帮助别人，您眼前的世界也许就会因此而改变。

三、讲授总结

教师：“敬人者人恒敬之，赞人者人恒赞之，让人者人恒让之，助人者人恒助之。”总之，当孩子懂得真诚敬人、热情赞人、宽以待人，他们肯定能与人更融洽地相处，拥有较好的人缘，拥有和谐、温馨的人际关系。“予人玫瑰，手有余香。”当孩子遇到困难时，周围伸出的都是援助之手，还有什么困难是克服不了的。

最后我们一起来观看一个非常有治愈性的小短片，希望每个孩子都能像短片中的小刺猬一样，真正融入集体，结交到真心的朋友。

附：本课资料包下载

生活习惯养成

家校共育贵养成——培养孩子的良好习惯（教案）

授课学段：小学一年级
授课名称：生活习惯养成
家校共育贵养成——培养孩子的良好习惯
授课单位：天津市河东区实验小学
授课教师：韩颖
指导教师：韩颖　齐晓亚

教育目标

（1）帮助家长提升培养孩子良好习惯的意识。

（2）帮助家长掌握配合老师培养孩子良好习惯的方法。

（3）帮助家长提升对习惯养成教育的参与热情，让孩子良好的习惯成为常态。

学情分析

在对家庭教育的调查中发现，有的家长认为，培养孩子习惯无所谓，树大自然直；有的家长认为，孩子良好习惯的培养是学校老师的事情；有的家长更关注孩子的智力水平和学习成绩，对良好习惯的培养重视不够。对低年龄段的孩子来说，培养良好的生活、学习习惯是非常重要的。部分孩子未能养成良好的习惯，说明家长对学生的关注和培养力度不够，所以需要提高家长的教育意识和能力，促进家校共育，助力孩子良好习惯的养成。

重点难点

（1）重点：让家长意识到科学的家庭教育、良好的习惯培养的重要性。

（2）难点：让家长学有所获，学会具体的改进办法，并将其运用到家庭教育中。

教具准备

多媒体资料、教学课件（见资料包）。

课时安排

1 小时。

教育过程

一、讲授铺垫

教师：全世界最关注的话题之一，非诺贝尔奖莫属了，每一年，获奖者的经历和故事都在不断激励着我们……

犹记得 40 多年前，诺贝尔物理学奖得主卡皮察与记者的一幕经典对话流传至今。1978 年，75 位诺贝尔奖获得者齐聚巴黎，有位媒体记者问卡皮察："您在哪所大学、哪所实验室里学到了您认为最重要的东西呢？"这位白发苍苍的物理学家平静地回答说："是在幼儿园。"

记者很吃惊，又问："在幼儿园里学到了什么呢？"

卡皮察回答说："在幼儿园学到很多很多。比如，把自己的东西分一半给小伙伴；不是自己的东西不要拿；东西要放整齐；饭前要洗手；午饭后要休息；做了错事要表示歉意；答应小朋友或别人的事要做到；学习要多思考，要仔细观察大自然。我认为，我学到的全部东西就是这些。"

这位科学家出人意料的回答，说明儿时养成良好习惯对人的一生具有决定性的意义。"少成若天性，习惯成自然。"好习惯从小养成，便能根深蒂固，带领人往成功的路上前进。

各位家长，今天我将通过故事引入、情景体验等环节带领大家探讨如何家校共育培养孩子形成良好习惯。

二、讲授过程

（1）养成良好习惯的意义。

教师：什么是习惯？习惯就是习以为常的行为，就是长期积累下来的语言、行为、思维等生活方式。它可以说是由无数次的重复或练习，逐步固定下来变成自动化或半自动化的行为方式，也可以说人们头脑中所建立起来的一系列的条件反射。习惯不是与生俱来的，而是后天习得的。

我国著名教育家叶圣陶先生说过："教育就是习惯的培养。"我反复思索过这句话，感到极有道理。因为，习惯贯穿于人生活的方方面面。一个人，生活卫生习惯好，就有益于身体健康成长：文明礼貌习惯好，品德就优良；学习习惯好，定能取得好的学业成绩。总之，习惯对人的生活、学习以至事业上的成就都至关重要。

（2）聚焦故事，引发思考。

教师：各位家长，接下来我和大家一起分享一个小故事，大家想想自己的孩子是否也曾出现过这种情况，在这位妈妈的身上有没有自己的"影子"。

教师讲述《教程》第 41~42 页"三、故事聚焦《'地摊儿王'大变身》"。

提问：看完这个故事，请大家思考一下以下几个问题。凡凡为什么总是丢三落四？孩子生活的衣食住行您有没有包办代替的情况？什么事都怕孩子做不好就不让孩子做了吗？孩子上学了，教育孩子就是学校老师的事情了吗？在指责孩子哪件事做得不好之前，作为家长教给孩子解决问题的方法和技巧了吗？

（3）分析问题，探索解决方法。

教师：这个故事给了我们许多启示。故事中的凡凡身上出现的问题，想必在我们的生活中也很常见。一年级小学生的自理能力不足问题表现得越来越明显，这将对他们今后的学习生活造成严重的影响。下面我们探寻这个问题产生的原因。

教师讲述《教程》第 42~44 页"四、剖析根源"。

（4）分析习惯养成的现状。

教师："冰冻三尺，非一日之寒"，任何好习惯的习得都是长期培养的结果。人一旦养成一个习惯，就会成为一种自觉的行动。好习惯会使人终身受益。一年级小学生的可塑性很强，是习惯养成的最佳时期。对一年级小学生群体的调查显示，有良好习惯的孩子，能很好地度过适应期，甚至可以无缝对接。而没有良好习惯的孩子入学后则会产生诸多不适应，严重的会导致厌学情绪。正因为部分家长在孩子行为习惯养成教育方面存在思想观念的偏差，导致一些小学生身上出现"5 + 2 = 0"的无效教育现象，即 5 天的学校教育初见成效，2 天的家庭教育让其又回到原点。

教师讲述《教程》第 46 页"六、实践思考（一）思考题"。

小结：教育好一个孩子，"学校教育"和"家庭教育"缺一不可。

（5）结合实际，探究策略。

教师：单纯的说教不能起到什么效果，因为笼统而抽象的要求会让孩子感到不知所措，只有细致入微的指导，才能培养出真正的好习惯。作为家长，我们应该从这些方面做起，帮助孩子养成良好习惯。

教师讲述《教程》第 44~45 页“五、指导策略”。

（6）现场采访，实话实说。

教师：各位家长，我们的孩子步入小学生活已经一段时间了，您对孩子平时的学习生活了解吗？试着回答以下问题。

①孩子上一年级以来，您的孩子习惯方面有什么变化？

②您最欣赏孩子哪些良好的习惯？

③孩子的哪些不良习惯让您最感困惑？

④平时您最注意培养孩子哪些良好的习惯？

⑤您愿意把您成功的方法跟大家分享吗？

（7）情景体验，引发思考。

教师：许多办法能够帮助我们进行家庭教育。俗话说：兴趣是最好的老师。在教育的过程中，我们要摒弃传统的说教形式，因为说教不仅让家长感到疲倦，更容易让孩子产生抵触情绪。家长可以根据一年级孩子的特点，寻找一些具有趣味性的亲子活动，在“游戏”中潜移默化地培养孩子的学习习惯。

小游戏 1：“夸一夸”小游戏

教师：为了让大家了解到激励机制的作用，现在我想请各位家长一起做一个小小的游戏，请家长互相给邻桌家长写一张小纸条，写上一些赞美和夸奖的话并相互交换。

教师：请问各位家长，当看到小纸条的那一刻，您有什么感受呢？

家长：惊喜、开心、自信。

总结：成年人都会因为一句赞扬和鼓励而感到幸福，何况是我们的孩子呢？希望家长学会正面沟通，在培养孩子良好习惯的过程中实施激励措施。

小游戏 2：情景代入

教师：接下来，我们再做一个小游戏，模仿家长与孩子的相处过程，体会孩子的感受。请一位家长扮演书包没有收拾好的孩子。我来扮演家长。

教师大声吼叫：“连个书包都收拾不好，真笨！”

教师：这是第一种处理方式，用指责、打击、嘲笑对待孩子。现在我来演练第二种方式。

教师轻声安抚，笑着说：“孩子，不要着急，我相信你能行，再试一试会更好！”

教师： 这是第二种方式，鼓励、肯定孩子。请问各位家长，哪一种态度更能让人接受，如果你是孩子，哪一种态度会让你愿意重新好好收拾书包呢？

家长： 第二种。

教师： 在我们的工作生活中，太过严肃的领导、伴侣都会让我们感到恐惧和压力，更何况我们的孩子呢？孩子的成长更需要的是鼓励和耐心，过于严苛容易让孩子产生自闭、自卑、厌倦等不良心理，不利于孩子身心的健康发展。

各位家长，通过今天的交流，相信大家已经有所收获。如果遇到以下情况您该如何处理？

教师讲述《教程》第 46 页“六、实践思考（二）情景题和（三）案例分析题”。

教师： 著名教育家叶圣陶说过：“什么是教育？教育就是养成良好的行为习惯。”训子千遍不如培养一个好习惯，培养好习惯必须从小抓起。幼儿阶段和小学阶段是行为习惯培养的关键时期，初中是弥补阶段，到了高中只能称为矫正阶段。我们要在孩子可塑性最强的时期，用快乐的方法点燃孩子成长的一把火，培养和激发让孩子受益终身的能力。

三、讲授总结

良好的习惯是幸福人生之基，而基础水平决定人的发展水平。毫无疑问，培养孩子良好习惯的神圣职责，别无选择地落到了我们广大父母与教师的身上。我们不可能也不必成为教育家或心理学家，但是，作为老师，作为家长，必须承担起最根本也是最重要的责任——培养孩子良好的习惯。良好习惯的养成是学会做人的核心！这里是一些关于家庭亲子游戏的指导内容，供大家学习参考。

教师给家长提供《教程》第 47~48 页“七、智慧分享”。

温馨祝愿：愿我们的孩子在学校和家庭的共同教育下，养成良好的习惯，将来拥有幸福美好的人生！

附：本课资料包下载

榜样效应

言传身教树榜样——父母与孩子一起成长（教案）

授课学段：小学一年级
授课名称：榜样效应
言传身教树榜样——父母与孩子一起成长
授课单位：天津市南开区中营小学
授课教师：王振刚
指导教师：孙增萍

教育目标

（1）帮助家长明确父母和孩子一起成长的重要意义。

（2）帮助父母学会陪伴子女共同成长的科学的方法。

（3）在共同成长的过程中提升亲子情感。

学情分析

在家长的潜意识里，他们懂得给子女树立良好榜样的重要意义，但在生活中，如何具体地实践，他们往往感到困惑，常常忘记了规范自己的言行举止，带给子女负面的影响。

重点难点

（1）重点：帮助父母认识到给子女树立榜样的重要意义。

（2）难点：帮助父母学会陪伴子女共同成长的科学的方法。

教具准备

教学课件（见资料包）。

课时安排

1 小时。

教育过程

一、讲授铺垫

（1）导入新课。

教师：尊敬的家长朋友们，欢迎大家走进我们的教室，参加家长学校的授课活动。一个温馨和谐的家庭大多会培养出优秀的孩子；同样，一个问题家庭走出来的孩子性格上存在着或多或少的缺陷。可见家庭教育有多么的重要。

（2）出示数据。

教师：2018 年底有一项关于全国家庭教育情况的调查，其中有这样几组数据值得深思。

教师讲述《教程》第 49~50 页“二、现状分析”。

提问：通过这一组数据，家长朋友们能够感受到孩子的内心世界吗？能够了解了他们心中的渴望吗？

小结：记得 2016 年 12 月 12 日，习近平总书记在会见第一届全国文明家庭代表时强调：“广大家庭都要重言传、重身教，教知识、育品德，身体力行、耳濡目染，帮助孩子扣好人生的第一粒扣子，迈好人生的第一个台阶。”

二、讲授过程

（1）分享故事，进入主题。

教师：作为家长，在生活中会遇到形形色色的事情。每一次都在考验着我们的育儿水平。你看，这位妈妈领着孩子去超市，就发生了一件特别的事情——《一粒葡萄干》。

教师讲述《教程》第 50~51 页“三、故事聚焦《一粒葡萄干》”。

教师：一段故事给我们留下了深深的思考，倾听了这段故事后，哪些细节给大家留下了深刻的印象呢？

（2）剖析根源，明理导行。

教师：教育就是关注细节，如果把人生比作一个金字塔，构成金字塔塔基的，恰恰是我们所做的每件小事及做事的细节。

提问：关注故事中的这些细节，您有哪些感想和大家分享？

小结：教育孩子光靠爱是不够的，还要有严格的管教、正确的指导以及恰当的方法。好孩子一定是父母精心教育出来的，“熊孩子”一定是父母放纵溺爱出来的。故事中的家长忽视了关注小事、为人坦诚、榜样示范对孩子的成长会产生的深远影响。让我们一起来剖析案例中产生问题的根源。

教师讲述《教程》第 51~52 页“四、剖析根源”。

（3）策略引领，提升自我。

教师：家庭教育是爱和规则的结合，真正的爱是有规则的爱。爱孩子就要宽严有度，爱而不娇、放而不纵、管而不束，在成长中帮助、在信任中陪伴。故事中妈妈没有做到爱与规则并行，错误的爱导致了孩子错误的认知和习惯。请各位家长给故事中的家长开具一张改进处方，温馨地为她提出改进措施。

提问：请各位家长发表自己的意见。

小结：父母是儿童良好行为习惯的第一位培养者，是儿童各种行为的参照物。

教师：孩子的世界是纯净的，他们的思想、语言、行为都处于尚未完全成熟的阶段。随着年龄的增长，孩子的独立性开始不断增强，但判断是非的能力还是比较弱的，容易受到外界的干扰和影响。当保洁阿姨批评孩子后，孩子回答“好”。家长就应该对孩子认识到错误给予积极的评价——认识错误及时改正就是好孩子。

故事中的妈妈看到委屈的孩子后，如果能洞察当时孩子的内心世界，和孩子平等、良好地沟通，了解孩子的真实想法，就不会造成孩子后来在班内的不良行为了。

教师讲述《教程》第 52~53 页“五、指导策略”。

（4）实践思考，引向深入。

①集体讨论。

教师：通过今天的分享，各位家长一定各有所思、所获。请大家认真思考：作为家长，怎样做才能和孩子一起成长？

小结：言传身教，时时处处做孩子的榜样；高质量地陪伴孩子，一起读书、一起游戏、一起劳动等等；关注孩子内心世界，让沟通无障碍。

教师讲述《教程》第 54 页“六、实践思考（一）思考题”。

②观看情景剧。

教师：各位家长朋友，在生活中，我们常常会遇到这样的一幕，让我们一起观看一部短小的情景剧。

教师讲述《教程》第 54 页“六、实践思考（二）情境题”。

提问：如果您是情景剧中的这位家长会选择怎样做？

小结：家长不仅要时刻做孩子的榜样，还要建立规则意识，与孩子一起敬畏规则。

③观看视频。

提问：生活中还会遇到这样的一幕，让我们一起看视频。如何评价这位家长的做法？

小结：高质量的陪伴是孩子健康成长的保证。首先，家长要做到不沉迷手机；其次，找到孩子的兴趣点，以现实中的游戏、劳动、竞赛等培养孩子良好的兴趣爱好；最后，生活即教育，让生活场成为浸润孩子的教育场，实现无痕教育。

教师讲述《教程》第 54 页“六、实践思考（三）案例分析题”。

三、讲授总结

教师：俗语说得好，陪伴是最长情的告白，父母高质量的陪伴才是孩子健康成长的基石。在日常生活中，如何高质量地陪伴孩子呢？请大家集思广益。

小结：感谢大家的分享。阅读、玩耍、劳动、锻炼……这些都是陪伴孩子时可以开展的最有意义的活动。亲子阅读，怡情增智；快乐玩伴，促进成长；一起劳动，培养责任；坚持锻炼，强健体魄。

附：本课资料包下载

家务劳动

快乐动手“家”油站——培养爱劳动的好孩子（教案）

授课学段：小学二年级
授课名称：家务劳动
快乐动手“家”油站——培养爱劳动的好孩子
授课单位：天津市蓟州区同乐小学
授课教师：刘芳 张小双
指导教师：李晓娇

教育目标

（1）让家长懂得家务劳动对于孩子健康成长的重要性。

（2）帮助家长掌握培养孩子爱劳动的科学方法。

（3）在培育孩子的动手能力和家庭责任心的同时，让孩子享受劳动的快乐。

学情分析

孩子天性活泼，对一切都充满了好奇，总想用自己的实际行动证明自己已经是“大孩子”了。如在班级里面能主动擦黑板、摆桌椅、浇花，把这些“小任务”当成一件件非常有意义的事情，乐此不疲。但是当老师向他们了解，在家里帮助父母做家务吗？孩子们就会摇摇头，50% 的孩子反映说家长不让他们做家务，只要他们学习好，家里任何事情都不用做。由此可见，孩子们不爱劳动的主要原因来自家长，大多数家长不重视对孩子劳动态度和劳动技能的培养，其次是孩子自身的原因。

重点难点

（1）重点：让家长懂得家务劳动对于孩子健康成长的重要性。

（2）难点：帮助家长掌握培养孩子爱劳动的科学方法。

教具准备

教学课件、视频、图片（见资料包）。

课时安排

1 小时。

教育过程

一、讲授铺垫

教师：本次家长课堂的目的在于找出家长在教育孩子时遇到的问题，反思家庭教育，并群策群力，探讨出解决这些问题的办法。今天我们探讨的话题是“培养孩子爱劳动的习惯”。

我们来看一则公益广告。这则广告是什么意思呢？哪位家长来说一说？是的，这则广告告诉我们：孩子通过劳动创造美好生活。下面，我们插入一段小故事。

教师讲述《教程》第 61~62 页“三、故事聚焦《‘懒’妈妈》”。

提问：对比广告和故事，请家长说说感想，您认为劳动教育对孩子有什么重要性？

小结：是的，这位家长说得很对！俗话说：万丈高楼平地起。家庭未来的美好生活和社会的发展都将由我们的下一代通过辛勤劳动来开拓和创造。所以，家庭的劳动教育就显得尤为重要，应该家校合力共同教育。今天，我们一起来探讨如何培养孩子爱劳动的好习惯。

2015 年 8 月颁布实施的新版《中小学生守则》（以下简称《守则》），是新时期中小学生的行为准则。学习《守则》就是培育和践行社会主义核心价值观，落实立德树人的根本任务。教育孩子遵守《守则》不仅是学校的责任，也是家庭的责任。《守则》对中小学生的要求，也是父母培养孩子的重要内容。

请家长来分析一下这段话，从中读到了什么信息？

二、讲授过程

（1）案例分析。

教师：从上面的这段话中，我们读出了很多信息。结合孩子的实际生活，我们来分析一下这几张照片展示了什么内容？

教师出示几张孩子在学校里做值日的照片，并逐一让家长说一说。

教师：这是我班的值日分工表，从表中看到，人人有任务，而且劳动的种类很多，每周轮换。再来看看，这几张照片展示了什么内容？

教师出示几张孩子在家的照片，并让家长也说说。

教师：两组图片一起出示，请家长对比一下，您发现了什么问题？是的，孩子在学校能主动参与劳动，在家里却对满地玩具视而不见。

讨论交流：您的孩子存在哪些不爱劳动的表现？

（2）组织反思。

教师：我们不难看出，导致孩子有截然不同的两种劳动态度的原因，可能在于我们的家庭教育的某个环节出了问题。

教师出示美国“儿童学做家务事年龄表”。

教师：请各位家长对照这个表，评价一下自己平时对孩子的劳动教育怎么样？

小结：家长们很棒，能立刻反思出教育的问题所在。反思过后，我们接下来要想想怎么改变现状去教育我们的孩子呢？

教师讲述《教程》第 63 页“四、剖析根源”。

（3）引导践行。

教师：现在我出示三幅漫画，请家长描述一下漫画的内容？

教师出示的三幅漫画分别为：祖辈伺候，孩子皇帝般享受；父母包办，孩子旁观；只关注成绩，忽视劳动教育。

教师：三幅漫画都看完了，相信家长对于怎么教育孩子爱上劳动已经心中有数了。现在进入讨论环节，讨论应该怎么让孩子养成爱劳动的好习惯？

教师组织家长交流劳动教育的方法。如培养观念、榜样法、严格要求、持之以恒、鼓励法等。

教师讲述《教程》第 64~65 页“五、指导策略”。

教师：还有哪位家长在劳动教育方面需要大家支招？请勇敢地提出来，让大家为您出谋划策。

三、讲授总结

教师：今天的劳动教育课中，不仅让我们意识到了培养孩子劳动习惯的重要性，还讨论得出了培养孩子爱劳动习惯的方法，收获颇丰。接下来的日子里，我们要把这次收获的宝贵理论知识运用到实际的家庭教育中。

教师讲述《教程》第 65~66 页“六、实践思考”。

附：本课资料包下载

亲子阅读

家有“书虫”快乐多——亲子阅读共成长（教案）

授课学段：小学二年级
授课名称：亲子阅读
家有“书虫”快乐多——亲子阅读共成长
授课单位：天津市西青区中北镇星光路小学
授课教师：杜萌萌
指导教师：魏媛　马红

教育目标

（1）引导家长激发子女的读书兴趣，养成良好的读书习惯。
（2）帮助家长正确把握亲子阅读的方法和技巧。
（3）丰富家长的育儿经验，促进亲子关系。

学情分析

父母是孩子的启蒙教师，阅读是孩子成长的关键一环，重视家庭亲子阅读，对提升孩子成长具有重要的作用。但目前家庭亲子阅读还存在阅读环境创设具有随意性、亲子阅读作品较单一、亲子阅读策略不科学等问题，不能很好地激发子女的读书兴趣，培养良好的读书习惯。

重点难点

（1）重点：帮助家长正确把握亲子阅读的方法和技巧。
（2）难点：丰富家长的育儿经验，促进亲子关系。

教具准备

教学课件（见资料包），纸质版案例资料。

课时安排

1 小时。

教育过程

一、讲授铺垫

教师：家长朋友们，非常感谢大家在百忙之中莅临学校参与今天的家长活动。小学低年级段是孩子成长的关键期，家长与学校配合开展教育是至关重要的。孩子在不断适应中不断成长，我们家长也应该结合孩子的特点加强学习，提高教育水平。为此，我们特地组织本次家长活动，为大家在亲子阅读中的教育问题提供一些指导和建议，促进家庭教育的发展，达成家校共育的目的。

二、讲授过程

（1）案例导入，引发家长思考。

教师：各位家长，首先我想和大家分享一个案例，大家一起听听，故事里的妈妈做得对不对？如果您是这位妈妈，您会怎么做？

教师讲述《教程》第 71~72 页“三、故事聚焦《猜盒子》”。

提问：家长朋友们，案例分享后，有几个问题我想与您沟通了解。首先如果您是——妈妈，您会如何引导孩子猜盒子呢？您认为——真的没有用心猜吗？——真的猜错了吗？——妈妈的做法有什么问题？

小结：这是一个关于亲子阅读的故事。伴随着故事的结局——孩子“狠狠地合上了书”，我们可以看出孩子的阅读兴趣也被无情地泯灭了。那问题出在哪呢？我们可以从故事的开头看到，——本来已经逐渐形成阅读习惯了，可是最后却不再看书了。造成这个问题的根本原因在于家长。

（2）分析问题，和家长一起探索解决方法。

教师：通过上述案例我们可以发现，这位家长的做法扼杀了孩子表达的欲望，扼杀了孩子的想象，也扼杀了孩子的阅读兴趣。

教师讲述《教程》第 72~73 页“四、剖析根源”。

（3）简述亲子阅读的现状和意义。

教师：有关研究数据证实，很多父母在孩子幼儿阶段相当重视亲子读书，但在孩子步入小学以后，父母就觉得孩子有了自己认字读书的能力了，这时必须让孩子自主读书，否则孩子的依赖性太强，于是亲子读书的活动热情将慢慢消失甚至荡然无存。还有一些家长对亲子阅读重视不够，主要表现为：一是无法投入更多的时间与孩子共同阅读，二是有些家长没有给孩子营造阅读环境。另外，由于父母的文化水准不一，在读书内容选取与引导方式的科学性上也存在差距。许多父母无法做到有针对性地与孩子进行亲子阅读，也不知如何充分调动孩子的读书兴致。

小结：《义务教育语文课程标准》中指出："要重视培养学生广泛的阅读兴趣，扩大阅读面，增加阅读量，提高阅读品位。提倡少做题，多读书，好读书，读好书，读整本的书。关注学生通过多种媒介的阅读，鼓励学生自主选择优秀的阅读材料。加强对课外阅读的指导，开展各种课外阅读活动，创造展示与交流的机会，营造人人爱读书的良好氛围。"由此可见阅读的重要性。阅读可以发展孩子的智力，孩子读书越多，思考就会越清晰，思维就会越活跃。而亲子阅读不仅可以发展孩子的智力，还可以增进亲子之间的沟通，在阅读中收获感动与乐趣。

（4）联系生活，指导策略。

教师：想要提升亲子阅读的质量，您不妨从以下几个方面入手，全面认识亲子阅读的意义，合理地为孩子挑选读物，丰富对孩子阅读过程的指导等。

教师讲述《教程》第 73~75 页"五、指导策略"。

小结：希望以上几点对策能够帮助您对亲子阅读有更为全面的认识，能为孩子挑选更加合适的读物，掌握更多亲子阅读的方式、方法。

（5）思考实践，合理运用。

教师：讲述了这么多理论知识，下面我们通过具体的事例来交流亲子阅读的方法，将理论应用于实际。请家长阅读果果的故事并思考：您是如何看待果果妈妈的做法的。

教师讲述《教程》第 75 页"六、实践思考（二）情境题"。

提问：

①这位家长您好，如果您是果果的妈妈，您会如何处理这件事情呢？

②如果换作您是果果的妈妈，您也会这样做吗？

③您认为购买作文书有没有必要？如何发挥作文书的作用呢？

小结：亲子阅读主要培养孩子的阅读兴趣，加强思考意识，不能带着以考试作文得高分的功利性去做，要合理地为孩子挑选读物。

教师：接下来我们再来看一个案例，请家长简要分析案例中妈妈的做法。

教师讲述《教程》第75~76页“六、实践思考（三）案例分析题”。

提问：如果您是这位家长，您会如何引导孩子？

小结：儿童与家长对同一事物的理解与感受是不同的，家长要尊重孩子在阅读过程中的感受，不要将自己的理解强加给孩子。陪孩子阅读时要讲究方法，激发孩子的阅读兴趣。

（6）亲子活动，增进感情。

教师：请亲子阅读文章《奇先生妙小姐》，为他们举办一个颁奖典礼，并写上颁奖词。可以从外形、性格、品质等方面与孩子共同完成，完成后与孩子一起朗读颁奖词。

小结：希望通过以上活动给予各位家长一些启发，在亲子阅读的过程中可以采用更多的方式、方法来引导孩子，与孩子共享阅读之乐。

三、讲授总结

今天的家长课堂为各位介绍了亲子阅读的相关内容，也更加明确了亲子阅读在孩子成长过程中的重要性。通过亲子阅读，父母可以和孩子共同学习、一同成长；通过亲子阅读，父母有了更多与孩子沟通的机会，一起分享读书的感动和乐趣。希望我们的宝贝都可以成为乐享亲子阅读时光的“小书虫”。

最后，感谢大家在百忙之中参与这次活动，活动过后我会将更多亲子阅读的指导内容通过资料包发送给您，您在以后的实践中也可以参考其中的内容，随时欢迎您与我沟通交流，实现家校联动，共助孩子成长。

教师给家长提供《教程》第76~78页“七、智慧分享”。

附：本课资料包下载

健康兴趣

兴趣爱好巧赋能——培养孩子正向的兴趣爱好（教案）

授课学段：小学二年级
授课名称：健康兴趣
兴趣爱好巧赋能——培养孩子正向的兴趣爱好
授课单位：天津市北辰区第二模范小学
授课教师：宋雅　刘莹
指导教师：王连娟

教育目标

（1）帮助家长引导孩子养成正向的兴趣爱好。

（2）帮助家长认识培养孩子兴趣爱好的意义。

（3）指导家长发现孩子的特点，培养孩子的爱好与特长，提升孩子的综合能力。

学情分析

对于小学低年级的部分家长来说，他们在孩子兴趣培养上有失客观、明智，不能真正考虑孩子的感受。家长对于“孩子的兴趣和需求应该由孩子自己决定”这一理念虽然有所了解，但不能真正做到。另外，这个阶段的孩子大多顺从父母的安排，对于兴趣班的选择也缺少自己独立的思考，家长容易出现操之过急、独断专行的现象。

重点难点

（1）重点：帮助家长引导孩子养成正向的兴趣爱好，并给予方法指导。

（2）难点：家长能主动发现孩子的特点，并运用正确的方法帮助孩子找到其适合的兴趣和特长，提升孩子的综合能力。

教具准备

教学课件、音频（见资料包）。

课时安排

1 小时。

教育过程

一、讲授铺垫

教师：家长您好，欢迎您来到今天的家长课堂。上课前，我想问第一个问题，您的孩子是否在校外上兴趣班？

教师请三五位家长交流。

教师：好，谢谢各位家长。第二个问题，兴趣班是孩子主动要求报名的吗？请举手示意。

家长举手。

教师：好的，我了解了。今天咱们一起聊聊孩子的兴趣班。

二、讲授过程

（1）案例分析，引起共鸣。

教师：在刚才的交谈中，我也了解到咱们班级学生参加课外兴趣班的情况。也有不少家长为孩子选择了课外兴趣班。那么，我们就一起来看一则关于“兴趣班”的故事。

教师讲述《教程》第 80~81 页“三、故事聚焦《小吉他手》”。

（2）分组讨论剖析根源。

教师：这是一个关于为孩子选择兴趣爱好的亲子故事。从这个故事中，我们可以看到妈妈非常重视孩子的兴趣爱好，不管是帮助孩子选择兴趣爱好，还是鼓励孩子去体验，都特别积极。

教师组织家长分组讨论，看看案例中有哪些值得借鉴的典型做法。

小结：结合家长们的讨论，我们一起总结一下。故事中一一的家长能结合孩子的性格特点，尊重孩子的意愿，帮助孩子找到真正的兴趣。一一的家长能接受孩子的“放弃”，积极为孩子创造培养兴趣爱好的良好环境。

教师讲述《教程》第 81~82 页“四、剖析根源”。

（3）推己及人，指导策略。

教师：对于低班级的孩子来说，他们并不能真正理解兴趣与特长的内涵，家长往往也没了解孩子心里的真实想法，只是看最近哪家兴趣班红火就给孩子报什么兴趣班。家长该怎样为孩子选择兴趣爱好，才能更好地促进孩子的成长、提升孩子的综合能力呢？今天就与各位家长交流几个方法。

教师讲述《教程》第 82~84 页“五、指导策略”。

①因材施教。

教师：我们先来看一则新闻。

教师播放新闻截图。

教师：给孩子选择兴趣爱好，很多家长面临的最大问题就是“盲目跟风”。前几年吹“乐器风”“舞蹈风”，过几年吹“戏剧风”“主持风”……要知道“兴趣是最好的老师”，兴趣是促进孩子主动发展的内在力量。如果没有兴趣，那么孩子对待事物就打不起精神，所以父母对孩子喜欢的事物要多加观察，善于发现孩子的兴趣爱好，并小心翼翼地保护孩子的兴趣爱好。

②亲子活动。

教师：孩子的兴趣爱好就像孩子梦想萌发的“种子”，只有在孩子的精心呵护和家长强有力的保护下，这颗小小的“种子”才会生根发芽，茁壮成长。亲子活动，便是培养孩子兴趣爱好的一种有效途径。作为家长，应该积极创设与孩子共同活动的环境和机会，引导孩子不断发展自己的兴趣爱好。在这种亲子活动中，孩子的兴趣爱好会得到不断的滋养，从而提升自己的能力。我们来看一看历史上家学渊源的名人们。

教师播放课件图片。

教师：北宋大文豪苏东坡之所以能成为“唐宋八大家”之一，原因之一，就是其父苏洵对他文学兴趣爱好的培养。苏轼从小就在父亲的指导下，熟读了《诗经》《楚辞》，熟记了李白、杜甫等人的作品，才积淀了深厚的文学修养。像这样的亲子活动，自然会促进孩子兴趣爱好的形成。各位家长也可以说一说您家中的亲子活动。

教师请家长发言。

③把握尺度。

教师：我们在培养孩子兴趣的过程中，有一些孩子会表现出“三分钟热度”的现象。这是因为孩子的兴趣表现出一定的不稳定性，会随着时间的推移而有所改变。咱们班级中的孩子毕竟年龄还小，没有很强的自觉性，更谈不上持之以恒。所以作为家长不能一时心血来潮，时而管时而不管，也不能一味地鼓励或过分地指责，要把握好尺度。在这里也给各位家长推荐一些比较好的做法，我们看大屏幕。

教师播放课件。

教师：看到孩子的进步，要及时鼓励，增强孩子的自信心。看到不足也要及时指出。

（4）运用方法，思考实践。

教师：各位家长，前面我们虽然了解了这么多的理论知识，但在孩子兴趣爱好培养方面还要多多实践，才能真正了解孩子的需求，并达成共识。接下来我们在情境中思考以下几个问题。

教师讲述《教程》第 84~85 页“六、实践思考（二）情境题”。

小结：刚刚很多家长纷纷表示，自己有时也会有小妍妈妈这种情况，我们作为父母，不应该以短时的效果当众否定孩子的付出，要学会欣赏孩子，如果孩子哪里做得不好，可以给出帮助其进步的意见，鼓励孩子不断进步。

教师：我们再来看这样一位家长的做法是否妥当？

教师讲述《教程》第 85 页“六、实践思考（三）案例分析题”。

小结：我们都知道这样一句话：人家是人家，我是我。每个孩子都有个性差异，不能硬搬别人的方式方法。要了解孩子的个性，细心观察孩子的需要，尊重孩子的兴趣与选择。

教师：另外，我们还可以根据孩子的兴趣爱好，完成亲子游戏，在游戏中培养兴趣的同时，增进与孩子的情感，加深彼此的了解。下面是为家长提供的亲子游戏的方案，家长们不妨试一试。

三、讲授总结

教师：通过今天这节课的学习，希望对各位家长有所触动。在孩子兴趣爱好的选择上，要以尊重孩子为前提，不求短时回报，一旦孩子找到了自己的兴趣爱好，作为家长，要多鼓励、支持，做孩子兴趣发展道路上的助推器。

课程结束了，但思考和实践还在继续，下面和各位家长分享一些资料。做智慧型家长，我们任重道远！

教师给家长提供《教程》第 85~87 页“七、智慧分享”。

附：本课资料包下载

专注力培养

凝神聚力有方法——提升孩子做事的专注力（教案）

授课学段：小学二年级
授课名称：专注力培养
凝神聚力有方法——提升孩子做事的专注力
授课单位：天津市北辰区东堤头小学
授课教师：马玥爽
指导教师：赵金艳　张永建

教育目标

（1）对专注力相关理论知识进行介绍，使家长充分了解专注力的本质和原理，以便在教育孩子的过程中，灵活运用相关理论知识，科学地分析孩子缺乏专注力的原因。

（2）提升家长的实践能力，使家长形成科学的教育方法，在培养树立孩子自我意识的过程中，学会运用专注力相关理论知识，控制外部影响对孩子的干扰。

（3）帮助家长培养孩子专注投入做一件事情的习惯，让孩子在专注解决问题的过程中培养成就感，从而调动孩子的学习积极性，为自主学习打下良好的基础。

学情分析

专注力一般指孩子能够在一段时间内调动自身各种能力，对某一事物主动注意的能力。孩子的学习教育主要包括意志品质、个性品格以及专注力的培养。注意力不集中，往往会成为孩子学习过程中的绊脚石，因此，专注力问题，越来越受到家长的关注。对孩子专注力的培养，应当抓得越早越好。家长要帮助孩子规划时间，帮助孩子排除干扰，强化孩子对专注力的控制，使得孩子养成专心的良好学习习惯。

重点难点

（1）重点：教师实现与家长的良性沟通，能够使彼此更好地了解孩子的情况，帮助家长学会科学的教育方法，不仅提高家长的教育水平，还要促进孩子的身心健康发展，使孩子能够在以后的学习过程中，有效提高学习效率。

（2）难点：家长与教师沟通时间较少，难以协调合适的沟通时间，与祖辈家长沟通困难。

教具准备

教学课件、故事读本、游戏视频（见资料包）。

课时安排

1小时。

教育过程

一、讲授铺垫

教师：家长们好！今天，我们将通过一个故事，来开启我们的课程。

教师讲述《教程》第89~90页“三、故事聚焦《爸爸‘培养’的拖延症》”。

提问：这个故事告诉了我们什么道理？

小结：每个家庭都发生着类似的事情，父母总是把作业完成时间的长短作为衡量学习质量的标准，希望孩子花在学习上的时间越多越好。如果希望孩子能够专注做事，必须遵循孩子的身心特点。很多孩子其实是为了更多地“取悦”父母，才学会了拖延时间，在学习时发呆、走神的。

教师：孩子在完成一件事情后，作为“奖励”，父母可以陪孩子做一些亲子互动的游戏。在游戏形式上，家长必须要做好引导，例如玩拼图、找不同、圈数游戏等。这种需要聚精会神的游戏可以用来培养孩子的专注力，孩子必须在一段时间里集中注意力，控制自己不让注意力分散。

二、讲授过程

（1）整体感知：剖析根源。

教师：虽然学习质量受到很多因素的影响，但专注力是学生课堂学习效果好坏最重要的前提条件，也是学生具备较高认知能力的基础，是“五育并举”全面发展的前提。在教学实践中，大量的实验证明，学习成绩优劣最明显的区别之一就是学生之间专注力水平的高低。影响学生专注力有很多方面的因素，究其原因主要有哪些方面呢？

教师讲述《教程》第 90~91 页“四、剖析根源”。

小结：孩子在面临诱惑或者受到干扰时，不能自律，抗干扰能力差。孩子不能及时调节注意力的分配和转移，持久性和稳定性不强。孩子天性好动，难以安静地保持在较长时间做一件事情。孩子也不能深刻理解学习的意义，学习目的性不强，缺乏学习的忍耐力和意志力。

（2）指导策略：指明方法

教师：下面，我将为大家提供几种方法，希望家长在家庭教育中通过对孩子专注力的培养，鼓励孩子积极参与各项体验活动，发挥孩子自身的能动性，从而发展孩子的思维能力，养成良好的习惯，促进和谐的家庭亲子关系。

教师讲述《教程》第 91~93 页“五、指导策略”。

①给孩子一个安静的学习环境。安静整洁的家庭环境可以给孩子很强的安全感，无干扰的学习环境能够让孩子心平气和、凝神聚力。书桌上除了摆放文具和书籍以外，不摆放其他与学习无关的东西，否则会分散孩子的注意力。在孩子学习或做作业、学习时，家长不要开电视或看手机，父母为孩子创造一个安静舒适的学习氛围，让孩子能够专注于读书、写字，养成良好的学习习惯。

②要求孩子在规定的时间内完成作业。孩子在做作业之前，家长要根据作业量和孩子一起约定完成的时间，要求孩子在规定时间内专注学习，保质保量地完成作业。孩子集中精力在规定时间内认真完成后，家长要让孩子适度地放松。

③培养孩子的有意注意。我们经常发现很多家长在和孩子沟通事情时总要重复好几遍，孩子却总是心不在焉的样子，这就容易养成孩子倾听不认真、专注力不集中的习惯。所以父母在安排事情之前，对与孩子沟通的每件事情只讲一遍，孩子在第一遍听的时候就要集中注意力。如果孩子年龄小，

可以让孩子复述要做的事情，学会提取语言中的重要内容，通过这样的方式培养孩子的专注力，养成认真、专心做一件事的习惯。

（3）拓展延伸：实践思考。

教师： 学会以上方法后，我们不能仅仅停留在理论层面，下面，有几个互动问题来请家长们思考一下？哪位家长愿意参与？

教师讲述《教程》第 93~94 页“六、实践思考（一）思考题”。

提问： 孩子在读书的时候，觉得枯燥、不感兴趣，总是很难静下心来看书，经常分神，如何才能保持专注呢？

小结： 家长可以鼓励孩子采用大声朗读的方式训练注意力，这样可以帮助孩子排除一些外在或者内心的干扰因素，避免走神和发呆。把听觉、视觉、语言统一起来，是培养孩子多种感知协调性的非常好的方法。

教师： 带着问题阅读也是训练专注力的好办法。在亲子阅读和讲故事时可以给孩子设置问题，孩子集中精力听故事，然后回答问题，对孩子进行表扬，孩子得到赞许会在下一次听故事时更集中注意力。

教师讲述《教程》第 94~95 页“六、实践思考（三）案例分析题”。

提问： 孩子平时非常喜欢阅读和音乐，每次在读书和听音乐时都能全神贯注，但对于不喜欢的数学口算和画画，就不能十分专注。这种注意力不集中的问题该如何处理？作为家长应该怎么做？

小结： 家长应该选取更适合培养孩子专注力、让孩子喜欢参与的活动方式，不是只有画画、读书这种学习知识的活动才能够培养专注力。搭积木、拼图、体育活动等，只要孩子能够沉浸其中，都可以培养孩子的专注力。

教师： 如果孩子可以在其他事情上聚精会神，只是在“家长强加给自己”的事情上不能专注，比如看书、做计算等这些不感兴趣的事情，这说明孩子的专注力没有问题，是对于所谓“强加”的活动认识不足，有意识提高专注力的能力还不强，因此孩子更需要得到家长的鼓励和认可。家长可以对想让孩子做的事情分解难度，制定小目标，及时鼓励孩子做得好的地方，让孩子有成就感。

三、讲授总结

（1）课堂小结：智慧分享。

教师： 良好的专注力是孩子今后高效学习的有力保障。专注力是孩子自然具备的一项品质。缺乏专注力既不是生理因素导致的，也不是心理因素导致的，而是一种能力的缺乏，这种能力是需要培养、锻炼和加强的。专注力的培养也不是一日练就的，而需要长年累月、持之以恒去塑造。

教师给家长提供《教程》第96~97页“七、智慧分享（一）学习资料”。

（2）课后作业：课后阅读。

教师：课堂的最后，我想推荐一本课后阅读的书籍，希望家长能够在课后认真阅读。

教师给家长提供《教程》第97页“七、智慧分享（二）推荐书目”。

教师：课程结束了，感谢家长们的参与。

附：本课资料包下载

品质习惯养成

习惯养成重引导——好习惯成就好未来（教案）

授课学段：小学二年级
授课名称：品质习惯养成
习惯养成重引导——好习惯成就好未来
授课单位：天津市蓟州区第八小学
授课教师：祝丽艳　刘雅青
指导教师：杨军　张立平

教育目标

（1）提升家长对孩子养成好习惯的重要性的认识。

（2）帮助家长掌握小学低年级孩子应该养成哪些好习惯。

（3）帮助家长用科学的方法教育孩子养成好习惯。

学情分析

《中华人民共和国家庭教育促进法》于2022年1月开始实施，该法明确指出："父母或者其他监护人应当树立家庭是第一个课堂、家长是第一任老师的责任意识，承担对未成年人实施家庭教育的主体责任，用正确思想、方法和行为教育未成年人养成良好思想、品行和习惯。""双减"政策落地，小学二年级是形成好习惯的关键期，家长的意识正在觉醒，他们迫切需要一些引导孩子形成良好习惯的方法和技巧 。

重点难点

（1）重点：提升家长对孩子养成好习惯的重要性的认识。

（2）难点：帮助家长用科学的方法教育孩子养成好习惯。

教具准备

教学课件（见资料包）。

课时安排

1 小时。

教育过程

一、讲授铺垫

（1）故事讲述。

教师讲述《教程》第 99~100 页“三、故事聚焦《学生好习惯的缺失——从一次考试谈起》”。

教师：综上所述，可以清晰地看到，孩子们对待学习的态度不够端正以及未养成好的学习习惯。

（2）与家长互动。

教师：家长们，这些问题是不是有一定的共性呢？您的孩子在习惯方面有哪些不足？您有哪些困惑？下面请家长和大家讨论交流。

给家长留出发言时间。

（3）分析现状。

① 了解概念，知道习惯的重要性。

② 总结：综上所述，可以清晰地看到，孩子们对待学习的态度不够端正，未养成良好的学习习惯。

二、讲授过程

1. 剖析根源

（1）简要介绍孩子不良习惯的几个成因。

教师讲述《教程》第 100~102 页“四、剖析根源”。

（2）讨论扮演好家长角色的必要性。

① 从法律层面，家长在家庭教育中负有主体责任。家庭教育促进法明确了家庭教育的内涵，明确了父母或者其他监护人为促进未成年人全面健康成长，对其实施的道德品质、身体素质、生活技能、文化修养、行为习惯等方

面的培育、引导和影响。

② 从自身层面，2019 年颁布的《全国家庭教育指导大纲（修订）》提出要“重视发挥家庭各成员角色的作用”，其出发点就是要求家庭成员明确各自的角色定位，履行好自己的家庭职责，为孩子成长营造良好的家庭氛围。身为父母，在家庭教育中把握好自己的角色定位至关重要。

2. 良好习惯

（1）教师讲述学习习惯（详见教学课件）。

（2）教师讲述行为习惯（详见教学课件）。

小结：当然，除此之外，生活和学习中还有许多良好的习惯需要培养，在这里我就不一一列举了。下面我们重点聊一聊指导策略。

3. 指导策略

教师：有位教育家曾经对于一个人的习惯问题做过非常形象的比喻。他说一个人养成好的习惯，一辈子都用不完它的“利息”；一个人养成坏的习惯，一辈子都还不清它的“债务”。各位家长朋友，要想把自己的孩子培养成才就必须从培养孩子的良好习惯入手，持之以恒。那么如何培养孩子良好的习惯呢？下面我们一起分享几个正向教育的事例。

教师分别请 4 位家长分享屏幕上的内容，并谈谈体会。

事例 1：“熊孩子”坐电梯搞破坏，家长一起写检讨。

事例 2：孩子在书店“顺走”了书，家长还书致歉。

事例 3：父亲捡回孩子扔到车外的垃圾。

事例 4：家长陪孩子一起读书健身，培养好习惯。

教师讲述《教程》第 102~103 页“五、指导策略”，并引导家长们自由讨论。

小结：教育就是习惯的培养，重复成习惯，习惯成自然，自然成个性，个性成命运。

4. 实践思考

教师：那么，多长时间才能养成一个好习惯呢？

教师请家长回答。

教师：有人说 21 天，看来大家对此有所了解，下面我们就来具体说一说。

（1）引发思考。

教师：您知道如何帮助孩子 21 天养成一个好习惯吗？

教师讲述《教程》第 103 页“六、实践思考（一）思考题”。

教师：我们可以看到，养成一个良好习惯并使之稳定固化下来，是一个相对漫长的过程。我最想提醒家长的是：我们要有足够的耐心，不断反复、有意识地引导孩子去练习。

（2）代入情境。

教师：为了更好地掌握培养孩子形成良好习惯的方法，我们再来看看还有哪些科学的做法。

教师讲述《教程》第 104 页“六、实践思考（二）情境题”。

① 学习“五问”。

② 坚持复盘法。

（3）分析案例

教师讲述《教程》第 104 页“六、实践思考（三）案例分析题”。

教师：谈谈您对“楼上跳绳”“乱按电梯”的看法，家长该如何教育有坏习惯的孩子呢？

（4）亲子实践。

教师讲述《教程》第 104~105 页“六、实践思考（四）亲子实践活动”。

教师：习惯的养成不是一朝一夕的事，家长既要有耐心与恒心，更重要的是要做到以身作则。这节课之后，大家可以操练起来，把我们今天介绍的方法用到现实生活中，尤其是帮助孩子养成制定目标的习惯，大家看看效果如何。当孩子养成良好的学习习惯后，那将是他一生的财富，家长也会从中受益良多。

三、讲授总结

教师：有位教育家说：“家庭是习惯的学校，父母是习惯的教师。”家庭教育中，父母角色不可替代。那么，要做怎样的父母呢？答案是做有担当的好父母。

（1）怎样做有担当的好父母？

教师：“双减”政策落地，在减轻学生负担的同时，也减轻了家庭的经济负担和家长的精神负担。但作为孩子的父母，减负不代表减轻肩上的责任，如何适应新变化，做有担当的好父母？一起来看！

作为家长，永远是孩子成长的第一责任人，面对“双减”，我们应该做什么，怎么做？

教师给家长提供《教程》第 105 页“七、智慧分享（一）学习资料《怎样做有担当的父母》”。

（2）推荐书目。

教师： 这节课的最后，给大家推荐两本书，希望各位在培养孩子良好习惯的过程中，能够得到更多的启发，掌握更多的方法和技巧。

①《高效能人士的 7 个习惯》

②《习惯决定孩子命运》

教师给家长提供《教程》第 106 页“七、智慧分享（二）推荐书目”。

结束语： 希望这节课能抛砖引玉，使您在培养孩子良好习惯的教育过程中能够有所思考、有所收获。让我们一起成长，携手共育良才！谢谢大家！

附：本课资料包下载

情绪管理

情绪怪兽巧掌控——教会孩子做情绪的小主人（教案）

授课学段：小学二年级
授课名称：情绪管理
情绪怪兽巧掌控——教会孩子做情绪的小主人
讲授学校：天津市蓟州区第一小学
讲授教师：刘东辉　刘秀芳
指导教师：金学东

教育目标

（1）帮助家长认识情绪的作用和不良情绪的危害，了解孩子不良情绪的表现类型，探究其成因。

（2）指导家长辨别不良情绪，能辅导孩子辨别自己的情绪，并转换思维方式。

（3）帮助家长学会调节自己的情绪并能有效疏导孩子的情绪，提升亲子关系。

学情分析

心理健康是衡量一个人是否真正健康的重要内容，而小学生心理健康的标准之一就是稳定的情绪。

二年级是孩子人生阶段中最为天真烂漫的时期，其情绪也十分丰富。孩子在学校生活中会遇到各种各样的问题与烦恼，体验到内心的变化，却不知道原因，更不知道如何表达和处理内心感受，从而使性格变得暴躁或孤僻。认知和管理自己的情绪，这是一个人在小学就应该初步形成的一种能力，但很多家长并未言传身教地帮孩子上好这一课，反而会给孩子错误的体验和示范，为孩子的未来埋下情绪问题的“炸弹”，最终不是伤害别人，就是伤害自己。

重点难点

（1）重点：引导家长了解情绪的特点和影响。

（2）难点：家长学会处理好自己的情绪并掌握有效的方法指导孩子做情绪的小主人。

教具准备

教学课件、视频（见资料包）。

课时安排

1小时。

教育过程

一、讲授铺垫

教师：尊敬的各位家长，大家好，欢迎来到我们的家长课堂，您的到来就是爱孩子的最好见证。我们先进入好玩的游戏互动环节，来启动我们的身体能量。游戏开始前，请大家记住每种风要做的动作。

教师指导家长做模拟各种风的动作。

提问：各位家长，您在游戏过程中都体验了哪些情绪呢？

教师请几位家长分享感受。

小结：感谢几位家长真实的分享，这个游戏不光让我们体验到了情绪的变化，更让我们的身体能量启动起来。平时多和孩子玩玩游戏，既促进我们良好的亲子关系，也会让孩子从中学会通过游戏来调节情绪的方法。接下来，我们进入今天家长课堂的主题“情绪怪兽巧掌控——教会孩子做情绪的小主人”。

二、讲授过程

（1）案例导入，引发家长思考。

教师：各位家长都知道，心理健康是衡量一个人是否真正健康的重要内容，而小学生心理健康的标准之一就是稳定的情绪。我们一起来看一个案例。

教师讲述《教程》第108~110页“二、现状分析”和“三、故事聚焦

《引‘火’上身》”。

提问：通过这个案例，您觉得问题出在哪里呢？您想对小彬的爸爸说些什么？

教师请几位家长发言。

小结：感谢几位发言的家长，通过上述案例和刚刚我们讨论过的结论不难得知，爸爸的情绪直接影响到了小彬的情绪。

（2）分析问题，和家长一起探索解决方法。

教师：在这个案例中，小彬情绪问题的根源就是家庭教育。接下来，我们一起来看看孩子的情绪形成会受到哪些方面的影响呢？

教师讲述《教程》第 110~111 页“四、剖析根源”。

（3）观看视频，再次启发家长思考。

教师：为什么家长的养育模式会影响孩子的情绪呢？

教师播放心理学效应的视频——《踢猫效应》。

小结：《踢猫效应》描述的是一种典型的负面情绪的传染。各位家长，如果想要孩子有稳定的情绪，家长必须先要有稳定的情绪。上面案例中的小彬父亲，要想小彬各方面更好，一定是自己先学会处理好自己的情绪。

教师：刚才我们从理论层面探讨了家长对孩子情绪的影响，下面我们再来通过一个小互动活动来体验一下，请大家伸出双手，和我一起做：

① 请将你的左右手握成拳头状，使之相撞；

② 请将你的左手握成拳，右手伸开，使之相撞；

③ 请将你的左右手都伸开，使之相撞。

提问：刚才的三个动作各代表孩子有情绪时我们家长的一种应对状态，您有什么感受呢？如果再让您选择，您会选择哪种呢？

小结：当我们与孩子硬碰硬时，只会两败俱伤；孩子有情绪而我们完全接纳孩子的情绪时，孩子的情绪可以得到缓解；等孩子情绪过去后我们再去沟通，我们和孩子就会碰撞出智慧的火花。

（4）结合实际，探析对策。

教师：家长朋友们，据有关部门的调查数据显示，我国小学生中有心理和行为问题的人数占小学生总数的 10% 左右，初中生占 15% 左右，高中生占 19% 左右。虽然我国中小学生当前存在心理和行为问题的比例不是很大，但由于中小学生的基数很大，所以他们的心理和行为问题绝对不容忽视。那么，家长应该如何引导孩子的情绪呢？我给大家提供几点思路。

教师讲述《教程》第 111~114 页“五、指导策略”。

小结：情绪具有惊人的作用，它不仅决定着我们的做事效率、人际关系，也影响着孩子的一生发展。作为家长，为了孩子能够自由健康地成长，学会引导孩子控制情绪，是每一个家长都应该考虑的事情，只有能控制住自己情绪的孩子才能够在驶向未来的航船中掌舵前行。

教师讲述《教程》第 114 页“六、实践思考（一）思考题”。

（5）设置情景，启发家长思维。

教师：各位家长，前面我们分享了许多调控情绪的理论知识，现在我们互动一下，结合我们刚才所讲，大家在亲身体验中思考如何回应孩子的需求。

教师讲述《教程》第 114~115 页“六、实践思考（二）情境题”，并请几位家长谈自己的处理方法。

小结：看来我们的家长都是学习的高手，今天的内容掌握得不错。

教师：我们再来看一个案例，一些家长还有困惑，如何用我们所学的帮帮他们呢?

教师讲述《教程》第 115 页“六、实践思考（三）案例分析题”。

小结：刚才大家都能用本节课我们所讲的内容来帮助其他家长了，特别好。当孩子出现情绪问题时，我们要无条件地接纳孩子的情绪。接纳孩子的情绪就是接纳他的人格，进而建立和孩子平等沟通的机制。我们也要帮孩子去觉察他的情绪，让他去识别丰富多彩的情绪，找到适合他的调控方法，然后给出积极有效的建议，帮助孩子主动调控自己的情绪。

（6）通过亲子实践活动，增进亲子感情。

教师：前面我们一起进行了理论和实操练习，各位家长对如何帮孩子调节情绪也有了一定的了解。接下来我想为大家介绍一个亲子实践活动，在实践中指导孩子调节情绪的同时增进感情，密切亲子关系。

教师讲述《教程》第 115 页“六、实践思考（四）亲子实践活动”。

小结：如果我们能请孩子当小老师帮我们分析并运用前面提到的方法引导孩子，相信孩子和家长的情绪管理能力都会得到提高。

三、讲授总结

教师：各位家长，没有哪个孩子喜欢闹情绪、耍脾气，他们种种恼人的行为背后都是自己搞不定的负面情绪和说不清的道理。刚才和大家分享了许多调节孩子情绪的方法，我们平时一定要多多练习。另外我们在亲子关系融洽的时候要多带着孩子用游戏的方式练习这些方法，这样孩子就会积累很多调节情绪的经验。我们还要教给孩子一个理念，遇到任何问题至少可以想出三种解决办法。当孩子有了理念又有了好的方法，他们遇到任何问题都可以从容镇定、应对自如，他们每个人都可以成为情绪的小主人。

今天我们的课程就要接近尾声了，感谢各位家长的积极参与。我想今天到来的都是爱学习的家长。我这里还有一些关于情绪的资料，我将通过资料包发送给您，您可以和孩子一起学习，也欢迎您随时与我沟通。最后祝愿所有的家长都能在学习的路上遇见更好的自己，也把我们的孩子培养成掌控情绪的小主人。

教师给家长提供《教程》第 116~117 页“七、智慧分享”。

附：本课资料包下载

责任教育

有德有责自然香——培养孩子做责任的担当者（教案）

授课学段：小学三年级

授课名称：责任教育

有德有责自然香——培养孩子做责任的担当者

授课单位：天津市宝坻区广阳路小学

授课教师：李桂婷　苗建斌

指导教师：张海苹　杜楠

教育目标

（1）引导家长深刻认识责任教育的重要意义及作用。

（2）引导家长深刻认识家庭教育对孩子责任教育和未来健康成长的重要现实意义。

（3）指导家长通过切实可行的方法，循序渐进、潜移默化地将孩子培养成为敢于担当、乐于奉献的时代新人。

学情分析

（1）目前学生家长大都关注孩子的学习和兴趣培养，功利性强，忽略了孩子责任意识和价值观培养。

（2）现在社会家庭生活水平提高，加上社会对孩子的过度保护，家庭生活中父母的大包大揽，淡化了孩子的责任和义务。

（3）家长认识存在误区。许多家长认为孩子年龄小，不需要做什么，也不会做什么，忽略了从小培养和锻炼孩子的责任感。

（4）家长受教育程度、育儿观不同对孩子责任心培养也有一定影响。

重点难点

（1）重点：引导家长认识到对孩子进行责任教育的必要性，分层次、分梯度找到适合家长培养孩子责任感的方法。

（2）难点：家长在家庭教育中，如何以生活中的小事为抓手培养孩子的责任意识。

教具准备

教学课件、相关视频（见资料包），调查问卷等。

课时安排

1 小时。

教育过程

一、讲授铺垫

课前，提前几天让家长填写调查问卷小程序，对家长的家庭教育有个大体理解。通过问卷调研，对家长也有所启发。

二、讲授过程

（1）生活情境导入，提出核心话题。

教师：欢迎家长的到来（老师鼓掌，大屏幕出示烟花）。

咱们班是一个大家庭，父母和老师所作的一切努力都是为了孩子能健康成长。今天我就暴露一下“家丑”，家长朋友们千万不要“外扬”哦！

教师以快闪的方式介绍孩子间存在的相互推诿等现象。

教师：这些小问题有没有在您的孩子身上发生呢？

家长：有！

教师：孩子在家有类似的问题吗？家长们也可以自曝“家丑”。

引导家长谈谈自己孩子在家庭中的表现。

教师：孩子在成长过程中出现这样那样的问题，责任意识淡薄是其中一项重要原因。责任意识的建立不是一朝一夕的事情，家庭教育要把从小培养孩子的责任意识作为首要任务，常抓不懈。说到责任，我想请家长朋友们说说，您理解的责任是什么？

请几位家长谈谈自己对责任意识的理解。

教师：家长们理解得很到位。责任是必须承担的职责和任务。

教师讲述《教程》第 120 页“二、现状分析”。

【设计意图：以家庭聊天拉近老师和家长的距离，再以学生在校常发生的小事引起家长共鸣，在家也有一些共性小问题，从而抛出核心话题，引起重视。】

（2）联系生活，解决问题。

① 聚焦生活故事，引起家长自省。

教师讲述《教程》第 121 页“三、故事聚焦《文明养犬 人人有责》”。

教师：家长们，这个小故事仿佛就发生在我们身边。李洋洋为什么给小区居民带来困扰，我很想听听家长朋友的见解。

教师请几位家长谈自己的观点。

教师：大家说得非常好，李洋洋的问题也来源于家庭教育不到位，他的家庭属于典型的放任型家庭。

教师讲述《教程》第 122~123 页“四、剖析根源”。

教师向家长出示 4 种类型的家庭（放任型家庭、溺爱型家庭、专制型家庭和混合型家庭）表格。

教师：我想了解一下，您家属于什么家庭？大家自我认领啊。家长们的座位上都有 4 个小牌子，您判断属于什么家庭，请把相应的家庭牌放在桌子左上角。（提前制作不同颜色的小标牌，如放任型为红色、溺爱型为黄色……这样能更好地区分家长、了解家长。）

【设计意图：以故事形式吸引家长注意力，加深对故事中问题的思考，引出问题根源在于家庭教育，接着介绍不同的家庭教育类型，让家长选择自己的家庭教育类型，让家长认清自己存在的教育缺陷。】

② 正视家庭教育，改变从心开始。

教师：责任是做人做事的源动力。作为父母，要结合自己家庭的不同情况，给予子女恰当的教育，让孩子清醒地认识到自己的责任和义务，从而培养有责任敢担当的时代新人。现在请大家按桌子上的标牌颜色分成 4 组，讨论一下这 4 种类型的家庭应该如何教育孩子、培养孩子责任感。

家长们分组讨论，也可以向其他组请教。

【设计意图：让家长自己找到解决问题的办法，在以后的家庭教育中才更有实践和指导意义。】

教师结合家长们讨论得出的有针对性的教育方法进行指导。

教师讲授《教程》第 123~125 页“五、指导策略”。

教师：看来人多力量大，家长们只要用心都能成为家庭教育的专家。教育孩子不是大人对孩子的说教，而是整个家庭的各个要素对孩子的影响。要想教育好孩子，家庭就要全方位努力。首先，父母要用实际行动为孩子树立有责任敢担当的好榜样。其次，要加强与孩子的有效沟通，为孩子的健康成长着力营造和谐的家庭氛围。最后，还要认真学习家庭教育理念和方法，加强与教师的互动交流，及时纠正自己不正确的观念和习惯，用正确的理念和科学的方法引领孩子成长成才。

（3）分析生活事例，共助孩子成长。

教师：家长朋友们，培养孩子的责任感，咱们不能光“纸上谈兵”，如果遇到下面这些问题，我们要怎么处理?

教师讲述《教程》第 125 页“六、实践思考（一）思考题”。

教师请几位家长谈对问题的思考。

教师：下面请家长看小视频，针对视频里的情形，您会如何教育孩子呢?

教师播放根据《教程》第 125 页“六、实践思考（二）情境题”和“六、实践思考（三）案例分析题”制作的视频故事。

视频故事 1：排队打水。

视频故事 2：文明参观。

教师：感谢视频中学生的演绎和家长的回答。世界上没有两片完全相同的树叶，也没有两个完全相同的孩子，更没有两个完全相同的家庭。什么是好的教育方法，适合自己的才是最好的。

接下来我想为大家介绍一个活动。

教师讲述《教程》第 126 页“六、实践思考（四）亲子实践活动”。

教师：希望家长在活动中培养孩子的团队意识和能力；完成力所能及的工作，培养责任意识；树立环保意识，提高道德修养的同时还能增进感情，密切亲子关系。大家散会后可以组织实施，家委会也可以牵头操办。

三、讲授总结

教师：通过这节家校共育课，我相信家长们和我一样，收获很大。责任心是孩子将来立足社会、家庭幸福和事业成功的必要条件，它的培养属于素质教育的重要内容，家庭被喻为孩子的第一所学校，家长是孩子的第一任老师。下面我和大家分享一些学习资料，看看如何培养孩子的责任心。

教师讲述《教程》第 127~128 页“七、智慧分享（一）学习资料《如何培养孩子的责任心？》”。

教师：下面给家长推荐两本书，也许家长们可以从中进一步掌握培养孩子责任意识的好方法。

教师给家长提供《教程》第 128 页“七、智慧分享（二）推荐书目”。

教师：家长们有好的书目和方法可以随时联系我，咱们可以一起分享。说一千，道一万，我们的目标就培养孩子的责任意识，有德有责自然香，让我们家校携手，共促孩子做责任的担当者，做时代的建设者，做中国梦的实现者。今天我们交流就到这儿，有不足之处还请家长们指正，为了孩子，我们一起进步，再次谢谢大家！

附：本课资料包下载

规则意识

遵规守纪严律己——帮助孩子树立规则意识（教案）

授课学段：小学三年级
授课名称：规则意识
遵规守纪严律己——帮助孩子树立规则意识
授课单位：天津市静海区实验小学
授课教师：田倩
指导教师：王淑梅

教育目标

（1）帮助家长培养孩子遵守规则的意识。

（2）帮助家长用科学有效的方法对孩子进行规则意识教育。

（3）帮助家长引导孩子尊重日常生活、学习中的规则，将规则植入心中。

学情分析

规则意识，是指发自内心的、以规则为自己行动准绳的意识，比如遵守校规、遵守法律、遵守社会公德、遵守游戏规则的意识。

现在越来越多的小学生因为欠缺规则意识，不仅作息不规律，也不遵守学校的校规校纪和社会秩序。这给他们的日常生活和学习都造成了一定程度的消极影响，影响了学生的健康成长。

重点难点

（1）重点：掌握规则意识教育的方法。

（2）难点：家长如何有效地在家庭中实施规则教育。

教具准备

教学课件（见资料包）。

课时安排

1 小时。

教育过程

一、讲授铺垫

教师：各位家长，大家好！很高兴今天能跟大家坐在一起讨论有关学生健康成长方面的问题。

今天我们讨论的主题就是——规则意识教育（同步播放课件）。

俗话说："没有规矩，不成方圆。"我们在平常教育孩子的过程中有没有遇到以下这些问题。

①晚上不睡，白天不起。作息时间不规律。

②对于一些自己应该力所能及的事情，不能主动完成。如刷牙、洗脸、整理自己的被褥等。

③学习没有主动性，往往是家长提出要求或者着急生气了，才去写作业。

④比较严重的是，什么事情也不按照规定要求好好完成，随心所欲，以自我为中心。

这些情况，在咱们孩子身上出现过吗？还有没有类似的事情，请家长举出例子来大家一起讨论一下。

家长 A：我们家孩子东西乱摆乱放……

家长 B：都得依他的心意，否则就是哭闹。

总结：是的，在家庭教育中这些情况或多或少都存在，我们怎么认识这样的问题？有没有方法来教育引导孩子呢？

【环节分析：通过分析现状，让家长们更清晰地意识到规则意识培养的重要性。孩子很多令人头疼的缺点毛病，其根源在于规则意识薄弱。通过环节分析为继续研讨解决办法做铺垫。】

二、讲授过程

（1）出示实例，引发家长思考。

教师：我们一起先来看看这个小事例。

教师讲述《教程》第 130~131 页“三、故事聚焦《缺乏规则意识的小钰》”。

提问：听完这个故事，家长朋友们能不能谈谈自己的感受呀？

教师请几位家长畅谈感受。

家长 A：规则教育很重要。如果没有给孩子建立规则意识，孩子很难适应学校的生活节奏，对孩子的影响是巨大的。

家长 B：现在孩子身上多多少少都有小钰的影子。因为受家庭环境的影响，孩子们特别注重自己身心的“舒服”，漠视规则，这样对孩子的成长有害无益。

家长 C：我感觉故事中老师的处理方式特别值得大家借鉴。看到小钰不同于其他孩子，老师没有指责、没有嫌弃，更没有边缘化孩子，而是通过举例子的方法慢慢对孩子进行引导，并指导家长了解和学习与家庭教育相关的知识和方法，家校协同，科学有效地引导孩子进步。如果没有这位老师，我真难以想象小钰以后的样子。

……

教师：各位家长分析得都很好。从小钰的发展可以看出来，家庭教育是非常重要的。

教师讲述《教程》第 131~133 页“四、剖析根源”。

小结：我们可以清晰地看到，孩子的发展呈现一步步螺旋式递进的上升过程，不是一蹴而就的。家庭教育从初始阶段起就尤为重要，家长万万不可忽视，更不可松懈。小钰缺乏规则意识和家长的正面引导，可以说家长没有做好小钰的第一任老师。

【环节分析：通过小钰的实例，让贴近生活的实际例子打动家长，这样更有说服力。从小钰的身上家长或多或少可以看到自己孩子的影子。这样有代入感的切入，让家长真正反思自己在家庭教育中存在的问题。同时，教师介绍理论知识，以理论做指导，效果更好。】

（2）厘清思路，总结方法。

教师：如何引导孩子遵规守纪，真正地理解并遵守日常生活和学习中的规则，培养责任意识和自我约束能力，让规则植根于心呢？

教师讲述《教程》第 133~134 页“五、指导策略”。

小结：在讲述中要明确四点：①与孩子一起讨论，立下规则；②与孩子一起坚持遵守规则；③培养孩子执行规则的技能；④纠正引导孩子的违规行为。

【环节分析：学会正确的教育方法，科学指导家庭教育的开展。很多时候，家长总是焦虑“我们家孩子怎么说了不听呀！”“我们家孩子怎么这样呀！”而没有正确解决问题的方法，没有应对的策略。因此，帮助家长掌握恰当的科学的方法有着重要意义。】

（3）设置情景，启发家长思维

教师：学会了教育引导的方法，现在我们设置情境，看看在具体的事件中应该怎么做。

教师讲述《教程》第 135 页“六、实践思考（二）情境题”和第 136 页“六、实践思考（三）案例分析题”。

小结：教师与家长一起讨论帮助孩子树立规则意识的有效方法，做到具体情况具体分析，科学地、有策略地引导孩子建立规则意识。

【环节分析：设置两个情境，让家长代入，分析问题所在，并找出解决问题的具体办法。这样可以巩固本节课的学习成果。让家长能在日常家庭教育中把控节奏，顺势引导孩子。】

（4）争当家庭规范小标兵。

教师：前面我们一起进行了理论学习和情境模拟练习，各位家长对树立规则意识的意义和方法也有了一定的了解，接下来请大家了解一下与之相关联的亲子活动。希望家长在亲子活动中对孩子进行言传身教。一方面和孩子增进感情，密切亲子关系，共同成长；另一方面知行合一，引导和帮助孩子在自律中健康快乐成长。

教师讲述《教程》第 136~137 页“六、实践思考（四）亲子实践活动”，并与家长共同讨论该亲子实践活动的实施细节。

三、讲授总结

教师：今天这节课我与各位家长共同讨论了引导孩子树立规则意识的重要性，并深入探讨了一些科学的家庭教育方法。希望家长们重视日常对于孩子遵规守纪方面的引导和教育，希望我们的孩子早日成为自律自强的优秀少年。

最后向家长推荐两本好书——《好妈妈不吼不叫给孩子立规矩》《给孩子立规矩》。

教师给家长提供《教程》第 137~138 页“七、智慧分享（二）推荐书目”。

附：本课资料包下载

学习习惯养成

乐学善学助成长——培养孩子良好的学习习惯（教案）

授课学段：小学三年级

授课名称：学习习惯养成

乐学善学助成长——培养孩子良好的学习习惯

授课单位：天津市宁河区芦台街第三小学

授课教师：庞志会

指导教师：朱洪芸

教育目标

（1）通过共同探讨让家长了解更多的育儿知识，培养孩子良好的生活和学习习惯。

（2）家长可以将本讲所学应用到家庭实际生活中，在教育孩子的问题上少走弯路，助力孩子的成长。

（3）家长从思想上认识到家庭教育的重要性，并以科学的方法教育子女，树立正确的育儿观念。

学情分析

现在家长在教育子女问题上存在迷茫，到底该怎样和孩子共处，家长的教育观念存在误区，只是一味地对孩子提出各种要求，却无法对孩子的学习生活进行有效的指导。孩子有兴趣，才愿意学。要想让孩子乐于学习、善于学习，家长应该从思想上进行转变。父母错误的教育方式，会耽误孩子的成长，影响孩子的未来。家长要改变教育方法，用科学的方法教育子女。

重点难点

（1）重点：为家长提供科学指引，指导家长培养孩子良好的学习习惯。

（2）难点：考虑到个体差异，让具有不同学识、领悟能力的家长都能领会正确的育儿方法，并能应用于实际生活中。

教具准备

教学课件、视频（见资料包）。

课时安排

1 小时。

教育过程

一、讲授铺垫

提问：你的孩子幸福吗？

教师：孩子只要稍玩儿一会儿，家长就立马呵斥“怎么还不去学习”；孩子一次考试不理想，家长就开始郁郁寡欢、感到无望；陪孩子写作业，只要孩子听不懂或写错了，家长就开始不耐烦地批评。你是这样的家长吗？今天这节课，我们一起来探讨对于孩子的培养问题，希望对您有所帮助。

二、讲授过程

（1）分析当前家庭的现实状况。

教师：家长朋友们，你是不是望子成龙的家长呢？我接触过很多家长，他们有一个共同点，就是都希望自己的孩子能有出息。根据从教经历，我总结家长在子女教育方面存在以下几种情况。

①忙于工作，对孩子的生活学习不闻不问，完全交给老师。

②陪伴孩子，一切以孩子为重。为孩子放弃自己的工作。

③把孩子交给老人，父母忙于工作，自顾不暇。

我们见过很多类型的家长，最常见的就是强迫孩子苦学，当孩子遇到问题时，家长处理问题的方式也各不相同，我们来听听昊昊的故事吧。

教师讲授《教程》第 140~141 页“三、故事聚焦《妈妈的‘谎言’》”。

教师：生活中，你是不是有昊昊这样的孩子？你是这样的妈妈吗？昊昊妈妈的做法让孩子更自信开朗了。大家在这个例子中学到了什么？

（2）影响孩子习惯形成的因素。

教师：对家庭教育来说，以下这几方面因素对家庭教育的影响较大，对孩子习惯的养成也有一定的影响。

①高科技的发展为孩子带来了丰富的学习资源，也改变了孩子的游戏行为。我班的一个孩子，每天都不交家庭作业。我和他的家长联系得知，孩子父母在外地打工，和爷爷奶奶一起生活，妈妈为了和孩子联系，给他专门配备了手机，结果这孩子每天都刷“快手”，没空写作业。家长们，你们的孩子有玩游戏或玩手机成瘾的情况吗？

②衣食无忧的现实让孩子普遍不珍惜他人的劳动成果，也养成了懒惰的毛病。孩子没经历过苦难，并不珍惜和感激父母的劳动付出，不听取父母的经验。曾经热播的电影《你好，李焕英》里有一句经典的台词，“我的孩子我只要她快乐就行”。请问您赞同这样的观点吗？

教师讲述《教程》第 141~142 页“四、剖析根源”。

教师：故事中昊昊妈妈经常说的学习要下苦功夫，会让孩子产生抵触心理，因此，由“苦学”向“乐学”转变极为重要。

小结：一个好的教育，不仅要让孩子健康快乐，还要培养孩子生存的能力、适应社会的能力。一个孩子就是一个家庭的全部，家庭教育是我们一生必学的课程。

（3）培养孩子乐学善学的好习惯。

教师讲授《教程》142~143 页“五、指导策略”。

教师：要培养孩子的好习惯，家长要做好以下角色。

①心理营养师——为孩子提供心灵的力量。当孩子遇到烦恼的时候，你们是否愿意让孩子敞开心扉，放心倾诉，并给孩子以安慰、鼓励？要让孩子享受超越自我的快乐和幸福，享受种好心田的愉悦和自豪。

②学习的引导师——为孩子做好学习的榜样。最好的教育，永远是言传身教。家长们，请用你做父母的人格魅力去影响、成就孩子吧。

③人生的指导师——为孩子指引人生的方向。家长是孩子人生重要的导师。当孩子没有目标的时候，家长要引导孩子，帮孩子立志，帮孩子找到成长的内生动力。

④习惯的监督师——为孩子成长保驾护航。进一步培养孩子的学习习惯，坚持监督，及时巩固。要知道，孩子的习惯就是家庭的一面镜子。

（4）培养乐学善学好习惯。

教师：怎么给孩子助力呢，家长们可以自由讨论一下。

教师引导家长交流讨论。

小结：

①做高质量的陪伴者。陪伴孩子要重视身教。有一位老人乘车刷卡时，孙子逃票，爷爷把孩子叫回来让孩子重新刷卡。这就是合格的家长，这就是正确的家教。将来这个孩子长大以后，一定会成为守规矩的人。

②做快乐教育的教练员。业余时间，家长要指导孩子阅读书籍，加强体育锻炼，发展兴趣爱好。著名主持人白岩松在培养孩子方面有自己的想法。他儿子小时候迷恋上了金庸小说，作为父亲的白岩松没有阻拦。有趣的是，这个孩子对金庸小说里面很多历史故事开始感兴趣了，开始翻阅历史类的书籍。这难道不是一个好的开端吗？孩子读什么书快乐，家长要给予支持，让孩子在自己的世界里找到快乐。如何让孩子获得学习的成就感呢？我总结了以下几点：永远抱有希望；关注细小变化；细化目标，合理期望。

（5）完成 4 个任务，培养孩子好习惯。

教师：培养孩子的好习惯，大家要完成以下任务，大家能做到吗？

任务 1：督促学习，养成自律。

孩子之所以是孩子，就在于他没有自觉性，任何一个自律的孩子，那一定是父母管教和正确督导的结果。家长不能只寄希望于学校。

① 平时家长得长期督促、监督孩子，给孩子制定学习作息时间表。

② 坚持对孩子当天完成的作业既要检查，也要辅导。当天的问题尽量当天解决。

③ 肯定孩子的能力。孩子每完成一个学习任务，家长给予肯定，让孩子从心底知道自己很棒。

任务 2：培养习惯，全面发展。

家长要培养孩子做家务的能力。现在多数家长包办了孩子的学习和生活，孩子写完作业还安排其他的学习内容，导致孩子用磨蹭的方式争取玩的时间，逃避更多的任务。如何为孩子安排适量的学习内容，大家听听教育家魏书生的观点。

教师播放视频。

任务 3：重视陪伴，用心沟通。

① 父母再忙也要想法陪孩子。父母和孩子在一起吃饭，在一起说话，让交流和学习无时无刻不在进行。

② 家长要鼓励孩子、赞美孩子。

③ 父母要教给孩子可以带来成就感的知识和活动，如古诗词、数字排列、经典故事，做家务、玩游戏、交朋友等等。家长要和孩子建立信任、信服的关系，这样孩子就会朝着你希望的方向生长。

④ 让孩子获得学习上的成就感，增强孩子的自信心。

任务4：相互配合，支持老师。

学习不仅仅是学校的事，更需要家长与老师共同努力、协同推进。家长老师积极的沟通，方能达成育人的共识。

（6）设置情景，启发家长思维

教师讲述《教程》第144页“六、实践思考（一）思考题”和“六、实践思考（二）情境题”。

小结：我们已了解了一些教育子女的常识，但如何做到学以致用呢？昊昊遇到的困难，在生活中很多孩子都会遇到，有哪些好的学习习惯可以帮到他呢？对于丁丁爸爸的问题，家长又是如何理解的？

教师引导家长自由发表意见，并讲述《教程》第144~145页“六、实践思考（三）案例分析题”。

提问：壮壮妈妈的做法有哪些值得借鉴地方？

教师请几位家长发表意见。

小结：每个孩子都是独立的个体，家长遇到不同的情况要有不同的处理方式，这就是因材施教。前面我们一起进行了理论和实操练习，各位家长对教育孩子的方法也有了一定的了解，接下来我想为大家介绍一个亲子实践活动，希望对大家有所帮助。

教师讲述《教程》第145页“六、实践思考（四）亲子实践活动”。

三、讲授总结

教师：在家庭教育中，我要送给大家12个字：陪伴、榜样、发现、尊重、支持、成长。能很好地运用这12字就是好父母，就是强大的父母。做到这些，您的孩子也一定会发展得更好。

教师给家长提供《教程》第146~147页“七、智慧分享”。

附：本课资料包下载

生命教育

打造安全小卫士——帮助孩子掌握避险常识（教案）

授课学段：小学三年级
授课名称：生命教育
打造安全小卫士——帮助孩子掌握避险常识
授课单位：天津市滨海新区大港同盛学校
授课教师：党香倩　贾昕昱
指导教师：李昕原　刘永晶

教育目标

（1）帮助家长认识到对孩子开展生命安全教育的重要性，掌握相关避险常识。

（2）帮助家长掌握避险方法，摆脱以说教为主的教育方式，以多样化的教育方法护航孩子成长。

（3）帮助家长为孩子储备更多的安全知识，让生命安全意识厚植孩子心底。

学情分析

当前我国在未成年人的生命安全教育方面存在一定的缺失。很多家长对生命安全教育的认识存在误区，他们虽然很关注也很重视孩子的生命安全，但在教育过程中大都是用反面事例来强调。这时孩子作为信息的接收者，只是了解到一件事情是危险的，但是往往对危险发生时的合理处置方法一无所知。因此从家庭教育入手，加强生命安全教育，补足安全教育的短板，对孩子、对家庭乃至对整个社会都具有重要意义。

重点难点

（1）重点：引导家长树立正确的生命安全意识，让家长了解更多的安全知识和避险方法。

（2）难点：家长如何有效指导孩子们在生活中学会避险。

教具准备

教学课件、视频（见资料包）。

课时安排

1 小时。

教育过程

一、讲授铺垫

教师：安全和生命是紧密相关的，关注安全就是关注生命。然而突发的意外往往难以预料。

二、讲授过程

（1）案例引入，带来警醒。

教师讲述《教程》第 149~150 页“三、故事聚焦《‘安全小卫士’豆丁》”。

提问：这起案例引起了我们的共鸣。作为家长，我们要对孩子进行哪些安全避险教育呢？

教师提供家庭安全避险教育内容，如燃气安全、电源安全、防盗防劫、厨房避险等。

（2）交流分享，明确避险方法。

教师：我们该如何引导孩子们进行科学、全面的避险呢？首先家长自己要先掌握基本的避险方法。下面以小组为单位，思考一下我们在家庭中还隐藏着哪些危险，可以通过哪些方法帮助孩子们合理避险呢？

教师讲述《教程》第 152~153 页“五、指导策略”，并预设一些安全教育的场景。

①用电安全。家长注意家里电器电线的保护，发现破损及时更换，不随意拆卸、安装电源电线、插座，勿触摸电源插座的插孔，勿用湿手接触电

器。定期排查家电安全问题。

②食品安全卫生。购买时选择新鲜的食品，在正规商店购买并清洗干净。生熟食品要分开存放，工具（刀等）需生熟分开，刀具尽量放在孩子拿不到的地方。餐具要定期消毒。一旦有人出现腹痛等食物中毒症状，首先立即停止食用食物，拨打 120 医疗救护电话呼救。在急救车到来之前，可以采取以下自救措施：催吐、导泻、保留食物样本。

③防骗意识。孩子一人在家时，应当关好门窗。家长要反复提醒孩子与人说话要谨慎，在没有核实对方身份的情况下不轻易给陌生人开门。

（3）整合方法，寓教于乐。

教师：说教式家庭避险教育往往很枯燥，真正能让孩子入脑入心的少之又少。如何以孩子喜闻乐见的方式将安全教育内容呈现出来，兼顾实用性和趣味性呢？这是我们接下来要重点思考的问题。

教师讲述《教程》第 153~155 页“六、实践思考（一）思考题”“六、实践思考（二）情景题”和“六、实践思考（三）案例分析题”。

①沟通交流式。

家长以拐骗案例作为与孩子的交流内容（可用图片代替）。

家长可向孩子提问：“你认为小朋友该去吗？为什么？”

预设场景：

小结：家长或老师不在身边，只要是陌生人给的东西，无论是吃的或是玩具，都不要接受，尤其不能跟着陌生人上车。告诉陌生人爸爸妈妈就在身边，把陌生人吓走，或者大叫引起周围人的注意。千万要记住，陌生人不会无缘无故对你好，更不会贸然邀请你去玩。

②创设情境式。

家长以《小明的安全隐患》故事为切入点与孩子交流（可用图片代替）。

家长在与孩子的交流中提问："小明哪些地方做得不对，存在什么隐患？"

预设场景：

小结： 小明看完电视后没关电视就出门了，有发生火灾的安全隐患；出门时没检查家门是否关好，有失窃的危险；下楼梯时，两级台阶一起跳，有摔伤的危险；闯红灯通过路口，有交通安全隐患。

③实践体验式。

家长扮演陌生人，和孩子进行实景模拟（可用图片代替）。

预设场景：

小结： 如果只有一个人在家，只要是陌生人，无论说什么原因要你开门，你都不开。不要告诉陌生人你一个人在家，可以告诉他们家里人在洗

澡，现在不方便开门，或者下楼去买东西很快就回来了。如果对方说认识你的父母，你可以打电话给爸爸妈妈确认，是否真的有认识的人要来家里。

④主题活动式。

家长和孩子一起制作家庭防火疏散图并实践开展一次楼宇火灾逃生活动。

教师讲述《教程》第155页“六、实践思考（四）亲子实践活动”。

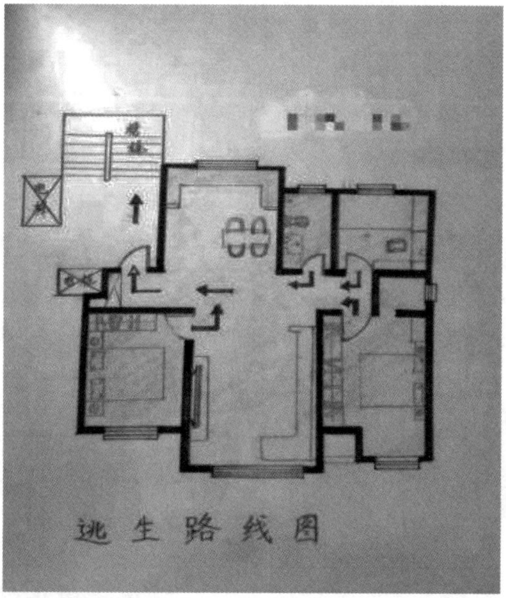

第一步，画一幅您家的平面图；

第二步，在图上标出所有可能的逃生出口；

第三步，如若可能，尽量为每个房间画出两条逃生路线；

第四步，重点关注火灾发生时家里其他需要帮助的成员；

第五步，在户外确定一个会合点；

第六步，在户外给消防队打电话报警；

第七步，一定记得演练您的火灾逃生计划。

预设场景：

楼宇发生火灾后，首先要保持冷静，认清当前所处环境，如果确定无法扑灭火灾，就根据具体情况有选择性地采取措施，以达到安全逃离火灾现场的目的。

首先，家长模拟在有烟的环境里，和孩子一起用湿毛巾、口罩等捂住口鼻，从楼道猫腰或匍匐撤离；烟雾很大时，模拟手摸墙壁徐徐撤离。

其次，家长带领孩子找到楼内的“安全出口”指示牌（或指示灯），根据上面的提示确定撤离方向和路线。

再次，模拟火情较大时，家长和孩子用湿毛巾、湿棉被、湿毯子将头、身裹好后，冲出火场。

最后，家长和孩子模拟房内暂时避难，关闭迎火的门窗，打开背火的门窗，用湿毛巾等东西塞住门缝，并不停地用水淋透房门；应尽量待在阳台、窗口等容易被人发现的地方，还要设法让别人知道你被困的位置，等待救援。

⑤知识问答式。

家长制作知识竞赛卡片，和孩子开展“如何躲避自然灾害”知识大赛。

教师讲述《教程》第 155~156 页“七、智慧分享（一）学习资料”，并介绍遭遇台风、地震、暴雨灾害、雷电时的避险方法。

三、讲授总结

教师：安全避险意识要时时有，家长可以和孩子一起设计一张“安全卡”，教育孩子处理事情要沉着、冷静。

安全卡上要记录孩子的姓名、住址、年龄、父母的基本信息和联系方式，以及常用的家庭电话号码和急救电话、亲友电话，必要时还需包括孩子的健康情况和疾病记录等（可做表格），让孩子随身携带这张小卡片，以备不时之需。

家长平时要教育孩子将父母姓名、工作单位和联系方式记在心中，不定期提问。鼓励孩子扮演 “安全小卫士”的角色，定期给家里进行安全排查，发挥小主人作用。

附：本课资料包下载

艺体教育

艺体合力激潜能——与孩子一起身心健康“2+1”（教案）

授课学段：小学三年级
授课名称：艺体教育
艺体合力激潜能——与孩子一起身心健康“2+1”
授课单位：天津市滨海新区大港第二小学
授课教师：江红梅
指导教师：王竹红

教育目标

（1）帮助家长正确认识艺体教育对孩子全面发展的重要作用，形成正确的艺体教育观。

（2）帮助家长采取恰当方法鼓励并培养孩子艺体兴趣，达到与孩子一起身心健康“2+1”的目标。

（3）指导家长让孩子通过艺体教育激发潜能，促进身心健康。

学情分析

培养孩子既多才多艺又有健全的人格是广大家长所希望的，也是新时代应有的教育理念。在艺体教育过程中，家长普遍存在从众心理、功利主义。有的家长把自己对某种艺术活动的兴趣强加给孩子；有的家长脱离孩子的实际情况，不断要求孩子进行高强度训练，给孩子增加了负担的同时压抑了孩子的学习兴趣和求知欲。如此不恰当地安排或过度干预孩子的艺体学习，会加深孩子对艺体学习的抵触情绪，继而令学生的学习自觉性逐渐丧失，从而出现半途而废的情况。

重点难点

（1）重点：帮助家长正确认识艺体教育对孩子全面发展的重要作用，正视艺体教育。

（2）难点：指导家长采取恰当方法鼓励并培养孩子的艺体兴趣，达到与孩子一起身心健康“2+1”的目标。

教具准备

教学课件、游戏视频（见资料包）。

课时安排

1 小时。

教育过程

一、讲授铺垫

教师：家长朋友们，身心健康是孩子成长的基石。在现代社会，孩子们面临着越来越多的压力和挑战。如何让孩子们拥有健康的身心，应对未来的挑战，是我们需要共同思考的问题。

艺术和体育，作为人类创造力和健康生活的两个重要方面，恰恰可以为孩子的身心健康提供有力的支持。艺术可以陶冶孩子们的情操，提高他们的审美能力，让他们在美的世界里感受生活的美好；体育可以锻炼孩子们的身体，增强他们的体质，让他们在健康的环境中茁壮成长。

家庭是孩子的第二课堂，家长的教育观念正确与否直接影响到孩子对体育、艺术活动的兴趣。今天我们要讲的主题是“艺体合力激潜能——与孩子一起身心健康‘2+1’”，意在帮助家长采取恰当方法鼓励并培养孩子的艺体兴趣，激发孩子的潜能，促进其身心健康发展。

小知识：体育、艺术 2+1 项目

“体育、艺术 2+1 项目”是教育部为落实《2003—2007 年教育振兴行动计划》，落实德智体美劳全面发展的教育方针，推动学校体育和美育的改革与发展逐步推进的一项重要的工程项目。其内涵是通过课内外体育和艺术教育活动，要求每位学生在九年义务教育阶段能较好地掌握 2 项健身锻炼的体育技能和 1 项艺术技能。

教师：家庭是人生的第一所学校，家长是孩子的第一任老师，家庭教育是人才培养的奠基工程。小学低年级的学生正处于个性发展的关键时期，促进其全方面发展极为重要。重视艺术活动与体育运动，促进孩子健康和全面成长，需要学校和家庭的共同努力。

二、讲授过程

1. 现状分析

（1）学生在艺体学习中存在的问题。

教师：学生在艺体学习过程中，常常存在兴趣不浓、负担过重、受家长强制、半途而废等情况。学生兴趣不浓的情况大概分为两种：一是学生对于该艺体方向并不感兴趣；二是学生虽然对该艺体方向感兴趣，但是长时间的枯燥练习和得不到激励回馈，使学生逐渐疲惫而失去兴趣。

在家长方面普遍存在过度干涉的现象。不少家长在孩子开展艺体教育方面喜欢攀比，报兴趣班时贪多贪早，盲目跟风，把自己的意愿强加给孩子，期望孩子能成为全才，报多个班，想培养孩子有更多特长等，忽视了孩子的兴趣爱好与实际；期望过高，脱离孩子的实际情况，不断要求孩子进行高强度训练以及要求达到高标准，给孩子增加了负担的同时压抑了孩子的学习兴趣和求知欲。

（2）教师开展现场调查。

教师：在孩子艺体教育方面有上述表现的家长请举一下手？家校该如何合作，共同帮助孩子参加艺体活动呢？

教师讲述《教程》第 158~159 页“二、现状分析”。

2. 故事聚焦

教师讲述《教程》第 159~160 页“三、故事聚焦《正确规划，重拾兴趣》”。

教师：故事中小跳的妈妈在孩子练习钢琴的过程中存在哪些问题？在座的家长是否也有过类似的困惑或经历？请几位家长结合自己对孩子艺体方面的教育来谈谈感想吧。

在艺体教育方面，很多家长曾认为孩子有了一技之长，长大了至少多了一个竞争或谋生手段，至于维持孩子的兴趣和激发孩子的灵感，则很少考虑。其实孩子受教育的最终目的是培养他具有较高的人生境界、达观的人生态度、完善的人格结构，使孩子具有综合素养，让孩子在多才多艺的个人背景下享受生活、表现生活，甚至创造自己追求的一种存在方式。

小结：家庭教育的意义在于促进孩子身心全面健康发展。实施家庭教育的原则也要讲求科学、正面、激励、理性等原则。结合上述故事和大家发言，我们剖析一下导致孩子丧失对艺体学习兴趣的根源吧。

3. 剖析根源

教师讲述《教程》第 160~161 页“四、剖析根源”并补充内容如下。

教师：家长往往过早地把孩子的兴趣当成特长来培养。孩子的人生刚刚开始，他们的体验、见识有限，认识、判断也有限。过早给孩子的兴趣、特长定向，会使孩子失去很多机会，错过很多选择。小跳把有限的时间、精力都投在了钢琴上，能花在学业上的时间自然就减少了。家长就会遇见一个不愿意看到但却很可能发生的情况，那就是做了足够的努力，但是孩子在特长学习上达不到理想水准。

小结：家长应该采取恰当的方法鼓励并培养孩子的艺体兴趣，才能达到与孩子一起身心健康“2+1”。

4. 招法指导

教师：怎样使孩子重拾对艺体学习的兴趣呢？结合上述故事给大家提供几点策略。

教师讲述《教程》第 161~162 页“五、指导策略”。

小结：希望以上几点对策能够让您帮助孩子在全面教育中得到更好的发展，激发孩子的潜能。

5. 实践思考

教师讲述《教程》163~164 页“六、实践思考（二）情境题”并提出如下问题。

①平平的爸爸错在哪里？

②如果您是平平爸爸，在开始选择让平平进行足球训练时，您会与平平怎么沟通呢？

③在上述情境中，如果您是平平爸爸，在目前的状况下，您会怎么做呢？

6. 亲子实践活动

教师：推荐亲子开展篮球小游戏。

小结：提供以上的亲子实践活动给大家，希望在以后的家庭教育中，家长能多给予孩子正向的表扬而非惩罚，要注意把握好严慈相济的尺度，让孩子在鼓励中学习艺体技能。

三、讲授总结

教师：家长朋友们，教育是个综合均衡发展的育人过程，艺体教育的真正目的是净化心灵、陶冶情操、强健体魄，给孩子带来快乐和自信，让孩子更积极地享受生活。因此家长必须根据孩子的天资禀赋和兴趣爱好来选择培养才艺，因材施教。同时，让孩子在宽松愉快的氛围中培养兴趣，学习掌握一门艺术特长，寓教于乐、快乐成长。愿你我同心，共育青苗。

附：本课资料包下载

沟通艺术

同理共情巧沟通——家长如何说，孩子才会听（教案）

授课学段：小学三年级

授课名称：沟通艺术

同理共情巧沟通——家长如何说，孩子才会听

授课单位：天津市滨海新区大港东城小学

授课教师：纪李闯

指导教师：张燕

教育目标

（1）让家长了解现实中亲子沟通的普遍现状，理解同理共情的概念。

（2）指导家长掌握亲子沟通技巧，帮助家长改变陈旧的教育观念。

（3）让家长学会体验共情意识，构建良好的亲子关系。

学情分析

小学是孩子感情成长的重要阶段，很多家长开始意识到他们与孩子在沟通中存在问题，但又不是很明确。成人的世界与孩子的世界有异，家长习惯于用自己的思维去固化孩子的思维，认为成人的想法比孩子的成熟，所以观点都是对的，这就造成了不能理性倾听孩子的心声、客观了解孩子的感受。为此，如何与孩子展开良好的沟通，成为很多家长感到棘手的问题。沟通不仅要准确地传达信息，还要传递情感，达成心理、感受、感觉共性的交流。

重点难点

（1）重点：理解同理共情的概念，掌握亲子沟通技巧。

（2）难点：能够运用所掌握的相关知识剖析问题产生的根源，构建良好的亲子关系。

教具准备

教学课件（见资料包），纸笔。

课时安排

1 小时。

教育过程

一、讲授铺垫

教师：今天与大家分享的主题是“同理共情巧沟通——家长如何说孩子才会听”。从家长的角度看孩子的世界，不难，难得的是家长能够蹲下来，保持和孩子一样的高度看世界。我们是一样的生命，我们彼此尊重，我们共同成长。

您了解自己的孩子吗？请写出 10 个孩子的优点。

家长利用准备好的纸笔认真完成。

现场分享。

教师观察到有些家长一时“语塞”（微笑）。

您对孩子了解多少？是否会蹲下身子听听孩子的心里话？我们边思考边分析。

二、讲授过程

（1）现状分析。

教师：沟通的方式与方法始终是横亘在亲子之间难以克服的问题，我们先来分析一下当下亲子沟通的现状。

①形成原因。

②调查说明。展示比例图。

③现状分析。

教师讲述《教程》第 167~168 页“二、现状分析”。

家长质疑：为什么亲子间不能拥有良好的沟通模式？

教师：我们“画一个重点”，这就是同理心（讲解概念）。对于孩子来说，最好的沟通方式是共情。

教师展示“同理—共情”。

提问：一位8岁的学龄儿童，最想跟我们交流的话题是什么？这个年龄段的孩子与家人说得最多的话题就是“学校里的事”。让我们继续“破壳”，深入探讨。

（2）故事聚焦。

教师：请家长将平时跟孩子沟通时说得最多的话，做得最多的动作，表现得最多的语气语调、情绪写下来。下面，我们一起来看一个小故事。

教师讲述《教程》第168~169页“三、故事聚焦《‘祸’从口出》”，并请家长反思、找同感。

教师：这个场景我们似曾相识。您有什么想法呢？

教师请几位家长谈感受。

可能家长会不高兴地说：“别瞎说了，搞好学习就行。”

可能家长也会高兴地告诉孩子：“你能问这样的问题，证明你是个爱思考的孩子，真不错。饭后，咱们再一起研究好吗？”

家长的不同做法，会导致不同结果。

①孩子心里想：“总说学习，烦死了，不问就不问。”从此，遇到困难一概略过，不求甚解

②孩子心里很高兴，以后遇到问题一定锲而不舍，非研究明白不可。

教师：故事中，当小言问出一连串的问题后，满心期待父母给自己答复时，得到的却是父母“不耐烦”的回应。在刚刚的调查中，“不耐烦”也是出现的高频词汇（很多家长默认）。

小结：“严厉的批评”，以此体现家长的权威性，却恰恰违反了我们与孩子沟通的基本准则。

提问：使孩子产生逆反心理最主要的根源在哪？如何才能得以解决？我们继续剖析。

（3）剖析根源。

教师讲述《教程》第169~170页“四、剖析根源”。

教师：作为家长，谁都不想让自己的孩子成为故事里的小言。

①父母为了快速实现对孩子的管教预期，常以父母的权威去命令孩子行动。

②在孩子的成长中，父母磨灭了孩子的热情和好奇心，因此不能成为孩子亲密的朋友。

③父母平时与孩子的沟通方式简单粗暴，造成与孩子的沟通无效。

提问：作为父母，我们可以通过哪些方式、技巧，使我们与孩子建立起更深层的沟通呢？

教师：我们再来一起交流探讨沟通时的方法、策略和对一些实践问题的思考。

（4）指导策略。

教师：如何打开一条“甜蜜”的通道？怎样建立同理心和共情能力，这是打开通道的钥匙。

教师讲述《教程》第170~172页“五、指导策略”。

策略一：营造舒缓的家庭氛围。

①策略指导（见教材内容）。

②举例说明：①游戏时；②伤心时。

教师：只有以尊重为前提，沟通才会更顺畅有效。（微笑）大家也分享一下自己平日里的做法吧。

教师请几位家长作交流。

教师（鼓掌表示谢意）：我们要放下架子，做好沟通前的热身工作，要学会对孩子“示弱”。

③实例点拨（请家长对号入座）。

教师（微笑）：让我们一起来“对号入座”。

家长观看教学实例，与自己的行为对比，点头默认。

教师：在亲子沟通中存在很多的绊脚石：命令、威胁、教训、说服、贴标签、辱骂……那么，有效的沟通方式又是怎样的呢？

策略二：创建亲子共建的活动。

（1）策略指导（见教材内容）。

（2）举例说明（介绍沟通方法）。

（3）实例点拨。

教师：“陪伴”是最好的教育方式。我们是不是有父子或者母女都共同喜欢同一个游戏，同一个体育运动项目呢？平时我们会不会一起追剧、看片儿？

展示问卷（孩子卷）：平时你和爸爸妈妈一起做得最多的事情是什么？

（预设答案）妈妈陪我做作业或爸爸陪我做作业。

教师：这样的陪伴，往往低效无果。对于3年级这样低年级的孩子还可以接受，随着孩子年龄的增长，其负面效果会逐渐增多。

策略三：制定亲子学习的计划。

（1）策略指导（见教材内容）。

（2）举例说明（如和孩子一起读书、做手工、看科普电影等）。

教师：最好的教育是免费的，它就存在于父母与孩子的日常生活中。

（3）实例点拨。

教师：很多时候家长与孩子发生剧烈的冲突，最终认输的还是家长。亲子学习计划能更好地促进和改善亲子关系的亲密度。

（5）实践练习。

①提出思考题。

教师讲述《教程》第172页“六、实践思考（一）思考题”。

②介绍情境题。

教师讲述《教程》第172页“六、实践思考（二）情境题”。

教师与家长分析问题所在，结合策略指导，展开讨论。

③开展案例分析。

教师讲述《教程》第172~173页“六、实践思考（三）案例分析题”。

教师：面对小凡的不同反应，您会怎么做？家长要记住，与孩子沟通时，要注意孩子的表情，掌握好自己的反应。下面给家长提出以下建议：

一是对孩子提出的问题，父母要尽量予以答复；

二是注意观察和表扬孩子的优点，不过分强调孩子的缺点；

三是亲子之间要保持亲密的关系；

四是对孩子的爱要稳定，不随意发脾气。

三、讲授总结

教师播放孩子们的小视频，孩子们说出“最想对父母说的话”。

教师：“同理共情巧沟通——家长如何说孩子才会听”，这一主题说明在沟通中语言的重要性。沟通中，家长要从心出发，走进心里，对再小的个体都应以尊重为前提。孩子们最想对我们说的话，我们要记在心里。也祝愿大家都能够扫清亲子路上的绊脚石，与孩子共同学习、共同成长，与孩子一起拥抱更美好的明天！

教师给家长提供《教程》第 174~175 页“七、智慧分享（二）推荐书目”。

附：本课资料包下载

第三编

小学 4—6 年级教师用书教案

社会交往

同筑交往“心”桥梁——让孩子拥有良好的人际关系（教案）

授课学段：小学四年级
授课名称：社会交往
同筑交往“心”桥梁——让孩子拥有良好的人际关系
授课单位：天津市和平区四平东道小学
授课教师：倪妮
指导教师：焦茹

教育目标

（1）引导家长认识到培养和提高孩子社会交往能力的重要性，知道如何培养和提高孩子的社会交往能力。

（2）帮助家长解决孩子在实际生活中遇到的人际交往方面的难题；帮助家长将科学的社会交往方法传授给孩子；帮助家长培养学生社会交往的能力，提升孩子与他人交往的水平。

（3）掌握教育孩子如何适应集体生活的策略，灵活运用家教策略解决孩子处理人际关系时遇到的问题。

学情分析

当前小学生因为家庭条件较为优越，父母又对其百依百顺，造成孩子行为缺乏控制、脾气暴躁、易怒等不良行为。“以自我为中心”已经成为孩子普遍存在的骄纵行为。电脑网络、手机成了孩子之间的主要交流工具和手段，网络语言、在线文字交流得越多，就越缺乏实际生活中的人际交往技能，更无法建立良好的人际关系。家长的过分溺爱、过严管教、过高要求以及父母不一致的教育行为，都阻碍了孩子交往能力的发展，不利于指导孩子建立与朋辈间的良好人际关系。

重点难点

（1）重点：指导家长掌握科学的社会交往方法并传授给孩子。

（2）难点：帮助家长培养学生社会交往的能力，提升孩子与他人交往的水平。

教具准备

教学课件、视频（见资料包）。

课时安排

1小时。

教育过程

一、讲授铺垫

教师：各位家长，今天这节课，让我们一起讨论培养和提高孩子社会交往能力的重要性，以及如何培养和提高孩子的社会交往能力。下面我简要解析“人际交往”的重要性

人际交往就是指在社会生活中，人与人为了达到彼此传递思想、交换信息、表达情感、满足需要等目的，通过一定的方式实现心理上的沟通和行为上的相互作用的过程。小学生人际交往是指在小学义务教育阶段的儿童之间以及儿童与其他社会人群之间沟通信息、交流思想、表达情感、协调行为的互动过程。为什么要交朋友？孩子需要朋友吗？答案是不言而喻的。同我们成年人一样，孩子同样有人际交往的需要。理由有三。

（1）交朋友是人情感的需要。

每个人都渴望得到别人的理解和认同。对于四年级的孩子来说，他们尤其渴望与同伴交往，愿意把自己的心里话说给同伴听，希望在群体中有自己的位置。如果这种愿望和情感不能得到满足，孩子就会出现孤僻、冷漠、自私等心理问题。

（2）交朋友是人学习的需要。

《礼记·学记》中说："独学而无友，则孤陋而寡闻。"志同道合的朋友可以相互切磋学问、砥砺品性，从而共同进步。如果一个人总是闭门造车，从不与别人交流，就很难清楚地认识自己、发现自己的优势和不足，最终学识浅陋，见闻不广。

（3）能够认识自己，反思自己。

一个人的心理发展都要经过一个"以自我为中心"到"学会考虑他人感受"的过程。四年级的孩子还不够成熟，如果再加上家庭教养方式以孩子为中心，就会让孩子形成错误的认识：我是中心，所有人都应该让着我。这样会阻碍孩子健康人格的形成。与同伴交往可以让孩子学会从多角度审视自己，因为这一时期同伴的评价对孩子影响非常大，交友过程中的互助、尊重等原则，有助于孩子改正错误认识，形成健康完善的人格。

研究指出，一个小学生能否和其他小学生友好相处，外部因素（相貌、姓名等）固然是重要影响因素之一，但更为主要的是小学生自身的内在因素，即小学生的社会能力。善于交往、恰当地使用交往策略的小学生往往容易得到同伴的认可，受到同伴的欢迎。这也将对孩子今后提高社会交往能力有重要影响。

作为家长，我们有责任将科学的社会交往方法传授给孩子，帮助孩子解决在实际生活中遇到的人际交往方面的难题。同时，小学阶段良好的人际关系能使孩子们心情舒畅、身心愉悦，培养乐观豁达的品格，在当前乃至今后的生活中都能积极主动地适应环境，应对各种问题。

二、讲授过程

（1）故事聚焦，引入案例。

教师：从孩子出生以后，每一个转折性的进步都让做父母的狂喜。当孩子开始融入群体，也是父母头痛的开始，他闹脾气了，闯祸了，打架了，哭鼻子了，孩子与别的孩子之间的"战事"不断，让我们手足无措。如果您认为那属于孩子自己的事，可以让孩子自己去尝试、去解决，也许一来二去，慢慢地，孩子可以学会如何与人相处；可是如果您偏偏要介入其中，去指责对方孩子，夸大小矛盾的严重性，往往会给孩子在如何与人交往方面造成更大的困惑。我们一起来看看下面这个案例。

教师讲述《教程》第 3 页"三、故事聚焦《语言的力量》"。

（2）剖析根源，寻找原因。

教师：看别人家的孩子时，我们往往能比较客观与冷静，那现在请大家思考一下，到底是哪些原因导致了事情的走向与发展呢？

教师讲述《教程》第4~5页“四、剖析根源”。

①同伴交往中的不良心态。

②缺乏师生间的有效沟通。

③亲子沟通交流不畅。

小结：我们知道了症结所在，那如何让孩子学会与人交往的关键问题是一个度的问题。因为孩子们都很敏感，任何稍微过火的处理方式，都可能给孩子将来的成长留下阴影。要妥善为孩子收拾“战争”残局，观念的树立和合理的方法至关重要。那么作为家长的我们，应该如何去做呢？

（3）设身处地，商讨对策。

教师：如果您刚好就是其中某个孩子的家长，您会怎么做？

教师请几位家长发言，交流观点，并讲述《教程》第5~7页“五、指导策略”。

教师：父母因与小玉沟通不畅，因此不理解孩子，又缺乏耐心，总是一刀切，武断地认为都是小玉的错。在处理小玉的问题时，父母态度强硬，一味批评，缺乏耐心倾听、认真沟通、点滴关心。这使得家人的说教犹如隔靴搔痒，并不能从根本上解决问题。这也导致小玉的性格强硬倔强，对人冷淡，消极悲观，处理问题能力薄弱。

小结：建议家长与孩子能建立亲子朋辈式的沟通。亲子沟通的第一步就是倾听。只有我们感觉到自己被倾听时，才会敞开心扉继续往下说。然而，倾听看似简单，却是一件难以做到的事情，家长每天忙于工作，疲于琐碎生活，习惯于敷衍、否定、评论、提建议等各种“不听”的行为。只有我们对孩子真情投入地倾听，才能客观地体会孩子的感受，做出正确的回应。

在朋辈式沟通建立后，希望家长努力做到以下三点：

①家长双方参与教育；

②耐心倾听孩子心声；

③传授一些人际交往技巧。

（4）实践思考，加深体验。

教师：下面我们来思考两个问题。

①如果孩子对同学有敌对情绪，用嘲笑等方式伤害同学，作为家长应该

怎么办?

②因为腼腆，孩子下课总是默默地坐在自己座位上，看着同学们沟通交流，虽眼中带着期盼，但却无任何行动，作为家长又该怎么办?

教师讲述《教程》第 7 页“六、实践思考（一）思考题和（二）情境题”。

教师：通过上面两个问题，我给家长提供了一些参考答案，下面我们再给家长展示一个实际案例，请家长分成小组，在小组内讨论，找到解决案例中问题的正确方法。

教师讲述《教程》第 7~8 页“六、实践思考（三）案例分析题”。

小结：刚才家长的讨论非常充分，提出的办法也非常好，可以把这些好方法用于指导孩子的人际交往实践中。我再给大家提供一个开展亲子实践活动的小方案，家长可以回家试一下哟。

教师讲述《教程》第 8~9 页“六、实践思考（四）亲子实践活动”。

三、讲授总结

教师：提高孩子的社会交往能力对于孩子未来的发展是非常重要的。在日常生活中，家长应抓住各种教育契机，对孩子进行社会交往能力的培养。

教师提供《教程》第 9~10 页“七、智慧分享”。

教师：经过今天的学习，相信大家对“培养孩子良好的人际关系”有了更明确的认识。请大家反思一下自己在教育孩子方面有什么不当之处，写出你的改进计划，以便我们的下一次交流。

附：本课资料包下载

时间管理

计划时间巧安排——提升孩子管理时间的能力（教案）

授课学段：小学四年级
授课名称：时间管理
计划时间巧安排——提升孩子管理时间的能力
授课单位：天津市河东区大桥道小学
授课教师：赵晶
指导教师：党艳　孙力捷

教育目标

（1）帮助家长树立并提升孩子的时间管理意识。

（2）帮助家长将科学的时间管理方法通过实际行动传授给孩子。

（3）帮助家长培养孩子的时间管理能力，将时间观念植入孩子心中，使孩子更好地做时间的主人。

学情分析

许多孩子缺少对时间的认知，他们认为时间有的是，总也用不完。他们的自我控制能力较低，有拖拖拉拉的坏习惯，做事情磨磨蹭蹭，消耗不必要的时间；在学习或生活上，存在着条理性欠缺、做事效率不高的问题。久而久之，这种坏习惯会根深蒂固。许多家长对此除了反复唠叨和抱怨外，似乎束手无策。父母的教导也常常让孩子心生抵触。

重点难点

（1）重点：帮助家长树立并提升孩子的时间管理的意识，在日常生活中科学正确地引导孩子学会科学的时间管理方法。

（2）难点：帮助家长培养孩子的时间管理能力，将时间观念植入孩子心中，使孩子更好地做时间的主人。

教具准备

教学课件、“故事聚焦”小视频（见资料包）。

课时安排

1 小时。

教育过程

一、讲授铺垫

教师：各位家长好。工作中和家长接触时，我发现许多父母都有这样的苦恼：孩子动作太慢，做起事情磨磨蹭蹭，消耗不必要的时间。遇到这种情况，大部分家长除了反复唠叨和抱怨外，似乎束手无策，希望我们今天的学习交流能帮助您培养孩子管理时间的能力。

二、讲授过程

（1）呈现案例，引发思考。

教师：我们先一起看案例，同时请家长思考：故事中的孩子在生活和学习上出现了什么问题？

教师播放《教程》第 12 页“三、故事聚焦《菲菲的一天》”视频，并请家长发言。

小结：我们从案例中可以发现菲菲这样的孩子缺少对时间的认知，他们认为时间有的是，总也用不完。自我控制能力较低，有拖拖拉拉的坏习惯，久而久之，这种坏习惯会根深蒂固。

（2）剖析根源，分析问题。

教师：《中华人民共和国家庭教育促进法》的颁布，是国家重视家庭教育、营造良好家风的重要体现。其中针对“家庭责任”的第十六条指出，“需要引导未成年人养成良好的生活习惯和行为习惯，促进其身心健康发展”。良好的时间管理对于行为习惯的养成具有重要的促进作用，这一政策的落实，使得“时间管理”的重要性不言而喻。

教师以课件展示的形式介绍《中华人民共和国家庭教育促进法》第二章相关内容。

提问：是什么原因导致孩子缺乏时间观念呢？

小结：从刚才的交流中，我们发现问题的根源在于孩子的时间观念淡薄，时间观念淡薄是很多小学生面临的问题。

教师讲述《教程》第13~14页“四、剖析根源”。

（3）指导策略，双向完善。

教师：案例中菲菲在时间管理方面的问题体现了小学中年级孩子的共性，其行为表现及原因通过刚才的交流可以总结如下。

教师以课件形式展示《教程》第14页“五、指导策略”的表格。

小结：良好的家庭教育方法是成功的一半。如何培养孩子的时间管理能力，使孩子更好地做时间的主人呢？

教师：这本《教程》中给家长提供了“两步走”策略。我们一起来了解一下。

教师讲述《教程》第14~17页“五、指导策略”中的要点。

（4）设置情境，实践思考。

教师：家长们，您遇到过孩子对面临任务时产生畏难情绪并无法完成的情况吗？

教师讲述《教程》第17页“六、实践思考（一）思考题”

小结：孩子因事情难度大而缺乏兴趣时，家长应注重从时间观念出发引导孩子进行目标设定和任务管理，逐步养成好习惯。

榜样的力量是无穷的。家长是孩子的第一任老师，家长的言行举止都是孩子学习的来源。我们一起看看这个案例中妈妈的做法对吗？

教师讲述《教程》第17页“六、实践思考（二）情境题”。

小结：在培养孩子树立时间观念的过程中，家长应努力使孩子摆脱对家长的依赖，同时一定要注意自己的情绪，以平等尊重、倾听感受为导向，切勿急躁。遇到上面案例中类似的情况时，家长应耐心地告诉孩子，自己在用手机学习或工作，并没有在玩儿，做到心平气和地与孩子沟通。

教师：家庭教育需要每位家庭成员的共同努力和持之以恒。大家想对这位妈妈存在的困惑提出什么好的建议吗？

教师讲述《教程》第18页“六、实践思考（三）案例分析题”。

小结：孩子进入时间管理的磨合期后，家长也需要及时跟进。如果孩子因被惰性打败，达不成目标而出现挫败感，“不想动”和“不想做”，家长要正面积极鼓励，并坚持督促孩子完成时间计划。

三、讲授总结

教师： 更多关于时间管理方法和推荐书目的指导内容，请大家参阅《教程》。

教师给家长提供《教程》第 19~21 页“七、智慧分享”。

教师： 德国诗人歌德的诗剧《浮士德》里有一句话：“理论是灰色的，而生活之树常青。”时间管理的办法再多，终究要在生活里不断实践。让我们一起努力，帮助孩子学会管理时间，使孩子更好地做时间的主人。

附：本课资料包下载

挫折教育

积极心态抗挫折——锻炼孩子在逆境中的意志（教案）

授课学段：小学四年级
授课名称：挫折教育
积极心态抗挫折——锻炼孩子在逆境中的意志
授课单位：天津市河北区第二实验小学
授课教师：张艳荣　边天越
指导教师：朱玉红　赵宝娟

教育目标

（1）帮助家长引导孩子学会面对困难，树立一定的抗挫意识。

（2）帮助家长正确看待和进行挫折教育，使用科学的方法提升孩子的抗挫力。

（3）帮助家长提升孩子的意志力与抗挫力，使孩子合理应对挫折，形成积极的心态。

学情分析

就本专题中所讲的挫折教育，家长的认识还未到位，容易将孩子遇到挫折后的情绪表达误认为是矫情，而忽略对孩子如何面对挫折、克服挫折的方法引导。每一位家长都应掌握引导孩子正确应对挫折的科学方法，从而帮助孩子克服一个个挫折，在挫折中成长，逐步树立抗挫意识、形成积极心态。

重点难点

（1）重点：向家长传授孩子遇到挫折时的正确引导方法。

（2）难点：家长根据孩子特点具体进行抗挫意志品质培养。

教具准备

教学课件（见资料包），一大卷手纸。

课时安排

1 小时。

教育过程

一、讲授铺垫

教师：各位家长您好！欢迎您在百忙之中参加家长学校。下面由一段电影引出本次主题。

教师播放电影《中国合伙人》片段。

小结：大家可以看到，电影主人公成东青之所以可以拥有不俗的成绩，一个重要的转折点，就是他面对高考的失利，永不放弃，直到达成目标。相信各位家长已经明确今天的课程主题——抗挫教育。今天我们要讲授挫折教育：积极心态抗挫折——锻炼孩子逆境下的意志品质。

二、讲授过程

（1）案例导入，引发家长思考。

教师：各位家长，我与大家分享一个案例，让我们一起来探讨。

教师讲述《教程》第 23~24 页“三、故事聚焦”。

提问：请各位家长先思考以下问题：何为挫折？被全方位保护的孩子感受如何？无痛生活可取吗？

教师：首先，让我们先明晰一下“挫折”的含义。其次，通过游戏模拟被全方位保护的孩子。

游戏名称：全方位保护。

所需物品：一大卷手纸。

参加人员：请三位家长，一位扮演孩子，一位扮演父亲，一位扮演母亲。

操作方法：

① 播放背景音乐，“父母”两人交替向“孩子”身上围手纸，从头到脚

都围上，代表对“孩子”无微不至的保护；

② 围到近似木乃伊时停止，请“孩子”和“父母”说感受；

③ 请其他家长谈感想。

教师：通过游戏可以看出，我们想要给孩子无痛的生活，但是无痛的生活中却蕴含巨大的痛苦。请大家看这段话，选自《了不起的孩子：如何培养高情商、抗挫折能力强的孩子》一书。

孩子应该感受到痛苦、悲伤、害怕、愤怒，这是一种极为正常的生理现象。如果这个生理现象被无痛化（即感受不到痛苦），孩子们会做出各种各样的抵抗，这是因为孩子身上蕴含着丰富的生命力。封印感情的“好孩子”虽然暂时接受无痛化，但是他的生命力日后一定会促使其做出抵抗。

小结：各位家长，您的孩子蕴含着强大的生命力，他渴望亲身去感受、去体验、去做事情。所以请各位家长适度放手，给予孩子时间与空间，让他去做自己。通过以上游戏，相信各位家长已经认识到：挫折的影响并非都是消极的，挫折既可能成为成长的绊脚石，也可能是成长的垫脚石。面对遇到挫折的雯雯，家长应该如何去做呢？

（2）分析问题，和家长一起探索解决方法。

教师：各位家长，故事中的雯雯是一名典型的缺乏抗挫品质的孩子。剖析其根源，可从两个方面入手：先天因素和后天评价，请看课件。

教师讲述《教程》第 24~26 页“四、剖析根源”。

（3）简述挫折教育的意义和现状。

教师：如今，有的孩子无法忍受和面对挫折，没有采取合理的应对方式，选择了逃避，甚至漠视自己的生命。随着 2021 年 11 月教育部印发《生命安全与健康教育进中小学课程教材指南》，挫折教育日益被重视，其内涵是用积极的心态面对失败，找到失败的原因，并从中吸取教训。

小结：各位家长要帮助孩子合理应对挫折，帮助孩子树立挫折意识，形成积极的心态。建议各位家长在孩子遇到挫折时进行“三步走”：

①与孩子共情，帮助孩子积极调整情绪，化解负面情绪；

②引导孩子积极思考，找出问题的原因和解决办法；

③有针对性地在日常生活中提升孩子的耐挫力和意志力。

（4）结合实际，探析对策。

教师：在此，我给大家提供几种提升抗挫力和意志力的新思路。

教师讲述《教程》第 26~28 页“五、指导策略”。

小结：希望以上几点对策能够帮助您更清晰地了解如何帮助孩子提升抗挫力和意志力。科学的教育方法是教育成功的保障。

（5）设置情景，启发家长思维。

教师：各位家长，前面我们分享了挫折教育的理论知识，现在我们通过一个情境来看看如何处理孩子的情绪。

教师讲述《教程》第 28 页“六、实践思考（一）思考题”。

小结：大家回答得非常好。面对遇到挫折的孩子，应先处理情绪，再解决问题。家长首先要引导孩子采取合理的情绪宣泄方式，然后引导孩子将关注点聚焦于问题的解决。

教师：下面，我们看在孩子面对挫折的情境中，家长应如何引导。

教师讲述《教程》第 28~29 页“六、实践思考（二）情境题”。

小结：家长在引导孩子时，一定要注意帮助孩子树立信心，正确归因，积极应对，这样才有助于培养孩子的积极品质和抗挫力。

教师：我们再来尝试另外一个情境。

教师讲述《教程》第 29 页“六、实践思考（三）案例分析题”

小结：对于自我要求高的孩子，一旦遇到挫折，家长要及时帮助孩子“复健”。可以按照前面所讲的“三步走”策略进行，但是一定要首先肯定、认可孩子的努力。

（6）通过亲子游戏，增进亲子感情。

教师：通过以上理论和实操练习，各位家长已经了解了挫折教育。下面为大家介绍一个亲子游戏《长成大树》，旨在引导孩子体悟人生，培养抗挫力。

教师讲述《教程》第 29~30 页“六、实践思考（四）亲子实践活动”。

小结：以上游戏分享给大家，希望能抛砖引玉，为您和孩子提供一个亲近对方的快乐平台，促进亲子感情。

三、讲授总结

教师：人生难免遇到挫折，战胜挫折才有未来。感谢各位家长朋友的参与，还有一些关于挫折教育的指导内容，我将通过资料包发送，如果有任何疑惑也许能从这里找到答案，也随时欢迎您与我沟通，希望我们携手为孩子的健康成长保驾护航。此外，也请每一位家长调整好心态，与孩子一起每天向着美好前进一小步，最后请欣赏视频《牵着一只蜗牛去散步》。

教师播放视频，并给家长提供《教程》第 30~32 页“七、智慧分享”。

附：本课资料包下载

金钱管理

金钱管理初体验——培养孩子正确的金钱观（教案）

授课学段：小学中段
授课名称：金钱管理
金钱管理初体验——培养孩子正确的金钱观
授课单位：天津师范大学南开附属小学
授课教师：郭梦溪
指导教师：刘红

教育目标

（1）帮助家长树立孩子的金钱管理意识。

（2）帮助家长把金钱管理方法和理财体验传授给孩子。

（3）帮助家长让孩子认识到金钱的获取途径，培养不攀比的意识，将劳动致富的观念植入孩子心中。

学情分析

小学阶段的孩子对于金钱的认识正处于初始阶段，他们往往并不认识金钱的价值，也不理解应该用劳动换取报酬的意义，只是在模仿父母、家人的消费动作，因此在认知方面会存在一定的偏差。很多家长并没有认真和孩子谈过金钱这一话题，对孩子日常零用钱的管理存在一些问题，时紧时松，没有给孩子树立正确的金钱观。

重点难点

（1）重点：指导家长帮助孩子树立正确的金钱观。

（2）难点：帮助家长让孩子认识到金钱的获取途径，培养不攀比的意识，将劳动致富的观念植入孩子心中。

教具准备

教学课件、视频（见资料包），画笔、白纸。

课时安排

2 课时。

教育过程

一、讲授铺垫

教师：各位家长，我们都知道小学阶段应该树立正确的金钱观念。但是，对于小学生如何确立正确的金钱观念，很多家长却不甚了解。在今天的家长课堂上，我就和各位家长聊一聊“金钱管理初体验——如何培养孩子正确的金钱观”这个话题。

现在我想请几位家长谈谈自身小时候使用零用钱的经历。哪位家长想主动谈谈？（活跃课堂气氛，调动家长兴趣，并引发家长对于孩子金钱观念的思考。）

教师：刚才几位家长谈得很好。现在我给家长播放对学生采访视频。（孩子天真的语言吸引了家长的兴趣，为后面授课进行了铺垫。）

二、讲授过程

（1）学生金钱观存在的问题及原因。

教师：金钱观是对金钱的根本看法和态度，是和人生观紧密相连的。 请家长思考一下，孩子对金钱认知存在偏差的原因有哪些呢？我们来找几位家长进行随机回答。

家长们回答得非常精彩，我把家长们的回答总结为以下几点：

①父母给自己的零用钱等同于“不劳而获”；

②家庭在零用钱方面的管理方面出现缺失；

③“过严”或者“过松”，导致孩子不知所措；

④社会中的不利因素冲击孩子观念。

那么您的孩子的金钱观是否存在以上问题呢，如果有可以把它的序号写在您桌上的白纸上，待会我们逐一讲解。

（2）故事导入。

教师：其实，在现实生活中，很多家长和孩子都遇到过金钱观带来的困惑，接下来让我们看一个小故事，看一看您是否遇到过故事中主人公的类似问题，如果是您遇到类似问题要如何去解决。

教师讲述《教程》第 34~35 页“三、故事聚焦《游戏卡片背后的故事》”。

提问：家长们，听了这个小故事，您赞同哪位家长的做法呢？在日常生活中您和孩子有没有遇到过类似的情况呢？

教师：现在给家长 5 分钟的时间，前后 4 人一组进行讨论，接下来请大家说一说。

教师组织家长进行讨论，在讨论的过程中，家长也会了解到其他家庭金钱观培养的方法，进行思想上的碰撞，进而进行思考。

（3）根源剖析。

教师：故事中李强和王明两个家庭的想法代表了小学阶段学生金钱观念的不同认知，这两种认知都不太恰当，各自存在一些误区。

教师讲述《教程》第 35~36 页“四、剖析根源”。

①“不知先迈哪条腿好”的金钱观教育。先迈左腿，宽松管理让孩子无所依从；先迈右腿，严苛管理让孩子谈“钱”色变。

②错位的“富养”与“穷养”。

③“一味富养”将让孩子只以自我为中心；“一味穷养”将会成为加重孩子自卑心态的秤砣。

教师：金钱观的偏颇会影响孩子的性格，导致他们无法正确看待金钱，或成为金钱的奴隶，或成为守财奴，使孩子沦为一个眼界狭窄的人，影响其今后的发展。接下来让我们通过一个视频了解一下金钱观的重要性。

教师播放视频，对金钱观的重要性进行总结。

（4）策略指导。

教师讲述《教程》第 36~39 页“五、指导策略”。

教师：通过介绍指导策略，家长在培养孩子金钱观时应把握以下几点。

①明确思想，认识金钱的作用，理解劳动付出与金钱获取之间的关联。

首先，帮助学生树立思考意识：如果你没有付出任何劳动，就有人把钱给你，要想他要拿钱交换什么？

其次，家长可以采用家务劳动换取相应零用钱的做法，鼓励孩子从小树立劳动换取合理报酬的理念，帮助孩子们理解金钱是需要用劳动来交换的，劳动付出与金钱收入是要画等号的，甚至是大于号的。

最后，更重要的是让孩子知道，有一些东西比金钱更加珍贵，比如情感、信用、健康、时间等。

②完善沟通，提升语言策略，让你的话在孩子面前更有分量。

③实战操作，让孩子用劳动换报酬，使零花钱合理运转起来。

“多劳多得、少劳少得、不劳不得”，劳动报酬不能只有奖励而没有扣除，只要贵在坚持，一定会有好的效果。

下面为大家列出一个表格，可供家长朋友和孩子们通过开家庭会议的方式，一起参考使用。

教师利用教学课件展示《教程》第 38 页“家务报酬表格”。

小结：让孩子学会合理地使用零花钱，还应培养其理财观念。钱少也要理财。要把控收支平衡，建立收支明细表，有计划地使用金钱，减少冲动消费次数，制定每周消费计划。

要制定理财目标，树立正确的理财意识，不能有钱的时候就多花，没钱的时候就不花，要时刻学会开源节流，细水长流才行。

④父母是孩子的第一责任人，也是孩子金钱观的标杆。

（5）活动延伸。

教师：您认为，孩子为什么要用劳动换取零用钱？

教师讲述《教程》第 39~40 页“六、实践思考（一）思考题，（二）情境题，（三）案例分析题”。

小结：家长要让孩子认识到金钱是通过劳动换取的。用劳动换取零用钱可以让孩子更珍惜零用钱，同时还能让孩子体会到父母工作的艰辛，有助于孩子合理规划、使用零用钱。

教师：下面我们介绍一个亲子实践活动：准备一个注明“孩子名字”的存钱罐。

教师讲述《教程》第 40 页“六、实践思考（四）亲子实践活动”。

四、讲授总结

教师：通过本节课的学习，我想家长们一定对培养孩子们的金钱观有了更深刻的认识。其实，在我们的家庭教育中，谈钱不是问题，不谈钱才是问题，因为不谈钱，就不会用钱。因此，我们要教给孩子关于金钱的所有智慧，让他们认识金钱，懂得如何合理使用金钱，才能更好地迎接未来的生活。接下来，给家长们推荐一下适合孩子阅读的理财书籍。

教师给家长提供《教程》第 40~42 页“七、智慧分享”。

教师：今天课后，希望各位家长能够好好和孩子聊一聊金钱的由来、使用方式等。与孩子共同制定一个合理分配、使用零用钱的方案。

附：本课资料包下载

善用网络

构筑网络“防火墙”——引导孩子正确使用网络（教案）

授课学段：小学四年级
授课名称：善用网络
构筑网络“防火墙”——引导孩子正确使用网络
授课单位：天津市河北区昆纬路第一小学
授课教师：李欢
指导教师：杨景香

教育目标

（1）帮助家长提高孩子的网络信息辨别能力。
（2）帮助家长将科学的网络使用方法传授给孩子。
（3）帮助家长引导孩子正确使用网络，使孩子可以自觉付诸行动。

学情分析

近年来，我国小学生使用网络越来越普遍。网络使用低龄化也带来诸多隐患，令很多家长谈“网”色变。一部分家长以简单粗暴的方式禁止孩子上网，造成家庭关系紧张。另一部分家长疏于对孩子的关心，对于孩子的上网情况听之任之，使亲子关系淡化。

国家近几年相继出台多份文件，净化未成年人网络环境。同时，引导家长帮助孩子抵制网络诱惑、正确使用网络势在必行。

重点难点

（1）重点：帮助家长掌握引导孩子正确使用网络的科学方法。

（2）难点：家长能够有效运用上述方法指导孩子正确使用网络。

教具准备

教学课件、视频资料（见资料包）。

课时安排

1 小时。

教育过程

一、讲授铺垫

（1）引发共鸣。

教师： 各位家长朋友大家好，欢迎来到今天的家长会。我们先来看一组图片，请大家说说自己的感受。

教师出示图片。

小结： 就在刚刚，我注意到不少家长在看到这两幅图片时，都露出了会心的一笑，同时又有些无可奈何。这两幅图片是许多家庭的真实写照。今天就让我们共同探讨如何构筑网络“防火墙”——引导孩子正确使用网络。

（2）分析现状。

教师： 近年来，我国未成年人使用网络越来越普遍。2020 年我国未成年网民的规模达到了 1.83 亿，与前两年相比有所上升。

教师出示图片。

小结： 生活中，小学生会接触到各类网络产品，学龄前第一次使用网络的比例达 33.7%，比 2019 年提升 0.8 个百分点，呈低龄化趋势。

教师出示图片。

提问： 面对未成年人网络问题，您都有哪些焦虑呢？

教师： 针对这些顾虑，国家早已出台相关措施。（播放视频）大家看，未成年人网络保护有法可依。对此您了解多少呢？请看大屏幕。

教师组织家长竞答。

小结： 通过刚刚几道问题，能够看出来家长们都非常关心、了解这方面的知识。经过调查，小学生上网的主要场所在家庭。我们的家庭是孩子的第一道保护屏障，也要成为引导他们正确使用网络的主阵地，这就对家长提出了更高的要求。因此，一个迫在眉睫的任务就是家庭与学校、社会共同构筑网络“防火墙”，助力孩子正确使用网络。

（3）问题思考。

教师：了解小学生网络使用现状后，我们首先要正确认识网络。这里有一些问题值得思考。

教师与家长开展提问互动。

①当听到孩子使用网络时，您首先想到的是好的方面还是坏的方面呢？

②您想到的坏的方面在孩子身上是真的已经发生了吗？

③面对孩子长时间使用网络，尤其是手机，您是什么样的心情？

④如果没有网络，是不是您的焦虑就消失了？

小结：面对孩子长时间上网，家长容易担心、焦虑甚至暴躁，像摔手机、砸电脑更不在少数。这样能解决根本问题吗？当然不能！因此，家长要控制情绪，掌握方法，正面引导孩子。

（4）看到本质。

教师：刚刚通过对几个问题的认真思考，我们可以认识到，首先，网络是一把“双刃剑”。我们要客观全面地看待网络，不能全盘否定。其次，坏的方面不一定发生在自己孩子的身上，可能只是因为大人对不可完全掌握的事情存在恐惧，产生过度焦虑的情绪。当然，如果坏的事情真的发生在自己孩子的身上了，也不是突然出现的。我们要透过孩子的行为看到他的心理需求，找到内在的根本原因，才能真正地改变现状，有效地解决问题。

二、讲授过程

（1）故事聚焦。

教师：当局者迷，旁观者清。现在我们组成一个小小观察团，听听《游戏少年——方小明》的故事，帮助小主人公的家长分析孩子出现这种情况的原因都有哪些，您可以简单地记录下来，一会儿我们一起来交流。

教师讲述《教程》第 44~45 页“三、故事聚焦《游戏少年——方小明》”。

（2）剖析根源。

教师：不难发现，小明成为网瘾少年的主要原因一方面来自小明的家庭，另一方面来自小明自身。

教师讲述《教程》第 45~46 页“四、剖析根源”。

（3）指导策略。

教师：刚刚我们剖析了孩子网络成瘾的主要原因，那在生活中，又可以通过哪些实用、有效的方法，能引导孩子自觉抵御虚拟世界诱惑，回归现实，享受生活呢？

教师讲述《教程》第 47~48 页“五、指导策略”

小结：总之，在面对孩子使用网络时，家长要把握：多学习、多观察、多分析、多沟通、多帮助、少唠叨、少指责的总体原则。

（4）实践思考。

教师：不知不觉和家长们聊了这么久，不知道大家是不是掌握了这些方法。现在我们来检验一下。作为家长，我们应该怎样引导孩子正确使用网络？咱们刚刚说了四方面内容，您对哪方面感触最深，可以谈一谈吗？

教师讲述《教程》第 48 页“六、实践思考（一）思考题”。

提问：这些方法大家都了解了，下面有一个问卷调查结果，请家长考虑一下应该如何避免孩子沉迷网络？

教师讲述《教程》第 48 页“六、实践思考（二）情境题”。

小结：从知道、理解到运用，是一个循序渐进的过程。在面对实际问题时我们能不能出谋划策，真正地解决问题呢？一起听听这个故事吧。

教师讲述《教程》第 48~49 页“六、实践思考（三）案例分析题”。

（5）智慧分享。

教师：在这里，有两本书想推荐给大家，一本是《白话网络安全》，另一本是《小学生新百科漫画 4：让网络成为好老师》。国家网络安全宣传周期间还推出了不少优秀的未成年人网络安全动画作品，共青团中央视频号也专门推出了 “青少年网络素养公开课”，这些资源贴近孩子认知，推荐家长朋友和孩子一起学习，共同成长。

三、讲授总结

教师：平时，家长可以从科学的角度，帮助孩子解决“上网”的困惑，使网络成为他们学习生活的助推器，而不是成长的拦路虎。

在这里建议家长多多关注家庭教育，及时修正自己的育儿观念，做一名智慧家长，做一位学习型家长。让我们的家长好好学习，孩子天天向上。

附：本课资料包下载

品德培养

打造家庭舒适圈——引导孩子用尊重的态度与父母对话（教案）

授课学段：小学四年级
授课名称：品德培养
打造家庭舒适圈——引导孩子用尊重的态度与父母对话
授课单位：天津市南开区五马路小学
授课教师：唐世纪　刘月月
指导教师：田艳

教育目标

（1）帮助家长形成尊重孩子的意识，从而培养孩子尊重父母的意识。

（2）帮助家长和孩子增进对彼此的了解，将尊重父母的行为传授给孩子。

（3）帮助家长培养孩子的责任心，将“尊重”的观念植入孩子心中，培养孩子的家庭责任感。

学情分析

在现实生活中，部分家庭存在对孩子思想品德教育的意识不充分、缺乏有效的引导方式、家庭角色关系失衡错位等问题。孩子对父母也存在了解不足、关心较少，缺乏对父母的理解与尊重的问题。虽然小学四年级学生的自主意识逐渐提升，但与其自主行为能力却往往不相匹配，与父母的沟通方式开始表现为“顶撞”“任性”“逆反”“胆怯”等。由于亲子之间缺乏适当的沟通方式，孩子与尊重父母的言行渐行渐远。

重点难点

（1）重点：帮助家长形成尊重孩子的意识，从而培养孩子尊重父母的意识，让孩子养成尊重父母的行为习惯。

（2）难点：帮助家长和孩子增进对彼此的了解，进行有效的沟通，从而培养孩子的责任心，将“尊重”植入孩子心中，提高其家庭责任感。

教具准备

教学课件（见资料包），问卷、便利贴。

课时安排

1 小时。

教育过程

一、讲授铺垫

教师致欢迎辞，并介绍至孝亭（注：至孝亭是四川省重点文物），引导家长认识亭子里的 24 座孝子塑像。

教师：在至孝亭里，供奉的就是被后人认同的 24 位孝子。这些孝子的孝道行为感人肺腑，影响深远，他们成为后人学习的榜样。尊重父母就是行孝道。各位家长，您觉得您的孩子在这方面做得怎么样？

二、讲授过程

1. 交流案例

（1）家庭小调查。

教师通过课件展示孩子不尊重父母的几种言行，并请家长分享经历。

教师：从几位家长分享的经历中可以看出，有的孩子常常有“不尊重父母”的表现。您或许会感到困惑、迷茫、不解：“我对孩子可以说是‘鞠躬尽瘁’了，事无巨细地为他们操心，费尽心思地给他们创造良好的生活环境和学习环境，怎么孩子反而越来越不尊重我了呢？”

（2）观看《无微不至的妈妈》的视频（视频见课件）。

教师讲述《教程》第 53 页“三、故事聚焦《无微不至的妈妈》”。

教师：故事中的妈妈，是一位“无微不至”的妈妈。在生活中，您对孩子的“无微不至”“事无巨细”“事事代劳”，有时是细心呵护，可有时却会将孩子引入“歧途”。正如故事中的小杨妈妈所说：“我的错，孩子都是自己养大的。他现在的样子，也是我们家长的纵容造成的。”小杨妈妈哪里做得不够好呢？

教师组织家长讨论分享。

小结：如今，许多家长对孩子的事大包大揽，使得孩子以自我为中心，不仅缺乏生活常识与技能，更缺乏应有的劳动意识和责任意识。他们会习惯性地接受父母的付出，认为父母为自己所做的一切都是理所当然的，甚至有时会忽视父母的好心，认为父母所做的一切都是多余的。因此，当父母在指责孩子“什么都不会做”时，孩子在这种不愉快的刺激下，说出“我又没让你做”“你从来没有告诉过我”“这不是我的错”等话语，可能是他真的不明白家长的需求和要求。

（3）听听小杨的心声。

教师：其实，不尊重的行为就如同一面镜子，父母与孩子双方都有一定的责任。请家长们来听一听小杨的心声吧。

教师播放课件中小杨的心声。

教师：其他孩子也和小杨一样，我给大家播放一下他们想对你们说的话。

教师播放课件中孩子们说的话。

小结：看来，在是否相互尊重的问题上，不仅家长有困惑，孩子也有不少困惑。

2. 剖析根源

（1）家长结合《教程》（家长用书）第 55 页“解读明理”部分及第 59 页“践行作业”部分第二题“情境题”开展互动交流，共同剖析原因。

教师讲述《教程》第 54~55 页“四、剖析根源”和第 57 页“六、实践思考（二）情境题”。同时播放课件公益视频《暴力语言会变成凶器》。

教师：视频看完了，我看到一些家长已经低下了头。如果您是视频中的孩子，您会有什么感受？

教师组织家长交流。

小结：我们在责备孩子没有尊重家长的同时，可以想一想，作为家长的我们，有没有尊重孩子。我们是不是也像视频中的家长那样，以爱之名，把个人的意志强加给孩子？出现矛盾时，第一时间总是先抱怨孩子的不是，从未考虑过自身的问题，从未考虑过自己是否曾教育过孩子该如何去做。一些伤害的言语如同利箭，会伤了孩子的心，更会给孩子形成负面引导。当你的语气很生硬的时候，孩子的感受就是不舒服。当我们遇到类似情况时，我们的第一反应是反击。其实孩子也是一样的，如果沟通偏离了我们原来的初衷，最后只能两败俱伤，而问题却没有得到解决。

（2）请家长完成问卷《我与我的孩子》（问卷见课件）。

家长根据结果交流、反思。

3. 指导对策

教师：作为父母，“身教”远比“言传”重要得多。在引导孩子尊重父母之前，您足够了解和尊重自己的孩子吗？

教师下发亲子关系家长版调查问卷，请家长按实际情况认真填写（家长版问卷见课件）。

家长填写完成后，再下发事先让孩子们填写好的学生版调查问卷。将学生版调查问卷作为“标准答案”，请家长给自己打分。

小结：您对孩子足够了解吗？您知道他的喜好需求吗？在孩子的心目中，父母尊重自己吗？如果您都不了解自己孩子的需求、不够尊重自己的孩子，又何谈引导孩子尊重您呢？因此，在学习引导孩子尊重父母的方法之前，我们应先明确：家长要先了解与尊重孩子。孩子只有十来岁，他们的“三观”还没有完全形成，心智也还不够成熟，很多时候不会应用最恰当的方式去看待和解决问题。可父母都是心智成熟的中年人，有能力以身作则，给孩子树立一个榜样，给予孩子正向的刺激与引导，以“身教”代替“言传”，让孩子意识到父母是关心自己、了解自己、尊重自己的，这样才能让孩子打开心扉，以同样正向的言行面对父母。

教师：请家长结合《教程》（家长用书）第 56~57 面“招法指导”部分及第 59 页“践行作业（一）思考题”、第 60 页“践行作业（三）案例分析题”继续讨论交流其他可行的对策。

教师讲述《教程》第 55~56 页“五、指导策略”；第 57 页“六、实践思考（一）思考题”；第 57~8 页“六、实践思考（三）案例分析题”，并择机播放《洗脚》公益广告，引导家长开展讨论。

三、讲授总结

教师： 通过本次家庭教育小课堂的学习与交流，相信各位家长对于“如何引导孩子尊重父母”这个话题都已经有了自己的见解和相应的对策。活动后，您可以继续阅读《教程》中为我们推荐的相关书目，还可以与孩子一起完成“双休日家庭劳动”亲子活动。希望通过家长的正确引导和教育，您的孩子可以将“尊重”根植于心中，牢记尊重的力量，与您一同营造温馨、幸福的家庭氛围。

教师给家长提供《教程》第 58 页“六、实践思考（四）亲子实践活动”；第 58~59 页“七、智慧分享”。

教师： 最后，让我们也给孩子留下一些心里话吧！

教师下发便利贴。家长分享收获，书写“心愿单”（给孩子的留言）。写完后，贴在孩子书桌上。

附：本课资料包下载

悦纳自我

做独一无二的自己——引导孩子正确、全面认识自己（教案）

授课学段：小学五年级
授课名称：悦纳自我
　　　　　做独一无二的自己——引导孩子正确、全面认识自己
授课单位：天津市东丽区振华里小学
授课教师：周金艳
指导教师：陈唱

教育目标

（1）帮助家长引导孩子认识到悦纳自我的重要性，能够正视自己人格中的积极方面。

（2）帮助家长引导孩子全面认识自己，客观进行自我评价，合理看待与应对他人的评价。

（3）帮助家长引导孩子发现自身的优势和需要提升的方面，增强自信，体验到自我价值感。

学情分析

“我是谁？”这是哲学史上亘古不变的难题。但对孩子来说这个世界却很简单，他们不会去思考“自我”的更深内涵，但是会去思考“我是什么样的”“我好不好”等。

一个人在看清自己的优点与不足，即认识自我之后，就要接纳自己，主要表现在三个方面：接纳自己的身体，接纳自己的外部行为，接纳自己的内在品质。

小学阶段的孩子在发展中的一个首要任务就是寻找并建立恰当的自我认同感。他们会反复比较别人的评价与自我评价有何不同，尤其重视同龄伙伴的认可与接受。所以他们需要在了解别人的看法的基础上进行自我调整，这样才能与他人融洽相处，也才能获得安全感与自信。

孩子经常问这样的问题："别人喜欢我吗？""我做的这件事别人怎么看？""我能成为别人的好朋友吗？"在得到正向、积极的答案时，他会更加自信；但在得到负向、消极的答案时，则会烦恼、沮丧，甚至逆反、冲动。有的孩子缺乏人际交往经验且以自我为中心，常因不能全面了解自己而遇到各种问题；有的孩子不能合理看待别人的评价，忽略了对自我的尊重，不能正确了解自己。长期不能正视自我的心理需求并做出不恰当的道德发展判断，孩子就会产生内心冲突与矛盾，甚至出现心理困扰。片面、主观地看待和评价自己会让孩子无法正确认识自身的优点和不足，容易将某些问题放大或者对某些问题认识不足：对自己认知过高的孩子因为发现理想和现实有差距，容易产生消极的情绪和行为；而对自己认知太低的孩子容易不自信，失去目标，愈发消沉，产生自卑心理

《中小学心理健康教育指导纲要（2012 年修订）》中明确指出，小学高年级心理健康教育的主要内容包括：帮助学生正确认识自己的优缺点和兴趣爱好，在各种活动中悦纳自己

重点难点

（1）重点：帮助家长引导孩子认识到悦纳自我的重要性，能够正视自己人格中的积极方面。

（2）难点：帮助家长引导孩子发现自身的优势和需要提升的方面，增强自信，体验到自我价值感。

教具准备

教学课件（见资料包）。

课时安排

1 小时。

教育过程

一、讲授铺垫

教师：各位家长朋友们，大家好，欢迎您抽出宝贵时间来到家长课堂，我们一起探讨学校家庭教育。在这次面对面的交流中，希望能够给予各位家长一些帮助，建立科学的家庭教育理念。您的积极参与代表了您对孩子教育的重视，这是孩子的幸运，也是促进孩子健康快乐成长的有利条件。

我们的孩子经常问这样的问题："别人喜欢我吗？""我做的这件事别人怎么看？""我能成为别人的好朋友吗？"在得到正向、积极的答案时，他会更加自信；但在得到负向、消极的答案时，则会烦恼、沮丧，甚至逆反、冲动。面对这样的情形，作为家长的我们常常会感到迷茫。今天，我将通过发生在我们身边的故事，和大家一起探讨如何引导孩子正确、全面认识自己。

二、讲授过程

（1）故事聚焦，引发家长思考。

教师：各位家长，我想和大家讲一个身边发生的小故事，大家一起听听，如果和和是我们自己的孩子，在遇到这样的事时，作为家长您觉得应该怎样开导孩子呢？

教师讲述《教程》第63~65页"三、故事聚焦《我这三天》"。

提问：家长朋友们，故事分享后，有几个问题我想与您沟通。如果您是和和的家长，您会发现和和的异样吗？如果您知道了和和不高兴的原因，会怎样与孩子说？引导孩子怎么做？

教师组织家长讨论交流。

小结：通过交流，大家都说出了自己的想法。有的是鼓励孩子；有的是帮孩子分析自己失利的原因；还有的觉得这都不叫事，不用放在心上……大家的这些想法，听起来没问题，可是孩子听了会怎样呢？您从根本上帮助到孩子了吗？

（2）分析问题，和家长一起探索解决方法。

教师：对于故事聚焦《我这三天》，我们可以围绕"自我认知"这一主题进行解读。

教师讲述《教程》第 65~66 页“四、剖析根源”。

（3）引申概念，为家长助力。

教师：各位家长，在这里需要向家长介绍一个重要的概念——重要他人。

人类的社会性决定了个体不能脱离群体单独生活。个体时刻受到群体中他人的影响，尤其是生活当中那些对自己很重要的人，如父母、亲戚、老师、朋友……孩子在日常生活中接触到的最亲近的人便是孩子的重要他人。孩子对自己“好”或者“不好”的认识通常需要很久才能形成，在这种认识形成的过程中有很多因素在起作用，其中最重要的就是重要他人对他的评价。家长应该让孩子明白：对爸爸、妈妈来说，孩子是最珍贵的，每个人都有自己的特点，爸爸、妈妈不认为学习成绩不理想、参加比赛没有得奖的孩子就很差，因此没必要感到自卑。能够发现自己哪里做得不好，并积极主动去改变，这是树立积极自我意识、成为积极自我的重要环节。结合刚才和和的故事，我想大家可以这样尝试一下。

（4）结合实际，探析对策。

教师讲述《教程》第 66~68 页“五、指导策略”。

小结：希望以上几点对策能够帮助您引导孩子发现自己，全面认识自己，正确看待自己。

（5）设置情景，启发家长思维。

教师：各位家长，刚刚与大家一起总结出以上几条策略，下面我们就来实践一下。

教师讲述《教程》第 68 页“六、实践思考（一）思考题”。

要点：按照“六步法”去帮助孩子全面认识自己，找到自己的优点，帮助孩子逐步恢复自信。

教师：我们再来尝试一个情境题。

教师讲述《教程》第 68 页“六、实践思考（二）情景题”。

要点：小丁妈妈做法不对。家长教育孩子时应温柔而坚定，对事不对人。作为家长要正确看待“别人家的孩子”这样的问题，保护孩子的友谊，引导孩子向同学学习。

教师讲述《教程》第 68 页“六、实践思考（三）案例分析题”。

要点：使用鼓励、肯定的目光，引导孩子发现自己更多的优点，帮助孩子树立自信。具体话语如：“妮妮你本来就很漂亮，妈妈爸爸觉得你昂首挺胸自信的样子更加吸引人，我们一起来找一找你还有哪些优点……”

教师：各位家长，今天我主要和大家一起讨论了“正确、全面认识及悦纳自己”这个家庭教育的话题。

每个家庭的孩子都有各自不同的特点，他们都是独一无二的。孩子要正确认识自己、悦纳自己。作为家长的我们更应该认识、悦纳自己的孩子。这样才可以正确地引导孩子形成健康的、积极向上的、充满阳光的心态。

下面我将和大家分享一个亲子活动。

教师讲述《教程》第 69 页“六、实践思考（四）亲子实践活动”。

三、讲授总结

教师：通过本次家长课堂，我希望能够为家长开展家庭教育助力，为每个孩子的成长助力。最后我想以这段话结束我们的课程：孩子就是孩子，他们是不一样的烟火，为了他们能绽放出属于自己绚烂的花朵，我们一起努力！

再次感谢各位家长在百忙之中参与这次活动，我这里还有一些关于正确、全面认识自己的指导内容，我将通过资料包发送，也随时欢迎您与我沟通，希望我们能一起共助孩子成长。

教师给家长提供《教程》第 69~71 页“七、智慧分享”。

附：本课资料包下载

学会学习

我的学习我做主——激发孩子学习的内驱力（教案）

授课学段：小学五年级
授课名称：学会学习
我的学习我做主——激发孩子学习的内驱力
授课单位：天津师范大学第三附属小学
授课教师：王楚婧
指导教师：姚玉玲

教育目标

（1）使家长了解学习内驱力对学生自主学习的重要性。

（2）帮助家长唤醒孩子的学习意识，培养孩子正确的学习习惯，掌握指导孩子自主学习的方法。

（3）使家长乐于帮助学生培养良好的学习习惯。

学情分析

小学4—6年级学生已逐渐摆脱家长的帮扶，开始形成自主学习习惯。大部分同学可以养成良好的学习习惯，自主安排学习任务；但仍有少部分同学出现不爱学习、不会学习的情况。

有的家长意识不到自主学习的重要性，疏于对孩子学习习惯的培养；有的家长过度参与孩子的学习过程，造成孩子无法独立自主学习，形成依赖。

重点难点

（1）重点：学生学习内驱力不足的原因剖析及指导方法。

（2）难点：指导家长准确找到学生内驱力不足的原因，应用恰当的方法改进。

教具准备

教学课件（见资料包）。

课时安排

1 小时。

教育过程

一、讲授铺垫

教师：各位家长大家好。论语有言：“知之者不如好之者，好之者不如乐之者。”浓厚的学习兴趣、恰当的学习方法、良好的学习习惯，可以成就一个轻松高效的学习进程。这节课，我们就来讲讲，在家庭教育中，家长如何唤醒孩子的学习兴趣，帮助孩子养成良好的学习习惯，进行高效自主的学习，让学生乐于学习、善于学习、做学习的主人。

二、讲授过程

（1）初步认知“学习内驱力”的概念。

教师：今天我们学习的主题是“内驱力”，各位家长，您知道什么叫作“内驱力”吗?

内驱力是个体自我发展的内部动力，是相对于外驱力而言的。教育学家奥苏贝尔将内驱力分为三种，即认知内驱力、自我提高内驱力和附属内驱力。

教师讲述《教程》第 72 页“二、现状分析”第一段内容。

小结：孩子的内驱力越强，学习的主动性和积极性就越强，学习的效果也越好。学生的学习要由学生自己做主，首先要解决的就是增强学习内驱力的问题，实现从“要我学”到“我要学”的转变，从而保持学习热情，释放学习潜能。

（2）故事聚焦，分享案例。

教师：各位家长，我想和大家分享一个案例，大家来听听，这位家长在教育孩子的过程中，哪些行为不可取?

教师讲述《教程》第 73~74 页“三、故事聚焦《当一名游戏设计师也是梦》”第一段内容。

小结：家长朋友们，案例分享后，有 2 个问题我想与您共同交流：在本案例中，小刚妈妈的哪些做法是不可取的？您认为应该怎样帮助小刚找到学习的动力呢？

教师引导家长交流发言。

教师：通过这个案例，家长可能会发现小刚妈妈的行为有以下不当之处。

①夺走孩子的手机、冲孩子喊叫，这是家长在宣泄自己的不良情绪，并以不平等的态度与孩子对话，没有做到先倾听。

②拿小刚与别人家的孩子做比较，会伤害小刚的自尊心，产生逆反或自卑心理。

③小刚妈妈自己平时常刷手机，在无形中影响了小刚。

教师引导家长各抒己见，谈谈自己可以如何帮助小刚找到学习的动力。顺势引出案例后来的发展。

教师：接下来我们继续看看，故事的后来发生了什么样的转变。

教师讲述《教程》第 73 页“三、故事聚焦《当一名游戏设计师也是梦》”第二、三、四段内容。

教师：家长不同的做法可以导致孩子不同的发展方向。故事中的小刚妈妈主动寻求老师的帮助，从孩子的兴趣角度出发，认可了孩子的兴趣爱好，尊重了孩子的人格，就获得了与孩子平等对话的机会。在此基础上，妈妈和老师帮助孩子制定了可行的学习目标和计划，并对小刚加以鼓励，使小刚的学习动力越来越强。因此，家长要在尊重孩子的基础上，先发现问题的根源，再实施恰当的方法。

（3）内驱力不足的根源剖析。

教师：把问题的根源找到，才能更好地帮助孩子增强学习内驱力。接下来，我们从认知内驱力、自我提高内驱力、附属内驱力三个方面，来剖析一下孩子学习内驱力不足的原因。

①学习压力增大，认知内驱力减退。

②学习目标不明确，缺少自我提高内驱力。

③批评多赞美少，附属内驱力弱化。

教师讲述《教程》第 74~75 页“四、剖析根源”。

小结：每个孩子的性格不同，每个家庭的环境不同，造成内驱力不足的原因就不同。希望各位家长能够从以上三个方面入手，准确剖析孩子学习内驱力不足的原因。

（4）增强学生内驱力的指导策略。

教师：找到了内驱力不足的原因，我们就可以有针对性地帮助孩子增强学习内驱力。下面我就向家长们介绍几种有效的方法。

①帮助孩子制定学习目标与计划。

②广泛体验，丰富孩子的学习生活。

③注重“话术”，激发孩子的学习热情。

④注重学习习惯的培养和学习方法的指引。

教师讲述《教程》第75页“五、指导策略”。

小结：希望以上几种方法可以为各位家长带来启发，在实践中去不断总结、优化出更适合自己孩子的措施和方法。

（5）实践思考。

教师：通过刚才的学习，相信家长已经渐渐找到了解决困惑的方法。下面我们进入这样一个情境，帮助甜甜妈妈解决她遇到的难题。

教师讲述《教程》第76页“六、实践思考（二）情境题”。

提问：哪位家长说说，面对这种情况，家长应该怎么办呢？

小结：甜甜这种状况其实就是典型的厌学情绪，厌学与成绩好坏无关。首先，家长应该平等地和孩子进行沟通，找到孩子厌学的根源，想办法解决。其次，家长要帮助孩子明确学习的意义，学习是为了自己。家长可以通过讲名人故事、英雄故事，引导孩子们树立远大志向。最后，家长还要创设相对轻松自由的生活和学习环境，在孩子遇到困难时及时给予帮助，但是不要包办和代劳。

教师：很多家长反映自家孩子做什么事情都慢，尤其是写作业更是慢吞吞的，让人着急，这该怎么办呢？哪位家长来分享一下您的看法。

教师讲述《教程》第77页“六、实践思考（三）案例分析题”。

教师：孩子写作业慢需要引起我们的重视，否则，长此以往孩子会养成拖延应付的坏习惯。

①有的孩子慢是因为学习基础差，作业难度大。这需要我们合理确定对孩子的期待，结合老师的建议，制定分层作业，降低难度，提高孩子的学习兴趣。

②有的孩子慢是缺乏时间观念，做事没有条理。我们可以帮助孩子制定时间表和每日任务清单，让孩子合理安排好时间，还可以使用番茄钟、计时

器等辅助工具，提高孩子快速完成作业的积极性。

③有的孩子写作业慢是因为注意力不集中。我们要把对孩子学习环境的干扰降到最低，大人减少走动，在孩子的书桌和视线范围内，保持整洁，不放学习用品之外的东西。此外还可以进行有针对性的注意力训练。

④还有的孩子是故意放慢速度。原因是孩子除了完成学校老师布置的任务外，还要额外完成家长留的作业，写得快的结果是得到更多的作业，所以有些孩子就故意磨蹭到睡觉时间，时间一长就会养成拖延的坏习惯，不利于孩子长远的发展。

教师：前面我们一起进行了理论的学习和案例的讨论。接下来我想为各位家长介绍一个亲子实践活动——家长和孩子共同制订弹性作息表。将放学后到睡觉前的时间进行条块分析，让孩子树立时间观念，在按时完成的基础上，增加自主安排时间。今天晚上，不妨和孩子一起试着做一做。

教师讲述《教程》第 78 页“六、实践思考（四）亲子实践活动”。

三、讲授总结

教师：各位家长，通过本次交流，我们了解了学习内驱力的概念和重要性；对学习内驱力不足的原因进行了分析，并介绍了增强学习内驱力的几种方法。但孩子的个性不同，家庭氛围也存在差异，如何“对症下药”，还需要家长多多用心观察孩子、陪伴孩子、了解孩子，最后才是教育孩子。

感谢大家在百忙之中参与这次活动，我这里还有一些关于提升学习内驱力的学习资料、推荐书目以及家庭亲子游戏的指导内容，我将通过资料包发送，如果您在以后的实践中有任何疑惑也许从这里能找到答案，也随时欢迎您与我沟通，希望我们能一起共助孩子成长。

教师给家长提供《教程》第 78~80 页“七、智慧分享”。

附：本课资料包下载

抵制欺凌

让阳光照射到校园的每个角落——抵制校园欺凌，护航孩子成长（教案）

授课学段：小学五年级
授课名称：抵制欺凌
　　　　　让阳光照射到校园的每个角落——抵制校园欺凌，护航孩子成长
授课单位：天津市北辰区宜兴埠第三小学
授课教师：芦沫含
指导教师：张健

教育目标

（1）帮助家长教会孩子识别欺凌行为，并认识其危害性。

（2）帮助家长引导孩子学会说“不”，掌握如何应对欺凌行为。

（3）帮助家长提升孩子的自我保护意识，将自我保护的观念深植于孩子的心中。

学情分析

处于此学段的部分学生家长对孩子身心发展的认知存在一定误区。他们不能完全意识到孩子身心发展正处在由依赖趋向独立的半幼稚、半成熟交错的矛盾时期，总觉得自己孩子年龄小，思想很单纯，将很多欺凌行为认知为孩子之间的打闹，并不重视。部分家长虽能意识到“欺凌”，但不能掌握正确的解决方法，通过直接介入或者鼓励孩子回击报复，会导致问题扩大化，并不能真正帮助到孩子。

重点难点

（1）重点：帮助家长引导孩子学会说“不”，掌握如何应对欺凌行为的方法。

（2）难点：帮助家长提升孩子的自我保护意识，将自我保护的观念深植于孩子的心中。

教具准备

教学课件、欺凌视频（见资料包）。

课时安排

1小时。

教育过程

一、讲授铺垫

教师：各位家长，在今天的家长课堂开始前，我想进行一个小采访：每天孩子放学回家后，您和孩子沟通吗？沟通什么？

每天孩子回家后您要关注孩子的情绪，和孩子聊一聊在校的生活情况，比如：伙伴之间发生了什么？其他同学之间发什么了？等等。因为这个年龄段的孩子情绪容易外露，我们很容易抓住一些苗头，从而防止在孩子身上发生一些不良事件，让孩子能够健康成长。

二、讲授过程

（1）走进欺凌，引起关注。

教师以课件形式出示相关校园欺凌事件的调查数据，播放社会上曝出的欺凌事件的视频。

教师：各位家长，从调查数据来看，孩子间的欺凌事件并非少见，而视频中出现的场景，我相信大家看着也很痛心。校园欺凌的可怕之处在于欺凌者是孩子，被欺凌者也是孩子。对欺凌者，过早染指不良恶习，日后的成长令人担忧。对被欺凌者，这样的经历无疑是一场梦魇，很可能留下永久伤痕。为杜绝这样的事件发生在我们的孩子身上，需要家庭、学校、社会三方共同的努力，其中家庭教育又尤为关键。

（2）识别欺凌，认识危害性。

教师：作为家长，我们要先来了解什么欺凌。

教师介绍欺凌的定义。

小结：将欺凌写入法律，体现了国家对欺凌事件的重视。欺凌事件的发生对孩子的身心发展都会产生消极影响。

教师介绍校园欺凌的危害，并讲述《教程》第 81 页“二、现状分析”。

教师：作为家长，我们有责任帮助孩子抵制校园欺凌，既不能让孩子做欺凌者，更要教会孩子正确面对欺凌，在欺凌面前说“不”。

（3）故事聚焦，剖析根源。

①案例导入，引发家长思考。

教师：各位家长，我想和大家分享一个案例。您的孩子遇到过案例中类似的情况吗？为什么孩子身上会出现欺凌行为？被欺凌的孩子又该如何解决欺凌问题？

教师讲述《教程》第 81~82 页“三、故事聚焦《神秘的百元现金》”。

提问：家长朋友们，案例分享后，我想就几个问题与您沟通：为什么佳璐不敢告诉家长和老师？为什么瀚祥会出现这种欺凌行为？如果您是案例中孩子的家长，您如何解决这个事情？

②根源剖析，教师解释造成欺凌问题的主要原因。

教师：各位家长，故事中的瀚祥并非初犯，佳璐遇到的问题也绝非一朝一夕能解决。欺凌行为产生的原因是多方面的，有孩子自身的原因，也和家庭教育缺失分不开，不良社会风气和部分学校教育缺位也有一定责任。

教师讲述《教程》第 83~85 页“四、剖析根源”。

（4）提供指导，抵制欺凌。

教师：各位家长，欺凌不是“过分的玩笑”。在预防欺凌事件中，家庭的力量至关重要。我们在日常生活中可以从三个方面入手，引导孩子树立正确的观念，真正为孩子的健康成长保驾护航。

教师讲述《教程》第 85~86 页“五、指导策略”。

小结：希望分享的几点策略能够帮助您引导孩子面对欺凌时学会说“不”，教会孩子如何应对欺凌，提升孩子的自我保护意识，将自我保护的观念深植于孩子的心中。

（5）思考实践，感悟收获。

教师：各位家长，现在我们一起通过几道题目来检验本节课的收获。请你们思考：什么学生中会发生欺凌行为？欺凌行为的危害有哪些？

教师讲述《教程》第 86 页“六、实践思考（一）思考题”。

教师：各位家长，前面我们分享了造成欺凌问题的主要原因。现在我们有一道情景分析，请您分析杨虎不良行为习惯的成因是什么。

教师讲述《教程》第 86~87 页“六、实践思考（二）情景题”。

教师：各位家长，杨虎这种行为的原因主要来源于家庭教育的缺失，而现有学校制度又缺乏有效的教育惩戒手段。各位家长千万不要以工作繁忙为由而忽视对孩子的教育和保护，因为您对孩子童年的忽视可能会影响孩子的一生。

下面，我们再来听听另一个案例。

教师讲述《教程》第 87 页“六、实践思考（三）案例分析题”。

教师：大家说的方法都很好。家长在日常生活中要多留意关注孩子的变化，教孩子表达自我保护的权利和意愿，培养孩子自我保护的能力。家长也要学会和孩子共情，接纳孩子本能的反应，和孩子建立沟通渠道和信任关系。

三、讲授总结

教师：各位家长，校园理应是最阳光、最安全的地方，而欺凌行为仿佛是躲在阴暗角落里蓄势待发的“黑手”。让我们家校携手，帮助我们的孩子坚决抵制欺凌，还校园一方净土，为孩子的身心健康成长保驾护航。

非常感谢大家在百忙之中参与这次活动，我这里还有一些关于抵制欺凌的指导内容，我将通过资料包发送，如果您在以后的实践中有任何疑惑，也许从这里能找到答案。也随时欢迎您与我沟通，希望我们能一起共助孩子健康成长。

教师给家长提供《教程》第 88~90 页“七、智慧分享”。

附：本课资料包下载

青春前期

初探青春小秘密——别让性教育缺席（教案）

授课学段：小学五年级
授课名称：青春前期
初探青春小秘密——别让性教育缺席
授课单位：天津市西青区逸阳文思学校
授课教师：孙正
指导教师：李丽　邱菁

教育目标

（1）引导家长正确理解孩子青春前期性教育的含义和重要性。

（2）为家长提供对孩子进行性教育的行之有效的技能方法。

（3）指导家长敢于给孩子拓展性知识，教育孩子学会保护自己。

学情分析

中国青少年人口数量庞大。如今孩子发育快，自然会对自己身体和心理的变化产生疑问和好奇。中国的父母不好意思说“性”，很多父母认为对小学阶段的孩子说关于性的知识是羞耻的，孩子成长到一定的年龄，自然就能理解了。但父母对性的回避态度可能影响孩子一生的健康和平安。如今绝大多数家长对性教育持积极态度，认同其重要性，但也存在一些顾虑，对具体的指导方法比较迷茫，或是对该话题感到难以启齿。

重点难点

（1）重点：帮助家长掌握性教育的要点与相关技能。

（2）难点：使家长认识到普及性教育的重要性和意义，破除家长的顾虑与心理障碍，使家长敢于给孩子拓展性知识。

教具准备

教学课件、视频《引人深思的性教育短片》（见资料包），推荐资料纸质版。

课时安排

1 小时。

教育过程

一、讲授铺垫

教师在课前向家长发放推荐资料纸质版。播放《引人深思的性教育短片》。

教师：相信看了刚才的短片，大家的心情都有些沉重。片中女孩的遭遇令人痛心，但其妈妈的每个处理方法都非常正确，这提示我们加强对孩子性教育和防范性侵害的重要性。

二、讲授过程

（1）提出问题。

教师引导家长讨论：您觉得什么是性教育？如果您对孩子进行性教育，您会跟孩子说哪些方面的内容呢？

（2）介绍性教育含义。

教师：性教育是一个非常广的概念，它包含生理、心理、社会等多个层面，在英文中会用“Sexuality”这个词来称呼“性教育”中的“性”，而不是纯粹指生理的“性”（Sex）。

①《国际性教育技术指导纲要》指出，性是人类生活的一项基本内容，具有生理、心理、精神、社会、经济、政治和文化等多层面的意义。

②从生理角度、社会层面、法律层面介绍性教育的意义。

教师讲述《教程》第 91~92 页“二、现状分析”。

（3）故事聚焦，剖析根源。

教师讲述《教程》第 92~92 页“三、故事聚焦《好奇的代价》”。

思考：如果您是玲玲的父母，您打算怎样去处理这件事呢？（教学课件中隐去玲玲父母的做法和结果。）

教师向家长提出如下问题。

①如果您是玲玲的家长，您打算以什么样的态度跟女儿谈谈这件事呢？

②您打算跟玲玲说点什么呢？

③除了跟玲玲谈话以外，您还能想到什么办法能够避免这类的事情再次发生呢？

教师：其实，玲玲的父母也和大家一样，有爱心、有耐心，认真谨慎又妥善地解决了这个问题。大家请看故事的结局。（在教学课件中呈现故事的后一半内容。）

教师组织家长分组讨论：玲玲为什么会加入群组，甚至付费观看视频呢？同时讲述《教程》第 93~94 页“四、剖析根源”。

总结：“性”不是无师自通的，不要让不良信息代替家长成为孩子的第一任性教育导师，要适时培养青少年辨别和批判媒体中的性信息的能力。

（4）结合实际，探析对策。

教师：父母要正确看待对孩子的性教育。作为家长，我们在对孩子进行性教育时，要讲什么，要怎样讲，怎样才能讲呢？

教师讲述《教程》第 94~96 页“五、指导策略（一）家长要正确看待对孩子的性教育”。

教师：下面我们进行一个脱敏训练。我有几个问题要采访家长。

①在座的家长，您是否为孩子科学普及过生殖器官的名称？

情况一：您的孩子是男孩还是女孩呢？

您都对孩子讲了哪些方面的知识呢？

您可真了不起，我代表许多家长问您一下，您是如何克服心里的障碍与孩子讨论生殖器官的呢？

情况二：我可以猜到大家为什么没有举手，毕竟在中国的社会文化传统中，说出生殖器官的科学名称还是有很大的心理障碍的。

②不妨试试下面的做法。您先锻炼自己，直至自然地、不脸红地说出“阴茎”“阴道”，再跟您的配偶说出“阴茎”“阴道”，也让您的配偶跟您说出这两个词，直到您二位都不感到脸红、不好意思为止。

开始时，可能双方声音都比较小，慢慢地把声音放大，直到能够大声、自如地说出为止。

夫妻之间的练习通过后，您可以再找到您的同事或朋友，最好你们都有要跟孩子谈性的同样需求，一起重复上面的练习，直到大家都能顺利、自然地说出这些词。

③同性家长之间，或教师与家长之间用“月经”“阴茎”“阴道”等词进行模拟训练。（该环节可视家长情况及授课氛围弹性开展。）

教师：家长要关注孩子的每一点变化、把控孩子接触的读物和电子产品。

教师讲述《教程》第 95 页“五、指导策略（二）家长要关注孩子的每一点变化”“（三）家长要把控孩子接触的读物和电子产品”。

（5）实践思考，学以致用。

教师讲述《教程》第 96 页“六、实践思考（一）思考题”。

教师：各位家长可以将自己的观点、想法甚至是实际经验写在给大家提供的推荐资料纸张的背面。下面请几位家长与大家分享。

教师讲述《教程》第 96~97 页“六、实践思考（二）情境题”。

教师：结合刚刚介绍的这个案例，我们来看看在座的家长持什么样的观点。

①赞同小陈父母处理方式的请家长举手。

②不赞同小陈父母处理方式的家长请举手。

请家长说说不赞同理由。

那如果是您，您会怎样处理这件事呢？

教师讲述《教程》第 96~97 页“六、实践思考（二）情境题【参考答案】”。

教师：如果孩子告诉您，他被性侵害了，一定要坚定地相信孩子，通常孩子不会在这类事情上编造谎言。

教师通过教学课件展示性侵害概念。

教师：就像本节课开始前短片中母亲所做的，在听孩子讲述时，父母要保持情绪平静，给孩子安全感。如果发现孩子受到性侵害的情节严重，应该尽快报警，保留证据，通过司法途径解决。这不仅是保护您的孩子，也是保护更多的孩子。

教师讲述《教程》第 97 页“六、实践思考（三）案例分析题”。

教师：请家长们思考一下，我们可以采取哪些措施为孩子的健康成长保驾护航呢？您的孩子是男孩还是女孩呢？您想到哪些可以保护孩子的举措，请您分享给大家。

教师在教学课件中提供参考答案。

教师： 家长也可以通过亲子实践活动主动开展性教育。

教师讲述《教程》第 97 页“六、实践思考（四）亲子实践活动”。

三、讲授总结

教师： 其实生活中处处是性教育的课堂，时时有性教育的契机。因为每个孩子在成长过程中都会对自己的身体、异性的身体、成长发育提出疑问。当出现合适的机会时，比如换衣服、洗澡等时候，家长要抓住机会给孩子讲述身体器官的名称与作用。

总结： 希望家长今后能结合孩子的年龄特点和发展情况，和孩子展开积极的交流，帮助孩子掌握正确的性知识，学会有效地保护自己，成为一个具有平等、尊重、包容和乐观等积极品质的孩子，快乐成长。

教师给家长提供《教程》第 97~99 页“七、智慧分享”。

附：本课资料包下载

集体观念

万人鼓掌声震天——引导孩子发现集体的力量（教案）

授课学段：小学五年级
授课名称：集体观念
万人鼓掌声震天——引导孩子发现集体的力量
授课单位：天津市蓟州区山倾城小学
授课教师：李美芳　白文远
指导教师：王淑学　刘兆杰

教育目标

（1）使家长认识到集体的力量在孩子成长中的重要性。

（2）帮助家长指导孩子掌握自觉融入集体的方法。

（3）帮助家长提升孩子为集体作贡献的意识，从小树立集体观念。

学情分析

现在的学生在待人接物和集体活动中，常常表现出只知自己、不知他人，只知被爱、不知爱人；符合自己意愿时高高兴兴，不合自己意愿时大发雷霆。学校是微型的社会环境，学生在这里活动的时间最长，受教育的时间最长，学生间交往频率最高，离开了集体，学生的学习、生活、发展，那是难以想象的。学校是满足学生积极心理需求的最佳场所，是促进学生主动发展的沃土和摇篮。

重点难点

（1）重点：指导家长教会孩子学会团结、学会与他人合作。

（2）难点：帮助家长提升孩子为集体作贡献的意识，从小树立集体观念。

教具准备

教学课件（见资料包）。

课时安排

1 小时。

教育过程

一、讲授铺垫

教师：各位家长，大家好，首先欢迎您抽出宝贵时间来参加我们的家长会。您的积极参与代表了您对孩子教育的重视，这是孩子的幸运，也是孩子健康快乐成长的有利条件。

每个学生来自不同的地方、不同的家庭；每个学生的性格都是不同的，在集体里也会有不同的表现。学校是微型的社会环境，是满足学生积极心理需求的最佳场所，是促进学生主动发展的沃土和摇篮。学生在这里活动的时间最长，受教育的时间最长，学生间交往频率最高，离开了集体，学生的学习、生活、发展，那是难以想象的。今天，我将通过案例、谈话、亲子活动等环节为您提供帮助孩子树立集体意识的新思路。

二、讲授过程

（1）案例导入，引发家长思考。

教师：各位家长，我想和大家分享一个案例，大家一起听听，如果您是孙小伟“妈妈”，您会怎么做？

教师讲述《教程》第 101~102 页“三、故事聚焦《集体的力量》”。

提问：家长朋友们，案例分享后，有几个问题我想与您沟通了解。孙小伟是怎样融入班集体的？班里的同学和老师是怎样帮助他的？如果您是孙小伟妈妈，您会选择怎样的方式鼓励他？家长们可以自由讨论一下。

小结：通过这个案例，各位家长都认为是集体的力量帮助孙小伟建立了自信，磨炼了意志，使他勇敢地面对学习和生活中的压力，战胜自我，战胜困难。家长们要关注孩子集体观念的培养，一个人如果离开了集体，那么他的学习、生活、发展将是难以想象的。

（2）分析问题，和家长一起探索解决方法。

教师：通过上述案例，您有哪些困惑？在孩子的成长中您有什么好办法？可以和大家讨论交流。

教师讲述《教程》第 102~103 页“四、剖析根源”。

（3）简述集体观念教育的意义和现状。

教师：《中小学德育工作指南》指出：“制定班级民主管理制度，形成学生自我教育、民主管理的班级管理模式。”著名教育家陶行知提出集体生活是全盘教育的基础，认为集体生活可以激发个人发展的巨大潜能。个人应该对集体有责任感、荣誉感和自豪感，以集体利益为重，用集体规范指导自己的行为，站在集体的角度思考问题、处理问题，逐步树立全局观念、整体观念。

教师讲述《教程》第 100~101 页“二、现状分析”。

小结：家长可以通过多种方式，向孩子传递正能量，教育孩子知道“集体力量大”的道理。孩子只有将自己融入集体，困难的时候才有人帮，快乐的事情才有人分享，知心的话才有人倾听，悲伤的眼泪才有人陪你流。结合刚才孙小伟的故事，我想给大家提供几点新思路。下面我们重点聊一聊指导策略。

（4）结合实际，探析对策。

教师讲述《教程》第 103~104 页“五、指导策略”。

教师：希望以上几点对策能够帮助您更清晰地了解怎样帮助孩子树立集体主义观念。总的来说，选择从孩子的角度去思考，真正地进入孩子的思想世界，引导孩子从小树立大局意识。

（5）设置情景，启发家长思维。

①思考题。

教师：各位家长，前面我们分享了许多帮助孩子树立集体意识的理论和方法，您认为帮助孩子融入集体的方法有哪些？

教师讲述《教程》第 104 页“六、实践思考（一）思考题”。

②情境题。

教师：班内准备召开以端午节为主题的班会，家长和孩子需要协商做哪些准备，以什么方式参与活动。这个活动，家长要让孩子在亲身体验中思考如何融入集体。

教师讲述《教程》第 104~105 页“六、实践思考（二）情境题”。

小结：对孩子来说，培养集体主义意识的方法有很多：可以通过身边典型事例教育孩子热爱集体，为集体作贡献；对班集体的事情多支持；鼓励孩子积极参与集体活动；教育孩子树立正确的人际关系等。

③案例分析题。

教师：下面有一个案例，大家可以谈谈自己的观点。

教师讲述《教程》第 105 页“六、实践思考（三）案例分析题”。

小结：大家说得都很有道理，看得出平时是用心教育孩子的。每年学校或者班级都要组织一些活动，比如拔河比赛、运动会、读书节、歌咏比赛等，家长要鼓励孩子积极参与，也可以和孩子共同参与一些活动。通过活动，学生感受到了集体的力量、伙伴的温暖，激发了热爱集体、为集体争光的愿望。

④亲子实践活动。

教师：下面我们介绍一个亲子实践活动，活动的主题是“一起动手美化教室”。

教师讲述《教程》第 105 页“六、实践思考（四）亲子实践活动”。

小结：家长可以帮助孩子打印一些励志的名人名言，指导孩子为班级设计班徽等，从而帮助孩子认识到班级中的每一个人都有为集体服务的义务与责任，同学之间要互帮互助，共同进步。这样可以让孩子更好地将自己融入集体。

三、讲授总结

教师：通过这节课的学习，家长可以让孩子们真切地感受到“团结起来力量大”，明白集体的力量是一种不可战胜的力量，个人与集体融合是做好一切事情的重要保证。

教师给家长提供《教程》第 106~107 页“七、智慧分享”。

附：本课资料包下载

心态调整

培养大气的少年——赶走孩子的嫉妒心（教案）

授课学段：小学五年级
授课名称：心态调整
培养大气的少年——赶走孩子的嫉妒心
授课单位：天津市静海区第三小学
授课教师：刘建俊　李华
指导教师：李华

教育目标

（1）帮助家长指导孩子了解嫉妒产生的原因。

（2）帮助家长改变对孩子的教育方式，以更好的理念培养孩子健康的身心。

（3）帮助家长指导孩子正确认识自己，学会接纳真实的自己。

学情分析

对于嫉妒，家长的认识程度往往不高，觉得对孩子的成长影响不大，所以往往忽视孩子嫉妒的表现。一部分父母没有把握好爱的度量，给予孩子过度的保护；还有一部分父母对于孩子的教育采取了截然相反的方式，他们为了使孩子更好地立足于社会、成为一个有用的人，所以对孩子各方面都提出了极为苛刻的要求。另外，还有一些家长不能以身作则，在孩子面前盲目争强好胜，随意贬低他人，对孩子缺乏正面引导。

重点难点

（1）重点：帮助家长指导孩子了解嫉妒产生的原因。

（2）难点：帮助家长改变对孩子的教育方式。

教具准备

教学课件（见资料包）。

课时安排

1小时。

教育过程

一、讲授铺垫

教师：各位家长，大家好。想必大家都知道《三国演义》中的人物诸葛亮和周瑜，上课之前呢，我们先来一起重温一下他们之间的故事。

教师讲述故事《最宽容大度的诸葛亮》（见资料包）。

教师：在《三国演义》中，周瑜是一个心胸狭隘、气量狭小、嫉妒贤能的人，特别是在赤壁之战和刘备前往东吴娶亲的事件中表现得尤为明显。而诸葛亮不仅足智多谋、精明能干、知识渊博、神机妙算，而且还宽容大度。正是因为如此，诸葛亮才会被刘备重用，更是留下了"诸葛亮三气周瑜"和"既生瑜，何生亮"这样的说法。

俗话说："只有接纳世界的人才能得到全世界。"其实，孩子和大人一样，他们也会产生嫉妒心理。今天，我们交流的主题就是：帮助孩子消除嫉妒心理，让孩子成为一个大气的人。

二、讲授过程

（1）了解嫉妒，补充认知。

教师：什么是嫉妒呢?

教师讲述《教程》第108页"二、现状分析"第一自然段。

教师：其实人类的嫉妒感早在婴儿期就出现了。不足周岁的婴儿看到母亲给其他婴儿哺乳时，会出现心率加快、面色潮红等不安反应，甚至哭闹起来。孩子五六岁时，嫉妒行为会更频繁地出现。上学以后，由于和小朋友进行比较的机会增多，他们可能会遭到更多嫉妒的折磨，只不过随着年龄的增长，他们渐渐学会了掩饰自己的嫉妒心理。嫉妒心理往往有以下表现特征。

教师讲述《教程》第108页"二、现状分析"第二自然段，适当加以归纳总结。

提问：嫉妒心强，有两方面的危害，父母必须心平气和地给孩子分析清楚（通过教学课件展示）。那么，孩子应该具备怎样的心理品质才算是一个身心健康的孩子呢？

教师讲述《教程》第 109 页“二、现状分析”第三自然段，同时讲解《中小学心理健康教育指导纲要（2012 年修订）》的要求。

（2）交流分享，激发共鸣。

教师：哪位家长说一说自己的孩子有没有过这种嫉妒的心理？你是怎么发现的？是如何处理的？效果如何呢？

教师组织家长交流讨论。

教师：刚才我们听了几位家长的分享，我们假设一下：如果是你遇到这样的情况，你会怎么去处理呢？

教师请家长互相交流分享经验，教师不作评论，耐心倾听。

（3）巧妙设疑，抛砖引玉。

教师：面对孩子的嫉妒心，如何去引导教育，这几位家长介绍了自己的做法，其中有经验也有困惑。我想问一下各位家长：你们有没有想过孩子为什么会去嫉妒别人？孩子产生嫉妒心的根源在哪里呢？下面我们先看一个故事，然后一起去分析一下故事中的主人公产生嫉妒心理的根源是什么。

教师讲述《教程》第 109~110 页“三、故事聚焦《别人家的孩子》”。

（4）晓之以理，追根究底。

教师：大家听完这个故事，您能说一说造成馨儿嫉妒心的原因是什么？

教师请家长发言。

教师：家长谈了自己的观点，现在我们看看造成馨儿嫉妒心的根源在哪里。

教师讲述《教程》第 109 页“四、剖析根源”。

教师：请家长对比一下您平时的行为，反思一下自己有没有欠缺或者做得不到位的地方呢？

小结：孩子产生嫉妒心的原因主要有以下三个方面（通过教学课件展示）。同时，家长也要明白在心理学与教育学专家和学者看来，适度的嫉妒是孩子成就动机水平高、好强及追求上进的表现。但如果孩子被嫉妒心控制，处于“妒火中烧”的状态，别说让孩子安下心来读书学习了，估计让他静下来一会儿也是极其困难的。因此，引导孩子克服嫉妒心理是每位家长朋友都应高度重视的。

（5）知晓策略，有的放矢。

教师：如何帮助孩子克服嫉妒心理带来的不利影响，我这有一些“招法”分享给大家。

教师讲述《教程》第111~112页“五、指导策略”。

小结：在家庭教育中，勿随意引用“别人家的孩子”作为给孩子励志的例子。家长要学会真正欣赏自己的孩子，和孩子做好朋友，善于倾听孩子真正的想法。家长除了给予孩子言语的支持和鼓励外，还要给予孩子那份永远的、无条件的父母之爱。除此之外，还要培养孩子自信、自尊的品质，形成正确的价值观。要鼓励孩子懂得，人与人各有所长，任何人都会在某一方面不如别人，要接受这一现实，与其嫉妒别人，不如把时间精力花在发展自己的长处上，鼓励孩子自我竞争，从今日之我胜过昨日之我，而不是与别人竞争。

（6）拓展延伸，导之以行。

教师讲述《教程》第112~113页“六、实践思考”。

三、讲授总结

教师：在日常言语中，父母要有意表现出对别人的宽容大度。作为家长一定要注意：切莫在孩子面前出于嫉妒对他人横加指责、冷嘲热讽甚至恶语中伤。要知道，坏榜样的“力量”也是无穷的。当着孩子的面，家长要经常由衷地赞美别人，为他们取得的成绩而高兴。孩子在潜移默化中，就会学到如何正确对待比自己更有能力、更成功的人，保持宽容健康的心理。

感谢大家在百忙之中参与这次活动，我这里还有一些相关资料分享给大家，课后我会发送到家长群。最后建议家长同时完成“亲子实践活动”，有问题可以随时和我沟通交流，希望我们能一起为孩子的健康成长保驾护航。

教师给家长提供《教程》第113~116页“七、智慧分享”。

附：本课资料包下载

法治课堂

守义持正，巍如泰山——教育孩子遵守规则，守住底线（教案）

授课学段：小学六年级
授课名称：法治课堂
守义持正，巍如泰山——教育孩子遵守规则，守住底线
授课单位：天津市武清区杨村第十六小学
授课教师：郎晓云　袁伟
指导教师：李红宝　张媛媛

教育目标

（1）帮助家长明确家庭道德法治教育的范围和基本要求。

（2）帮助家长加强自身法治修养，树立正确的育人观，提升孩子自觉遵守法律的意识。

（3）帮助家长掌握更有效的家庭道德法治教育的方法。

学情分析

弘扬法治精神，提高全民法治素养离不开家庭的大力支持。每一个家庭和睦，那社会一定和谐；每一个家庭稳定，那社会一定安宁。但就目前的整体情况来看，家庭层面的法治建设还面临许多亟待解决的问题。例如：有些家长法治素养不高，法律意识不强，对法律的严肃性认识不够等。学生在"知法""守法"等方面普遍存在以下问题：学生的法律知识基础还不够扎实，法治观念也有待加强，学生尚未拥有运用法律解决实际问题的能力。

重点难点

（1）重点：帮助家长加强自身法治修养，树立正确的育人观，提升孩子

自觉遵守法律的意识。

（2）难点：帮助家长掌握更有效的家庭道德法治教育的方法。

教具准备

教学课件（见资料包）。

课时安排

1 小时。

教育过程

一、讲授铺垫

教师：首先，我介绍一下我国家庭法治教育的现状。弘扬法治精神，提高全民法治素养离不开家庭的大力支持。每一个家庭和睦，那社会一定和谐；每一个家庭稳定，那社会一定安宁。但就目前的整体情况来看，家庭层面的法治建设还面临许多亟待解决的问题。例如：有些家长法治素养不高，法律意识不强，对法律的严肃性认识不够等。下面，我请大家观看一些调查数据。

教师讲述《教程》第 118~119 页“二、现状分析”。

小结：我们可以清晰地看到不良的家庭因素对青少年失足犯罪带来的影响。在现实生活中，一些人对法律的无知和法治观念的淡薄，导致了违法犯罪现象的发生。六年级的学生在“知法”“守法”等方面普遍存在以下问题：学生们的法律基础知识还不够扎实，法治观念有待加强。学生们尚未拥有运用法律解决实际问题的能力。

二、讲授过程

（1）故事聚焦，深入其境。

教师：请大家看一个案例。

教师讲述《教程》第 119~120 页“三、故事聚焦《没有底线太可怕》”。

提问：针对王小北的种种表现和做法，大家有什么感想？有什么好办法来帮助孩子？请各位家长踊跃发言。

预设以下场景。

家长A：王小北脾气很暴躁，应该与家长的教育方式有关系。发生问题时，家长不要轻易对孩子生气，保持镇静，耐心和孩子交流，教给孩子处理问题的方法，正确表达情绪，发挥榜样作用。

家长B：我家孩子也出现过类似现象，脾气暴躁，不会控制自己的情绪，我也不知道怎样和他沟通，往往采用“以暴制暴”的方式，压制他的情绪。当时看似解决问题了，但是过后这样的问题还会再次出现，甚至愈演愈烈。我现在也很迷茫。

（2）剖析根源，探寻答案。

教师：六年级的小学生，情绪失控后就有这样恶意伤害同学的行为和习惯，现在如果不加管束，等他长大后，又会朝哪个方向发展呢？想想就让人不寒而栗啊！对于王小北出现的问题，我们应追根溯源。大量调查数据显示，小学高年级学生的许多不良行为有很大一部分是缺乏正确的家庭教育造成的，让我们看一看王小北的成长经历。

教师讲述《教程》第120~121页“四、剖析根源”。

小结：通过观看王小北的成长经历，我们不难发现造成他脾气暴躁易怒的原因与他家庭教育的缺失有着直接的关系。一般来说家庭教育的缺失表现在以下几个方面：一是家长自身没有榜样意识，平时在生活中就存在不遵守法律法规等现象；二是平时没有教育孩子的意识，更谈不上有针对性地进行道德法治教育；三是某些家长想要教育孩子，但是缺乏科学的方法，平时非打即骂，造成孩子的问题越来越严重；四是发现问题后有“等”或“靠”的思想，不及时管理和教育，错过了最佳的教育时机。

（3）王小北的事例对我们的启发。

教师：每一个家长都希望自己的子女能够茁壮成长，那我们必须时刻注意自己的一言一行，平时有针对性地开展道德法治教育，不要有“等”或“靠”的思想，要及时管理和教育，不要错过了最佳的教育时机。家长在生活中要有教育孩子的意识，要有榜样意识，要学会科学的教育方法。

（4）总结与反思。

教师：作为家长，在孩子出现类似问题的时候，我们应该怎么办呢？我想主要有两点：一是家长应具有正确的育人观，同时要努力学习科学的育人方法；二是家长应该注重日常的法治教育，应该有意识地帮孩子明确自己的道德底线。

（5）指导策略。

教师：家庭法治教育看似离我们生活较远，很多家长朋友不知道该如何去做，其实不然。按照下面几个方面措施落实好，一定能培养出“知法、懂法、守法”，具有良好道德规范的好孩子！

教师讲述《教程》第 122~123 页“五、指导策略”。

小结：创建良好的家庭氛围，可以培养孩子的良好品行；掌握科学的育人方法，可以帮助孩子筑牢自己的道德底线。家长要从自身做起，给孩子树立遵纪守法的好榜样；把家庭法律常识的教育融入日常生活之中；防微杜渐，及时将孩子的不良习惯扼杀在摇篮之中。

（6）设置情景，启发思考。

教师：各位家长，前面我们分享了许多家庭法治教育的理论知识，接下来我们进入情景模拟，在亲身体验中思考如何提高孩子遵法守法的意识，并请家长分享自己的观点。

教师讲述《教程》第 124 页“六、实践思考（三）案例分析题”。

小结：大家说得都非常好，看得出在日常生活中都注重培养孩子遵法守法的意识，家长要以身作则，发挥好榜样作用，如果家长自身法治观念淡薄，常常打一些法律、法规的“擦边球”，或者还有一些轻微的违规违法行为，那么孩子的法律意识也不可能增强，时间一长，法律、法规的约束力在孩子的观念中就会淡化。

三、讲授总结

教师：一直以来，“重智育，轻德育”的家庭教育现象比较普遍。道德和法律是紧密相连的，法律是道德的底线，法律需要道德的奠基。子女成长，一定要以“德”为先，这样才能全面发展。作为父母，一定要认识到自己的言行对于成长中的孩子影响极为深远。我们要通过不断学习，尽量了解孩子的成长规律，按规律办事，还应该配合学校和社会，共同做好对孩子的法治教育，帮孩子“筑好”自己的道德底线。这样才能使两代人互相信任，互相鼓励，共同成长！

教师给家长提供《教程》第 125~127 页“七、智慧分享”。

附：本课资料包下载

理性崇拜

点亮生命中的启明星——树立孩子正确的偶像观（教案）

授课学段：小学六年级
授课名称：理性崇拜
点亮生命中的启明星——树立孩子正确的偶像观
授课单位：天津市宁河区潘庄镇西塘坨小学
授课教师：蔺玉静　吕顺艳
指导教师：吕顺艳

教育目标

（1）引导家长从心理学角度理性看待“追星”行为，帮助家长引导孩子树立正确的偶像观。

（2）帮助家长将理性“追星”的做法传授给孩子，引导亲子制订实施“与星比肩”计划。

（3）帮助家长培养孩子崇高的信仰和远大的志向。

学情分析

部分家长对主流价值观的认同度低，在孩子日常教育中缺乏正确的“三观”引领；在快节奏的社会生活中，相当一部分家长忽略了陪伴的重要性，只重视对孩子物质生活的给予，看不到孩子的内心情感需求；许多家长十分反感“饭圈文化”这种畸形的偶像崇拜，但不能从社会心理学角度正确看待青少年追求理想化自我的行为。

重点难点

（1）重点：帮助家长将理性“追星”的做法传授给孩子，引导亲子制订实施“与星比肩”计划。

（2）难点：帮助家长培养孩子崇高的信仰和远大的志向。

教具准备

教学课件（见资料包），课前完成的调查问卷——“青少年追星”相关话题调查问卷。

课时安排

1 小时。

教育过程

一、讲授铺垫

（1）分析“青少年追星”调查报告（教师在教学课件中显示调查报告内容）。

教师：在座家长共同参与的“青少年追星”相关话题问卷调查报告显示，有七成家长表示孩子有喜欢的偶像，超过六成家长表示孩子的偶像为娱乐明星。其中 75.9% 的家长认为，孩子追星的原因是被偶像的颜值所吸引，追星程度为“经常关注及以上”的孩子占到 58.7%。

（2）追忆往昔，拉近心理距离。

教师：调查结果反映出绝大部分家长对孩子追星的行为表示不理解和反对，但没有更好的引导办法，进而影响到亲子关系。

教师在教学课件中显示“80 后”追星的图片。

教师：几乎每一代人都经历过那段懵懂又美好的时光，也都是看着偶像或榜样的背影长大的。对偶像的高度喜欢和迷恋、无条件的追寻、模仿偶像的行为、情感的依恋等，都是青少年成长道路上的重要元素。这既是一种社会心理现象，也是一种文化现象。家长应做的是引导孩子树立正确的偶像观，将理性“追星”的做法传授给孩子，培养孩子崇高的信仰和远大的志向。

（3）揭题：点亮生命中的启明星——树立孩子正确的偶像观（教师

板书）。

二、讲授过程

（1）故事聚焦，剖析根源。

教师讲述《教程》第 129~130 页“三、故事聚焦《追星路上》”。

教师：故事中有没有您自己或孩子的影子呢？您对孟想妈妈的做法怎么看？

教师组织家长互动交流。

教师：孩子的“芳心”被“爱豆”捕获，这与社会大环境和家庭小环境都密不可分。让我们随同孟想妈妈一起将目光聚焦在家庭教育上，剖析根源。

教师讲述《教程》第 130~131 页“四、剖析根源”，并继续组织家长互动交流。

（2）实践思考，策略引领。

教师讲述《教程》第 133 页“六、实践思考（一）思考题”。

教师：现在我播放《觉醒年代》相关视频。请家长结合陈延年、陈乔年的成长，思考家庭教育在树立孩子正确人生观、价值观中的作用，并谈谈您的感想。

教师请几位家长谈自己的感受。

小结：家庭是培养孩子价值观的摇篮。父母进步的价值观，对孩子在未来成长道路上形成值得一生奋斗追求的价值观具有奠基意义。陈独秀先生以国家民族大义为先，时刻教育孩子，学习是为了探索救国救民的道路，将来成为国家的有用之才。这对他的两个儿子走上革命道路起到了奠基作用。

教师讲述《教程》第 133 页“六、实践思考（二）情境题”。

教师：杨丽娟是在座家长的同龄人，现在我们也已为人父母，作为家长，请大家谈谈杨丽娟父母的所为有何不妥？

教师组织家长互动交流。

教师：让我们的思绪回到杨丽娟的 16 岁，帮助她及她的父母做出正确的选择！

家长自由作答，说清判断依据。

教师：现在我给大家介绍一个成功“追星”的案例。

教师讲述《教程》第 134 页“六、实践思考（三）案例分析题”，并播放斯库林夺冠视频。

教师：斯库林5岁时要参加奥运会、和菲尔普斯一起比赛的愿望，对当时还没有接受过专业游泳训练的他来说几乎是不可能实现的梦，但他的爸爸仍然不遗余力地支持他（播放斯库林父亲视频）。经过不懈努力，斯库林不但如愿与偶像同场竞技，并且夺得了世界冠军。用斯库林的话说："我的成功，菲尔普斯给了我很大动力，更重要的是我父亲在背后强大的支持。"下面我们来破解斯库林"追星"成功的密码，闯关摘星，帮助家长引导孩子理性追星的同时成就自我。

教师讲述《教程》第135~136页"六、实践思考（四）亲子实践活动"。

【第一关】破解"识星"密码

教师：当孩子在朦胧中有了自己的偶像时，父母第一要做的是什么？

教师组织家长互动交流。

教师：习近平总书记指出，崇尚英雄，心有榜样，就要学习英雄人物、先进人物、美好事物。家长要引导孩子树立健康向上的偶像观，帮助孩子识别何为英雄人物、先进人物、美好事物，懂得理性崇拜的重要性。

父母破解"识星"的密码就是：做足功课、备足谈资、正确引导、理性崇拜（板书）。

【第二关】破解"择星"密码

教师：当孩子的行为已经明显地表现出"追星"时，父母应该怎么做？

教师组织家长互动交流。

教师：家长可以计划亲子实践活动，如参观红色纪念馆、观看正能量的剧目等，在交流互动中明确告诉孩子应该欣赏什么样的人、秉承什么样的精神。

父母"择星"的密码就是：创设环境、多管齐下、深度沟通、分享经验（板书）。

【第三关】破解"比肩星"密码

教师：当孩子成长路上"与星比肩"时，父母最大的支持是什么？

教师组织家长互动交流。

教师：想要实现"与星比肩"，家长就要与孩子一起规划方向，制订日常行为计划、奖惩制度；引导孩子拒绝成为"狂热失智者"，要做"有尺度"的追求者。家长要像斯库林的父亲一样，陪伴孩子，将偶像精神与日常点滴生活联系起来，落在实处。

父母破解"比肩星"的密码就是：精神鼓励、规划方向、行动陪伴、实

践落地。（板书）

三、讲授总结

教师给家长提供《教程》第 136 页“七、智慧分享”，并布置家庭实践作业。

教师：请各位家长运用课堂上学习的“追星”密码，制订接下来的“与星比肩”家庭计划书。

教师给家长发放“与星比肩”家庭计划书。

附：本课资料包下载

异性交往

轻轻敲开懵懂的心灵——引导孩子正确理解异性相处之道（教案）

授课学段：小学六年级

授课名称：异性交往

轻轻敲开懵懂的心灵——引导孩子正确理解异性相处之道

授课单位：天津市静海区第六小学

授课教师：董乃清

指导教师：郃俊芳

教育目标

（1）帮助家长提升孩子健康的异性交往意识，了解相关知识，引导学生正视这一现象。

（2）帮助家长将恰当的与异性交往的方法和行为规范传授给孩子。

（3）帮助家长培养孩子形成正确的异性交往观，丰富其情感体验，有助于其身心健康和人格发展，提升其社会交往能力，促进其人格的全面健康发展。

学情分析

小学高年级学生正处于青春前期，这一时期，男女生都开始关注异性，但多数不是以积极肯定的态度出现。在与异性同伴交往时，孩子容易产生诸多困惑，出现诸多问题，缺乏正确的异性交往观。家长们对此态度不一。有些家长对孩子如何进行异性交往缺乏正确认识，认为这属于正常的心理反应，不太在意；有些家长虽然想要引导，但缺乏正确的方法。

重点难点

（1）重点：帮助家长提升孩子形成健康的异性交往意识，将恰当的与异性交往的方法分享给家长。

（2）难点：懂得青春期的异性交往是一种正常的心理状态，用正确的方式指引孩子“平静”地度过生命的早春。

教具准备

教学课件（见资料包）。

课时安排

1 小时。

教育过程

一、讲授铺垫

（1）讲述故事。

教师：各位家长，我想和大家分享一个案例，大家一起听听，两个孩子的交往出现哪些问题？

教师讲述《教程》第 144 页“六、实践思考（三）案例分析题”。

（2）引出课题。

教师：面对孩子们在交往中出现的问题，作为家长，我们应该如何恰当处理？这就是我们这节课要讲的主要内容：轻轻敲开懵懂的心灵——引导孩子正确理解异性相处之道（板书：异性相处之道）。

二、讲授过程

（1）现状分析，提出问题。

教师：小学高年级学生正处于青春前期，第一性征迅速发育，第二性征开始出现。这一时期，男女生都开始关注异性，但多数不是以积极肯定的态度出现，在与异性同伴交往时，容易产生诸多困惑，出现诸多问题。这是在学生中展开的一次问卷调查结果。首先我们分析一下这个结果。

调查表明，小学高年级学生现存的异性交往的问题主要表现有“异性交往意识不明确”“异性交往尺度难以把握”“异性交往行为方式存在偏激”。其根源是缺乏正确的异性交往观（板书：正确的异性交往观）。

教师讲述《教程》第138~139页“二、现状分析”，并板书“家校共育”。

（2）聚焦案例，深入剖析。

教师：请家长们阅读读本中的故事，思考案例中阳阳在与异性同伴的交往上为何会受到困扰？

家长阅读《教程（家长用书）》第138~139页“故事讲述”。

教师组织家长交流，进行点评，并预设以下话题：

①家庭“性教育”的缺失；

②家庭“性别教育观念”的缺失；

③家庭“道德教育观念”的缺失；

④被家长忽视的“情感需求”。

小结：孩子在与异性同伴的交往中之所以会出现不同程度的问题，这与社会环境、网络媒体、学校环境、家庭环境都是密不可分的。身为父母，我们要立足于家庭教育，剖析根源，找到问题的症结，对症下药。

教师讲述《教程》第140~142页“四、剖析根源”。

（3）积极指导，从容应对。

教师：要让孩子明白青春期的异性交往是一种正常的心理状态，交往时要把握自然、适度的原则，我们可以从以下几个方面进行具体指导。

①引导孩子树立正确的性别观念和道德观念。

一是宜“诚”不宜鄙，宜“泛”不宜专。

二是宜“公”不宜私，宜“适”不宜过。

②为孩子提供接受科学性知识的平台。

教师：此外，父母要给予孩子足够的情感关怀，让孩子感受到家庭的温暖、父母的和谐，感受到被关心、被尊重、被欣赏，让孩子愿意对父母敞开自己的情感世界。

教师讲述《教程》第142~143页“五、指导策略”。

（4）实践思考，自我反思。

①情境选择。

教师：各位家长，前面我们结合现状了解了一些理论知识，现在我们走近情境设置，看看如果这些事情就发生在我们家中，您会怎么做？

教师讲述《教程》第 143~144 页“六、实践思考（二）情境题”，组织家长回答问题并进行点评。

②深入思考。

教师：小学五六年级的孩子已开始步入青春期，他们对两性关系有了朦胧的意识，开始对异性产生兴趣，渴望寻找异性朋友，但由于交往中的羞怯心理，他们又不知如何面对异性伙伴。作为家长，如何引导孩子与异性伙伴正常交往呢?

教师讲述《教程》第 143 页“六、实践思考（一）思考题”，组织家长回答问题并进行点评。

六、讲授总结

教师：青春期的异性交往有助于缓解青春期的性压力，有助于孩子排解青春期的各种烦恼，有助于孩子智力上的发展，提升自尊、自信；青春期的异性交往是每个人的第二次“断奶”，而失去这个机会， 可能就失去了练习与异性交往能力的机会。因此，我们要做到家校一心，用正确的方式帮助引导孩子们顺利度过他们的青春期。

教师讲述《教程》第 145~146 页“七、智慧分享（一）学习资料”。

附：本课资料包下载

平静心态

心伴安暖，静待花开——教会孩子合理缓解压力（教案）

授课学段：小学六年级
授课名称：平静心态
心伴安暖，静待花开——教会孩子合理缓解压力
授课单位：天津市西青区实验小学
授课教师：张郑
指导教师：李祖华

教育目标

（1）教会家长给孩子测量“心压”，培养孩子的成长型思维。

（2）帮助家长将科学提升学习效率和减压的方法传授给孩子，将自律植入孩子的心中。

（3）帮助家长树立正确的育才观，保持平和的心态，营造和谐、愉悦的家庭学习氛围。

学情分析

在小初衔接阶段，孩子即将踏上人生的新征程，这时孩子既期待又茫然，焦虑的情绪更是交织其间。从孩子步入校园起，分数就如令人头疼的金箍困扰着孩子，并且随着年级的升高，紧箍咒越念越勤，金箍越勒越紧，其背后的罪魁祸首就是狭隘的育才观。中国青少年研究网的调研统计表明：70% 的学生感觉在学业上有压力，其中觉得压力较大的占 28%，觉得比较有压力的占 38%；只有 8% 的学生感觉在学业上毫无压力。在家庭教育中，有些家长总是潜移默化地强调分数的重要性，而没有以平和的心

态“耕耘肥沃的土壤”，给孩子造成了很大的精神压力，影响了孩子身心的健康发展。

重点难点

（1）重点：引导家长树立正确的学习观，让家长明确了解学习压力过大对孩子的身心危害。

（2）难点：帮助家长教会孩子一些基本减压方法和技巧。

教具准备

教学课件（见资料包）。

课时安排

1 小时。

教育过程

一、讲授铺垫

教师：家长朋友们，迎您参加我校的家庭教育活动。我们都知道在小初衔接阶段，孩子即将踏上人生的新征程，这时的孩子既期待又茫然，焦虑的情绪更是交织其间。网络上流传着这样一句话：“不谈学习，母慈子孝；一谈学习，鸡飞狗跳。”有这样一则新闻，妈妈陪儿子学习时，因为儿子学不会、写作业拖沓而大发雷霆，爸爸看不过去了就指责妈妈，然后改由爸爸辅导儿子学习，但没过几分钟，爸爸就被气得暴跳如雷，真是“爱恨就在一瞬间”。

我们从采访中了解到，许多家长都想尽最大努力减轻孩子的压力，但他们不确定自己的方法是否科学合理。今天，我将通过案例、游戏等环节为您提供“为孩子减压”的新思路。

二、讲授过程

（1）创设问题情境，引发家长思考。

教师：各位家长，我想先给大家讲一个故事，大家一起听听，您有没有出现故事里的妈妈的这种情况？听完这个小故事，您有什么感受？

教师讲述《教程》第 149~150 页“三、故事聚焦《心中有‘术’》”。

提问：家长朋友们，故事分享完了，有几个问题我想问问大家：如果您是妈妈，您会选择怎样的方式帮助孩子减压？您会不会如故事中讲的那样信赖您的孩子？

小结：在这种情况下，所有的父母都认为母亲的行为和想法在现实中是普遍的，但大多数父母没有给他们的孩子像故事中磊磊的母亲那样多的时间和空间。那么，究竟是什么原因导致父母不信任自己的孩子，从而导致亲子关系紧张，甚至对抗呢？孩子到底想要什么，他们到底在想什么？

教师组织家长交流观点。

（2）聚焦故事成因，引导家长思考。

教师讲述《教程》第 150~151 页“四、剖析根源”。

教师： 家长应该意识到，在素质教育时代，孩子的考试成绩并不代表他们整体素质。中国一些地区已不再把高考成绩作为录取的唯一标准，而是把综合素质评价和创新实践评价的结果作为录取的主要依据。

小结：如果家长没有树立正确的育儿学习观，很容易造成家长与孩子的双重苦恼——孩子压力大，家长干着急。我们回到最初的话题：“怎样让孩子自觉乃至自律地学习，做不再干着急的家长？”结合刚才磊磊的故事，我想给大家提供几点新思路。

（3）延伸现实生活，共同解决问题。

教师讲述《教程》第 151~152 页“五、指导策略”。

教师：希望以上几点对策能够帮助您更清晰地了解怎样与孩子一起走上探索学习的旅程。

（4）结合案例，拓宽解决思路。

教师：各位家长，前面我们分享了许多关于减压的理论知识和方法，现在我们有一个情景题目，家长尝试做一做，看看在这种情境下，你将如何给孩子减压。

教师讲述《教程》第 153 页“六、实践思考（二）情境题”。

小结：大家回答得都非常好。世界上没有完全相同的两片树叶，没有完全相同的两个孩子，更没有完全相同的两个家庭。什么是好的方法，适合自己的才是好的。家长可以采用适合自己的减压方法带领孩子主动学习，如听孩子倾诉、和孩子一起运动、音乐放松训练等。

教师：我们再来尝试另一个情境。

教师讲述《教程》第153~154“六、实践思考（三）案例分析题”。

教师：大家讲得都很不错，可以看出家长朋友都很重视学生的心理教育。父母是孩子的第一任老师，您如果在家天天打麻将、刷手机，孩子也很难养成阅读的好习惯。同时，您应该意识到孩子对学习的兴趣和他们的发展水平，尊重孩子的选择，不要因为孩子不能按时或独立完成作业而责备、抱怨、威胁或表现出无助、厌倦或冷漠，用期待的眼神、赞许的微笑、鼓励的话语来滋养孩子的心灵，用爱和责任来激发孩子的信任，以防止给孩子带来更大的精神压力。

我们也可以教会孩子管理时间，增强孩子的时间观念。可以用心理学中关于“强化”的概念，只要孩子在规定的时间内完成学习任务，就给予奖励（可以是一张彩纸贴）。积累一定数量的彩纸贴后，可以满足孩子的一个心愿。通过这种方式增强孩子的时间意识，培养孩子良好的做事习惯。家长是支持者、陪伴者，要做好对孩子学习内容与学习方式的有效引导。

（5）分享亲子游戏规则，增进亲子互动。

教师：前面我们一起进行了理论和实操练习，接下来我想为大家介绍一个活动，活动主题是：从“心”开始，书香满庭。希望家长在活动中构建一个温馨和谐，安全稳定的学习充电的空间，和孩子一起探索知识的海洋。

教师给家长提供《教程》第154页“六、实践思考（四）亲子实践活动”。

小结：以上的活动提供给大家，希望能抛砖引玉，家长在以后的生活中多用实际行动引导孩子，给孩子做一个学习的好榜样。同时也为您和孩子提供一个相互给对方带来快乐的舞台，促进亲子间的感情。

三、讲授总结

教师：通过今天的家长课堂，希望父母学会合理地看待自己孩子的成绩，帮助孩子的身心健康有全面的发展，希望孩子们都能取得一个好成绩，都能有一个美好的未来。

最后，感谢您在百忙之中参加这次活动。这里我有一些关于家庭游戏的活动方案。我会通过数据包发给您，如果你有任何疑问，欢迎你和我交流，希望我们能一起帮助孩子们成长。

教师给家长提供《教程》第 154~156 页“七、智慧分享”。

附：本课资料包下载

生命为本

打开内生动力阀——化解孩子的升学情绪困扰（教案）

授课学段：小学六年级
授课名称：生命为本
打开内生动力阀——化解孩子的升学情绪困扰
授课单位：天津市滨海新区塘沽工农村小学
授课教师：王潇潇
指导教师：王艳丽

教育目标

（1）知识：帮助家长引导孩子正确面对“小升初”情绪困扰。

（2）技能：帮助家长将化解负面情绪的方法和策略传授给孩子。

（3）情感：帮助家长培养孩子乐观向上的积极心态。

学情分析

“双减”政策出台后，部分家长对“小升初”后孩子的学习竞争力能否适应中学要求产生了恐慌感，也让家长深深地认识到家庭教育胜任力的不足。这些焦虑大多是因为家长面对新的政策变化和社会环境变化并没有及时调整家庭教育方向，仍固守“分数本位”的观念。这种焦虑情绪会向下传递给六年级的学生，当下的学习压力和如何面对未知的初中生活的压力给学生造成了情绪困扰。

重点难点

（1）重点：帮助家长引导孩子正确面对“小升初”情绪困扰。

（2）难点：帮助家长将化解负面情绪的方法和策略传授给孩子，培养孩子乐观向上的积极心态。

教具准备

教学课件、视频（见资料包）。

课时安排

1 小时。

教育过程

一、讲授铺垫

视频引出主题。

教师：各位家长，大家好，在开始今天的课程之前，我们先来观看热播电视剧《小欢喜》中发生在乔英子和她的父母亲之间的故事

教师播放视频“《小欢喜》里的‘虎’妈”（见资源包“附件一”）。

教师：看完这段视频，您对“虎妈”宋倩的教育方式有什么感受？

家长：宋倩的教育方式太强势，缺少对孩子的理解，不尊重孩子的兴趣和意愿。

教师：为什么宋倩要用这种方式教育孩子？

教师请几位家长发表观点。

小结：“小升初”是孩子学业生涯的重要转折点，但一些不恰当的商业宣传和过度的竞争思维将其看成是决定胜负和成败的关键时期，造成家长对待这件事情的心态 “跑偏”。在目前落实“双减”要求的大环境下，辅导机构退场，对孩子的教育期待回归家庭，很多家长都感觉到迷茫和焦虑，这提醒我们要重新审视和规划孩子的培养方向。

二、讲授过程

1. 探索阶段

教师：各位家长朋友，看完了乔英子和她的父母之间的故事，您是否会有疑问：面临“小升初”的学生会有哪些心理压力呢？我有一份面临“小升初”的学生的心理健康现状情况调查数据，现在与大家分享。

（1）分享心理健康数据。

教师：这是一份“小升初”阶段的问卷调查及国民心理健康发展报告。

教师讲述《教程》第 157~158 页“二、现状分析”。

教师：面临“小升初”的学生为什么会产生负面情绪呢？

教师讲述《教程》第 159~160 页“四、剖析根源”。

教师：这些现象究其原因是孩子在升学压力面前缺乏乐观向上的积极心态，内驱力不足。要想从根本上解决这个问题，转变家庭教育观念势在必行。

（2）举办模拟招聘会。

教师：我们到底要朝着什么方向培养孩子呢？下面我们通过模拟招聘会来寻找答案。

如果你是某大型电商公司的面试官，现在公司需要招聘一名主播，你会聘用拥有什么特质的人来胜任这个岗位？

家长：沟通和表达能力强，而且要懂得顾客心理和销售心理的人。

教师：如果一个人考试能力很强，重点大学毕业，但是不善交流、表达的人，你愿意录取他吗？

家长：我更看重实际的工作能力，虽然重点大学毕业很优秀，但是他缺乏最关键的能力。

教师：那么大家认为沟通和表达能力是如何获得的呢？

家长：我认为这类能力书本上是学不到的，是后天培养、在接触社会活动的锻炼中得到的。

小结：目前社会上涌现出非常多的新兴职业，这些职业更看重岗位素质。父母一代的成长经验在这一代孩子身上是无法复制的，“分数本位观”是不适应未来孩子要面临的新型社会的。人才培养近看是分数比拼，长远来看则是个人素质、心理状态、个体性格的竞争。

3. 练习阶段

（1）故事聚焦。

教师讲述《教程》第 158~159 页“三、故事聚焦”。

提问：程程的妈妈在面临孩子“小升初”时，家庭教育存在什么问题？她是如何转变观念，让程程化悲为喜的呢？

教师请各位家长发表自己的意见。

教师：各位家长的思考很有深度。孩子和我们面临的时代不同，个性特点不同，转变家庭教育方式势在必行。帮助孩子掌握释放压力的方法，激发孩子的学习自主性，帮助他们做好规划，减少无意义的教育“内卷”才是智慧型家长。那么，家长作为孩子的重要引导者的角色，如何给孩子们做好引导呢？

（2）案例解析。

教师：下面我们再通过另一个案例看看如何解决孩子面对“小升初”时出现的负面情绪。

教师讲述《教程》第 162~163 页“六、实践思考（三）案例分析题”。

提问：在这个案例中，潇潇妈妈是如何做智慧型家长的？

请各位家长发表自己的观点。

小结：各位家长能够从不同的角度分析潇潇妈妈的做法，非常用心。其实，引导孩子的过程就是我们不断学习做智慧家长的过程。促进孩子个性发展和自主性发挥，帮助他们提前做好准备，培养面对问题时的积极思维能力，这些是解决孩子“小升初”焦虑的重要方法。那么家长应从哪些角度去引导孩子呢？

教师讲述《教程》第 160~161 页“五、指导策略”。

4. 巩固阶段

（1）情境问答。

教师：每一个健康发展的孩子背后都有一个强大的父母。在孩子“小升初”的关键期，您是否被一些问题困扰，您是否在努力做孩子背后那个强大的父母？请针对以下两组问题认真思考，您支持哪种观点呢？为什么？

教师讲述《教程》第 162 页“六、实践思考（三）情境题”。

教师：B 类家长教育观念比较传统，这样的亲子关系肯定是疏离化的，甚至是冲突化的。孩子不敢跟父母近距离交流，但是父母发出的“号令”又必须执行，内心的压抑得不到及时的排解，很可能就会表现出焦虑、抑郁情绪。B 家长在生活中可谓不在少数，我们把这类家长称作 “割草机”式的家长，这种侵入式教养方式，不利于孩子独立性和自主性的培养，会降低他们的抗压能力。

（2）动画欣赏。

教师：让我们一起欣赏皮克斯获奖短片《我们生而不同，必将与众不同》，并请家长分享观看感受。

教师播放短片（见资源包“附件二”）。

教师：非常感谢家长们的真挚分享。我们的孩子生而不同，他不同于其他孩子，也不同于家长。家长要换个角度看孩子，尊重孩子的个性，要知道，“好”的孩子不止有一种标准！

五、讲授总结

教师：通过今天的家长课堂，我们了解了“小升初”孩子的焦虑原因，知道了在教育孩子时存在的误区，也学会了如何引导存在“小升初”焦虑的孩子疏导情绪。希望通过家长课堂帮助您做智慧家长是我们共同的追求！

课堂时间短暂，为了更好地巩固课上的思考和所学，我们提供了一项亲子活动，以便能帮助家长在课下与孩子更好地进行交流沟通，实践我们课堂所学。这里给您分享一些资料。

教师给家长提供《教程》第 164~166 页“七、智慧分享”。

附：本课资料包下载

小初衔接

解锁成长“心”旅程——帮助孩子成为更好的自己（教案）

授课学段：小学六年级
授课名称：小初衔接
　　　　　解锁成长“心”旅程——帮助孩子成为更好的自己
授课单位：天津港保税区空港实验小学
授课教师：江雪
指导教师：丁立群

教育目标

（1）帮助家长认识六年级孩子的心理发展特点。了解六年级的孩子正处于第三叛逆期（12~18岁）的初期，其生理、认知和社会性方面均发生了巨大的变化。

（2）帮助家长教会孩子做全面、客观的自我评价，形成积极的自我观念，并为家长提供更多切实可行的教育方法。

（3）帮助家长理解孩子在小初衔接阶段的迷茫和困惑，使家长成为孩子成长道路上的支持者与陪伴者。

学情分析

六年级的孩子已经进入青春前期，他们的生理、认知和社会性方面均发生了巨大的变化，自我意识开始觉醒。如何通过恰当的方式，让孩子通过对过去自己的“背叛”，探索运用自己的一些想法去完成独立人格的塑造，是这一时期要解决的主要矛盾。而很多家长忽略了孩子的心理状态变化和个性塑造，尚未准备好迎接孩子的变化，更不能把握与了解这个变化过程，掌握其变化规律，调整自己的心态和教育方式，因而未能提前做好充分的准备工作，在孩子迷茫的时候无法耐心地帮助他走出内心的困境。

重点难点

（1）重点：帮助家长认识六年级孩子的心理发展特点。

（2）难点：引导家长教会孩子做全面、客观的自我评价，形成积极的自我观念，并为家长提供更多切实可行的教育方法。

教具准备

教学课件（见资料包），信纸、信封、笔、信箱。

课时安排

1小时。

教育过程

一、讲授铺垫

教师：青春期是人一生中最为重要的阶段。在这个阶段，孩子在自己的学业上不断努力，试着成长为大人，身心的巨变、学业的压力让家长和孩子都有点无所适从。如何应对处于青春期的孩子，几乎成了一个令大家都头疼的教育问题。今天，我将通过案例讲解、亲子活动等环节为您提供“帮助青春前期的孩子成为更好的自己”的新思路。

二、讲授过程

（1）了解青春期的特点。

①青春期的年龄划分。

教师：随着社会的进步、营养水平的提高，现在的孩子青春期开始的年龄，较之他们的父母辈提前了2~4年，而且受教育的年限也延长了。这样算下来，现在孩子的青春期阶段可界定在10~25岁，这也是物质文明发展的必然结果。面对这个长度前所未有的青春期，作为父母，你准备好了吗？

②青春期生理变化造就的心理变化。

教师：首先是青春期的生理变化。在两三年的时间内，孩子从生理上快速成长为成人，而其心理发展相对滞后，但其独立意识和自我意识日益增强。青少年大脑的前额叶皮层（负责深度认知思考）的发育还未成熟（一般要到 25 岁才完全发育成熟），尚不能进行深入的思考，但是边缘系统（负责情绪反应）又已经在 10~12 岁之间发展成熟。为了让自己表现得更像个“成人”，他们对任何事物都倾向于持反抗和批判的态度，这就是青春期叛逆的原因。

其次是青春期生理变化造就的心理变化。由于孩子生理方面发生的改变，青春期的青少年会变得非常情绪化，敏感易怒，情绪变化的速度非常快，易冲动，爱冒险，做决定出尔反尔。

（2）案例分享，引发家长思考。

教师：各位家长，在这里我想和大家分享一个案例，大家一起听听，故事里的晨晨有什么困惑？如果您是这位“妈妈”，您会怎么做？

教师讲述《教程》第 168~170 页“三、故事聚焦《成长变奏曲》”。

教师：家长朋友们，案例分享后，有几个问题我想与您沟通。如果您是晨晨妈妈，您听到孩子的心里话会怎么想？晨晨是真的反抗家长么？晨晨妈妈的做法有什么问题？您会用怎样的方法帮助孩子解决遇到的困惑呢？

小结：通过这个案例各位家长都认为晨晨妈妈对孩子的成长控制得太紧了，没有考虑到孩子的成长空间，大家说得都很有道理。作为家长，我们不要对孩子进行打击、贴标签，要让孩子最大限度地感受到爱与尊重，充分相信孩子，做孩子最坚强的后盾。

（3）分析问题，和家长一起探索解决方法。

教师：通过上述案例和刚刚我们讨论过的结论，下面我们进一步剖析发生上述情况的根源。

教师讲述《教程》第 170~171 页“四、剖析根源”。

教师：我们现在一起回到最初的话题“怎么帮助青春前期的孩子遇见更好的自己”，结合刚才晨晨的故事，我想给大家提供几点新思路。

（4）结合实际，探析对策。

教师讲述《教程》第 171~172 页“五、指导策略”。

教师：上述指导策略可以总结为以下几个关键词，即“尊重”“理解”“沟通”“规则”“目标”和“计划”。希望以上几点对策能够帮助您更清晰地了解怎样帮助青春前期的孩子更好地认知自己，树立正确的自我价值观。

（5）设置情景，启发家长思维。

教师：各位家长，前面我们分享了许多了解小初衔接阶段的理论知识，现在我们有一个小小的情景模拟，这也是我们经常会在家庭生活中遇到的情境。

教师讲述《教程》第 173 页“六、实践思考（二）情境题”。

小结：大家演绎得非常好，很真实地再现了我们生活中与孩子沟通对话的场面。当家长遇到这种情况下，一定要先冷静下来，站在孩子的角度思考为何会发生冲突，然后清楚地帮孩子划分哪些是小问题（ 简单提醒，甚至忽略），哪些是大问题（严肃处理，直接说“不可以”），哪些是需要鼓励的（孩子的创新能力、深度思考能力等 ），将矛盾转化为帮助孩子提升处理问题的能力的机会。

教师：下面，我带大家再进入另一个情境。

教师讲述《教程》第 173~174 页“六、实践思考（三）案例分析题”。

小结：大家说得都很有道理，看得出大家在这节课中是有收获的，平时也是用心在努力教育孩子的。其实当家长的期望和孩子的兴趣之间产生矛盾时，家长一定要给予孩子成长的空间。可以让孩子在轻松、平等的家庭氛围中表达自己的想法，家长可适时给予指导，但不要将自己的想法强加给孩子。

（6）通过亲子游戏，增进亲子感情——我家的家庭信箱。

教师：前面我们一起进行了理论和实操练习，各位家长对亲子游戏也有了一定的了解，接下来我想为大家介绍一个增进亲子关系的小方法。

教师讲述《教程》第 174~175 页“七、智慧分享（一）学习资料”。

教师：以上的小游戏提供给大家，希望能抛砖引玉，在以后的生活中多用“游戏”的思维引导孩子。为您和孩子提供一个相互给对方带来快乐的舞台，促进亲子间的感情。

三、讲授总结

教师：通过今天这次家长课堂，大家可以认识到青春期是孩子对未来人生的探索期，这也是一个矛盾与变革的阶段。而我们作为家长，在这一阶段更应该陪伴孩子，了解孩子的需求，持之以恒给予孩子力量，我们的孩子终会遇见更好的自己。

我这里还有一些关于家庭亲子游戏的指导内容，我将通过资料包发送，如果您在以后的实践中有任何疑惑也许从这里能找到答案，也随时欢迎您与我沟通，希望我们能一起共助孩子成长。最后再给家长推荐两本书，希望也能给您带来些启发。

教师给家长提供《教程》第 174~175 页“七、智慧分享（二）推荐书目”。

附：本课资料包下载

第四编

初中教师用书教案

适应教育

驶入成长新航道——帮助孩子适应初中生活（教案）

授课学段：初中一年级
授课名称：适应教育
驶入成长新航道——帮助孩子适应初中生活
授课单位：天津市武清区杨村第五中学
授课教师：谢悦
指导教师：王术宇

教育目标

（1）让家长了解孩子升入初中后诸多不适表现及产生根源。

（2）学会引导孩子悦纳新环境，建立和谐人际关系，掌握新的学习方式方法。

（3）助力家长构建良好亲子关系，增强孩子对初中生活的掌控感和适应力。

学情分析

家长对孩子升入初中后的期望值较高，更多地关注学习成绩，缺乏对环境变化给孩子带来的心理波动进行及时有效的干预。一旦孩子出现成绩滑坡或行为异常，更多地停留在运用自己固有的经验，处理问题简单片面，不能给孩子以科学的指导。

本课内容就是对家长进行系统的指导，让家长明确孩子在进入初中后所面临的诸多问题，进而进行有效的亲子沟通，有针对性地进行疏导，使孩子尽快适应初中生角色。

重点难点

（1）重点：让家长了解小学和初中学习生活的差异，学会帮助孩子建立信心的方法，使孩子适应初中新环境。

（2）难点：让家长掌握帮助孩子适应初中生活的策略。

教具准备

教学课件（见资料包），气球、打气筒。

课时安排

1 小时。

教育过程

一、讲授铺垫

教师：家长朋友们，大家好。由小学升入初中，是孩子人生的一个重要阶段。在这一过程中，孩子们不仅要面临新阶段、新环境、新学习内容，还要重新构建人际关系和适应角色转变，有可能会手足无措，甚至出现“新生适应不良综合征”。

下面，请您对照以下几幅漫画认真思考，升入初中后，您的孩子是否出现了以下的问题呢（在教学课件中展示）？

教师：其实，孩子处于一个成长的过程，他们是发展的、变化的，从不适应到适应也是孩子成长的必经阶段。下面，我们再通过一个视频，来听一

听孩子们的心声（在教学课件中播放）。

今天，我们就一起来探讨一下，作为家长，应如何帮助孩子尽快适应初中生活，为孩子的成长助力。

二、讲授过程

（1）引入案例。

教师：首先，请各位家长一起来研究一个案例。

教师讲述《教程》第3~4页“三、故事聚焦《津津开学记》”。

提问：家长朋友们，您的孩子是否正处在和津津一样的困境中呢？您会采取什么措施来帮助孩子呢？

（2）分组讨论。

教师：通过刚才的案例思考，我相信各位家长朋友们一定有很多想法想要表达，作为家长，我们应该怎样帮助孩子尽快适应初中生活呢？下面，请大家在纸上写下想说的话，并在组内相互交流研讨，择一人负责记录，限时5分钟。

教师请小组代表发言。

教师：感谢家长们的精彩分享。可以看出，在这段特殊的航程中，很多孩子在开学初表现出来的适应问题，背后往往是他们成长动力不足、人生目标模糊等问题。部分孩子就像遇到了人生的雨季，感觉道路泥泞，前行受阻。我将其中的原因梳理、总结为以下几点。

①面对多学科，学习上动力不足，效率下降。小学阶段学科门类少，教师遵循小学生的认知特征多采用直观、形象、生动的教学方法。升入七年级，伴随教学内容的陡增，课程设置的变化，班级学生数量的增加，教师只能在难点、重点方面着力。教师的授课方式和教学进度发生了很大的变化，这些都对学生的课上专注度、课下学习效能提出了新要求，学生易产生畏难情绪。

②情绪不稳定，产生沟通障碍。一些心理弹性差、敏感内向的孩子，念老师、想同学，很容易在转变的过程中出现适应不良的问题，自然也就产生了失眠、烦躁、情绪波动明显、拖延、孤独、焦虑等不良情绪和其他问题。

③心理不成熟，反抗与依赖、闭锁与开放、勇敢与怯懦并存。正值青春期的孩子叛逆、敏感，如何与家长沟通也是一种全新的挑战。无论是同伴关系还是师生关系、亲子关系，都会变得更为复杂多样。这让很多孩子觉得缺

乏心理依赖而引发孤独、焦虑等一系列行为问题。

④人际交往不顺畅，自我评价不准确。面对不同性格习惯、全新面孔的同龄人，孩子需要重新选择朋友。因此，人际关系的重新确立，朋友的重新组合，对新入学的学生来说是个新课题。

⑤多种不良行为时有发生。初中新生处于半成熟状态，对未知充满兴趣，有些学生活泼好动，为了吸引关注甚至做出些出格的事情，这也是成长中常见现象。

教师讲述《教程》第 4~5 页“四、剖析根源”。

（3）策略指导。

教师：当您的孩子出现了上述问题，作为家长，您是否能正确引导孩子，给孩子赋能呢？

①保持健康积极的心态。进入初中以后，孩子会感到和小学的差别很大，在各方面都会遇到一些新问题。也许难以适应新环境，也许再怎么努力成绩都停滞不前……如果没有心理上的准备，会严重影响学习成绩，有些同学甚至会因此一蹶不振。家长一定要引导孩子从思想上做好进入初中的准备。

②养成良好的学习习惯。常常有这种情况，小学升初中后，一些小学成绩优异的学生成绩却变得平平，而有些学生在小学成绩本来一般，初中后却一跃而起，突飞猛进。这些转变和学习习惯的好坏是分不开的。家长应督促学生养成认真学习、勤做总结的习惯。

③家长对孩子多些关爱和沟通。小学阶段，家长在孩子心中有相当的权威；而进入中学，学生独立性增强，其叛逆情绪开始出现。家庭环境对子女潜移默化的影响是长久而深远的。家长应当把握时间提前教育，引导孩子养成健康的爱好。孩子的自制力比较弱，一定要避免孩子接触不健康的书籍和音像制品，同时防止孩子沉溺于网络游戏或聊天。

教师讲述《教程》第 6~7 页“五、指导策略”。

（4）设置情境。

教师：各位家长，前面我们分享了很多理论知识，下面我们一起来关注一个情境体验。

教师讲述《教程》第 8 页“六、实践思考（二）情境题”。

小结：通过情境体验，我们不难发现，其实生活中，很多家长都是“棒棒妈妈”。当孩子进入新环境后，我们忽略了孩子的真实感受，一味强求孩子增强适应能力，却没有进行正确的心理疏导。作为家长，我们要试着走进孩子的内心世界，陪伴孩子完成融入新环境的过程。

教师：我们再来看另一个案例，并请大家思考。

教师讲述《教程》第 8~9 页“六、实践思考（三）案例分析题”。

小结：大家说得都非常有道理。随着环境的变化，孩子觉得初中生活无趣无味，这是很正常的。作为家长，我们应该接纳孩子出现的不良情绪，给予孩子积极的情绪引导，满足孩子的归属感，提升孩子的自信心。

（5）互动体验。

教师：前面我们分享了案例和情境，那么，对于孩子不恰当的指导到底会产生什么样的影响呢？现在我们一起来做一个游戏——打气球情境体验。我要请三位家长上台，一位家长扮演孩子，因为不适应初中生活而情绪低落；一位本色出演，在旁边指责孩子胆小、适应能力差；第三位家长负责给气球打气，父母指责一次打两下气球，以此类推。

小结：通过这个活动，我们可以直观地发现，孩子的负面情绪就像不断充气的气球。在这样的情况下，亲子沟通不能用力过猛，必须讲究艺术，维持亲子关系的平衡。

三、讲授总结

家长朋友们，通过本次家长课堂，我们共同交流了如何帮助孩子适应初中生活。良好的开端是成功的一半，希望通过今天的学习，各位家长都学会了通过及时耐心的疏导，正确而持之以恒的指导，帮助孩子调整心态，以积极的人生态度去面对初中新生活的挑战。家校合作，为我们的孩子成长保驾护航。

感谢大家在百忙之中参与这次活动，我将通过资料包给大家发送一些家庭亲子活动的指导内容，希望您可以和孩子一起尝试，增进彼此的了解。如果孩子出现不适应等情绪问题，也随时欢迎您与我沟通，希望我们家校合力，共助孩子成长。

教师给家长提供《教程》第 10~12 页“七、智慧分享”。

附：本课资料包下载

价值观教育

偶像崇拜不盲目——培养孩子正确的价值观（教案）

授课学段：初中一年级
授课名称：价值观教育
偶像崇拜不盲目——培养孩子正确的价值观
授课单位：天津市武清区杨村第十二中学
授课教师：李金璐
指导教师：王宝侠　宋建英

教育目标

（1）帮助家长正确认识偶像崇拜和价值观，明确中学生成长发展规律，进而理解青少年偶像崇拜的情感需求。

（2）综合运用谈话法、案例教学法和大脑风暴法引导家长关注偶像崇拜对青少年的心理影响，用科学的方法进行家庭教育，帮助孩子树立正确的价值观。

（3）提升家长共情能力和温性疏导孩子偶像崇拜行为能力，培养孩子正向的媒体素养和价值观。

学情分析

中学生因为年龄和心理特点，其偶像崇拜有盲目性倾向，进而导致出现价值观扭曲等问题。大部分家长面对此种情况，缺乏必要的理论依据和实践操作方法，无法掌握与孩子有效沟通和引导的正确方式方法，常常束手无策，甚至采用不当沟通或过激方法，导致孩子问题更加严重。

重点难点

（1）重点：帮助家长正确认识偶像崇拜和价值观，明确中学生成长发展规律。

（2）难点：综合运用谈话法、案例教学法和大脑风暴法提升家长温性疏导孩子偶像崇拜行为的能力，培养孩子正向的媒体素养和价值观。

教具准备

教学课件（见资料包），接龙小程序。

课时安排

1 小时。

教育过程

一、讲授铺垫

教师：各位家长好，诚挚欢迎您的到来！感谢一直以来大家对学校工作的支持和帮助，希望通过今天的家长课堂，能够在家庭教育方面对您有所帮助！

教师通过教学课件展示学生追星图片。

教师：各位家长请看屏幕中的几张图片，里面的情形您熟悉吗？看来大家不仅熟悉还很有感触，您有这方面的困惑吗？

教师请几位家长谈感想。

小结：听过几位家长的困惑和难题，我发现孩子们对偶像盲目崇拜情况的确比较普遍。今天，我们共同探讨，如何帮助孩子杜绝对偶像的盲目崇拜，培养正确价值观，让孩子积极、健康、快乐地成长！

二、讲授过程

（1）科学认知析现状。

教师：大家不要一听到孩子有崇拜的偶像就如临大敌。偶像崇拜是人的正常需求，因为现阶段初中孩子的发展特点，决定了他们中的许多人缺乏对价值取向的正确判断，才出现了种种令我们棘手的问题。解决问题前，先让我们正确认识几个概念。

教师讲述《教程》第 13 页“二、现状分析”第一段内容，介绍“偶像崇拜”和“价值观”的科学定义。

教师：也许之前您没有认真关注过这两个概念，但是接下来的小问题您一定想和我探讨，您知道中学生发展规律吗？或者说您了解自己孩子现阶段各方面特点吗？

大家对孩子观察得都很仔细，我把各位说的整理归纳起来，可以得出初中生成长发展规律有5个方面的特点，大家对照一下，是不是和自己孩子目前表现出的特点相同。这部分您一定要认真看，对于一会儿我们分析解决问题很有帮助。

教师讲述《教程》第13~14页“二、现状分析”第二段“初中生成长发展规律5个方面特点”。

教师：初中生基于现阶段的特点，才会在偶像崇拜方面出现各种问题。

教师讲述《教程》第14页“二、现状分析”第三段“孩子在偶像崇拜方面的问题”。

教师：接下来，我们看一个真实事例，共同直面中学生在偶像崇拜中的问题。

（2）典型事例同聚焦。

教师讲述《教程》第14~15页“三、故事聚焦《我要当他的‘铁粉’》”。

教师：刚刚我一直在观察各位家长，发现大家一会儿点头，一会儿摇头，还有许多家长表情凝重地叹气，大家好像都从小蓝身上发现自己的孩子面临的同样问题。其实对于偶像盲目崇拜和“饭圈”乱象，国家已经出台了一些政策，如中央网信办于2021年8月发布了《关于进一步加强“饭圈”乱象治理的通知》。但这并不能从根本上解决问题，我们还要追根溯源，剖析造成中学生盲目崇拜偶像的根本原因，才能真正解决乱象，帮助孩子树立正确的价值感。

（3）不同层面寻根源。

教师：请问您认为哪些层面出了问题导致孩子盲目崇拜偶像？

教师请几位家长各抒己见。

教师：刚才几位家长说的都很有道理，内容涵盖了学生个人、家庭和社会三个层面的问题，可以总结为以下5点原因。

教师讲述《教程》第15~16页“四、剖析根源”。

教师：冒昧地问大家，既然大家对问题根源都掌握了，能对症下药解决问题吗？

（4）多管齐下树典范。

教师：我这里有几个小方法和大家分享。

教师讲述《教程》第16~18页“五、指导策略”。

教师：首先，以法为线理性崇拜。家长可以通过典型案例普及有关法律知识，让孩子首先提高法治意识。比如最近“翻车”的当红小生，加入他的粉丝团要交会费，还要粉丝应援请剧组吃饭，偷税漏税被国家制裁，对这类没有“主体责任”意识，不能遵法守法的公众人物，家长要做好信息把关，指导孩子用文明行为自觉抵制对偶像盲目崇拜的不良现象和行为，实现偶像崇拜行为的良性发展。

其次，理想指引价值导航。现在的青少年对偶像的“仰望”发生了质的改变。他们追逐的偶像并不仅是明星、偶像团体，北京冬奥会勇夺两金一银的天才少女谷爱凌，给地球做“CT”的科学家黄大年，以凡人之力书写传奇的快递员汪勇，北大助理教授“韦神”韦东奕，他们的事迹也在感动着青少年一代，特别是他们积极向上的品质和崇高精神，激荡着许许多多青少年的心灵。

再次，共同学习促进发展。在孩子人生发展的“十字路口”，家长应转变教育思想，构建学习型家庭，以身作则。引导孩子在对偶像的观察中，发现正能量、高尚品德、积极阳光的心态等，开阔孩子视野，共同学习关于社会人生的知识，把单纯的崇拜升华为成长中的重要榜样。

最后，崇尚英雄聚焦中国，崇德求知仰望星空。袁隆平、屠呦呦、钟南山，这些闪亮的名字，他们代表着社会的贡献者，他们被年轻的粉丝群体称为“共和国最闪亮的星”，这是所有中国人的自豪。他们代表的科学精神是青少年积极向上的榜样，他们的奉献精神是青少年培养社会责任感的旗帜，他们的无私奉献为青少年传递着新时代的力量。作为家长的你们应紧跟青少年发展的步伐，帮助青少年重新审视、重新塑造对偶像的定义和选择，在更广袤的世界里激励他们踏着中国榜样的步伐，在强国筑梦的征程中积极地发展自我，为未来做准备。

（5）当堂实践验收获。

教师：刚刚给大家介绍了许多引导孩子偶像崇拜的具体实施措施，现在验证一下，大家有没有真正的收获。

教师讲述《教程》第18页“六、实践思考（一）思考题”，请家长回答“价值观”的内涵。

教师：接下来还有一些问题需要您带着今天家长课堂的收获回家和孩子共同完成。

教师讲述《教程》第 18~19 页“六、实践思考（二）情境题，（三）案例分析题，（四）亲子实践活动”，并将其作为课后延伸资料包提供给家长。

教师：在您完成上述“任务”后，可以把遇到的问题、困惑和收获上传到班级接龙小程序，我们一起解决、分享。

三、讲授总结

教师：最后，与大家分享一些学习资料和推荐书目，它们都具有中国特色的满满正能量，希望能帮助孩子培养正确的价值观。

教师给家长提供《教程》第 20~22 页“七、智慧分享”。

教师：再次感谢大家百忙之中参加本次家长课堂，希望今天的内容能对您引导孩子树立正确价值观有所帮助。欢迎您遇到问题与我沟通，共同帮助孩子健康快乐成长！

附：本课资料包下载

学习指导

启动学习“心”按钮——激发孩子学习动力（教案）

授课学段：初中一年级
授课名称：学习指导
启动学习“心”按钮——激发孩子学习动力
授课单位：天津市第六十三中学
授课教师：代文文
指导教师：张扬　方芳

教育目标

（1）帮助家长了解什么是学习动机以及影响学习动机的主要因素。

（2）提高家长帮助学生分析学习动机的能力，掌握激发学生学习动机的技巧。

（3）引导家长树立正确的学习观，营造和谐温馨的亲子氛围。

学情分析

学习动力是学习动机的外在直观表现，是引发和维持学生学习行为，并使之朝向一定学业目标的动力倾向。家长们都期待孩子具有强大而稳定的学习动机，能积极主动学习；期待孩子对学习保有浓厚的兴趣；期待孩子在学习上遇到困难时，有克服困难的意志力。但是很多家长不知道该如何引导孩子，只一味地要求孩子学，以至于很多孩子不能忍受学习的苦，丧失了学习兴趣。

重点难点

（1）重点：帮助家长了解什么是学习动机以及影响学习动机的主要因素；提高家长帮助学生分析学习动机的能力，掌握激发学生学习动机的技巧。

（2）难点：引导家长树立正确的学习观，营造和谐温馨的亲子氛围。

教具准备

教学课件、《三个建筑工人的故事》视频、《习得性无助》视频（见资料包）。

课时安排

1小时。

教育过程

一、讲授铺垫

教师：随着经济的发展，人们生活水平不断提高，吸引孩子眼球的事物越来越多、越来越新奇，各位“神兽”通常都是玩起来茶饭不思，一学习便叫苦连天。孩子对待学习敷衍了事，不爱学习、逃避上学的行为屡见不鲜，给家长朋友造成了很大的困扰，家长不知道如何激发孩子们的学习动机，更不清楚如何根据学生的实际情况设置合理的学习目标。今天我将围绕“启动学习‘心’按钮——激发孩子学习动力”进行分享，期待为您提供教育孩子的新思路，共同帮助孩子爱上学习！

二、讲授过程

（1）热身活动：视频导入，启发思考（见资料包）。

教师：家长朋友们，请大家观看视频《三个建筑工人的故事》，并思考为什么相同起点的三个工人，人生境遇却出现了天壤之别？

总结：通过家长们的分享我们可以知道，三个工人之所以境遇不同，是因为他们的工作动机以及工作目标不同。其实人的一切行为皆始于动机，动机存在于各行各业。学生的学习动机影响其学习过程和学习结果，对其学习行为具有激活、引导、维持和调节的功能，与学习效果存在着密切的关联。

（2）转换活动：知识介绍。

教师：要想掌握激发学生学习动机的方法，我们首先要了解学习动机的分类及相关理论。

①学习动机的分类：外部学习动机——“要我学”；内部学习动机“我要学”。

②维纳的成败归因理论：个人成败可以归因为能力、努力、运气、工作难度、身心状态、环境。当将失败原因归结为外部因素或者能力时，会抑制孩子的学习动力，甚至导致习得性无助；而将原因归结为可控的内部因素努力时，可以激发孩子的学习动力。

③马斯洛的需要层次理论：人的需要从低级到高级分别为生理需要、安全需要、归属与爱的需要、尊重需要、求知需要、审美需要、自我实现的需要。若想激发孩子的学习动机，需要引导孩子向更高层次的需要发展。

教师讲述《教程》第 23~24 页“二、现状分析”。

（3）主体活动：案例分享。

教师讲述《教程》第 24~54 页“三、故事聚焦《学习可以像游戏一样有趣》”。

教师：我们尝试分析案例中的苏楠为什么缺乏学习动力，看看家长朋友们能不能群策群力找出激发苏楠学习动力的方法。

问题 1：材料中苏楠的学习目的是什么？他的兴趣是什么？为什么游戏能够很快地吸引学生甚至成年人的兴趣？

教师讲述《教程》第 26 页“四、剖析根源（三）学习目标设置不恰当”和第 27 页“五、指导策略（三）科学设置学习目标”。

教师：苏楠的学习目的是让妈妈开心，他感兴趣的是游戏。游戏之所以有趣是因为可以刺激我们大脑的奖励中枢，促进多巴胺分泌，最核心的逻辑就是让玩家一直玩下去。这种活动会让人产生紧张、快乐、自豪、满足、专注等感受。所以当学生能够在学习中得到更多的积极反馈，就会激励他慢慢养成学习兴趣。那么在设置任务时一定要斟酌，根据维果斯基的“最近发展区”理论，我们最好设置学生“跳一跳，就能够完成”的任务，减少其挫败感。

问题 2：当苏楠考试成绩不理想时，家长指责苏楠是废物，说他脑子笨会导致什么结果呢？

教师讲述《教程》第 25~26 页“四、剖析根源（二）学业习得性无助”和第 27 页“五、指导策略（二）克服习得性无助”，并播放习得性无助的视频（见资料包）。

教师：什么是习得性无助？就是无论怎么做都没有办法改变自己的当前处境所产生的一种抑郁状态。能力属于内部的、稳定的、不可控制的因素，因此当家长将学生考试失利的原因归结于学生能力时，长此以往学生会产生习得性无助，丧失对学习的兴趣。

问题 3：家长如何跟老师配合呢？

①教师讲述《教程》第 25 页“四、剖析根源（一）家庭沟通模式不良”和第 26~27 页“五、指导策略（一）调整家庭沟通模式”。

教师：家长应与学生建立民主平等的亲子关系，营造良好温馨的家庭氛围，更多地了解学生。

②教师讲述《教程》第 27 页“五、指导策略（三）科学设置学习目标”。

教师：在学习过程中，帮助苏楠一起制定目标，并且这个目标是具体可执行的，当达成这个目标时，要及时鼓励他，帮助他重拾学习的自信心，慢慢帮助苏楠找到学习的兴趣。

③教师讲述《教程》第 26 页“四、剖析根源（四）学习风格不适用”和第 28 页“五、指导策略（四）找到适合的学习风格”。

教师：家长要与学生共同探讨适合学生的学习方法。

三、讲授总结

教师：通过前面的分享，相信家长朋友们对于提高孩子的学习动力都有了自己的心得收获，下面请家长朋友们帮一帮焦灼的小明父母，为他们提供解决方法吧。

教师讲述《教程》第 28~29 页“六、实践思考（三）案例分析题”。

教师：通过本次讲座，家长们在提高孩子学习动力方面已经有了更多思路，相信通过不断实践，孩子们的学习兴趣会不断提高，亲子关系会更加融洽。感谢各位家长的积极参与、认真聆听，我这里还有一些关于家庭亲子游戏的指导内容，我将通过资料包发送，如果您在以后的实践中有任何疑惑也许从这里能找到答案，也随时欢迎您与我沟通，希望我们能一起共助孩子成长。

教师给家长提供《教程》第 29~32 页“七、智慧分享”。

附：本课资料包下载

时间管理

管理时间防拖延——帮助孩子进行时间管理（教案）

授课学段：初中一年级
授课名称：时间管理
管理时间防拖延——帮助孩子进行时间管理
授课单位：天津市南开区实验学校
授课教师：邱晴
指导教师：邱晴

教育目标

（1）了解拖延现象的危害及成因，帮助家长认识自己孩子拖延的表现及原因。

（2）帮助家长分析孩子拖延问题，指导孩子进行时间管理。

（3）帮助家长树立指导孩子做好时间管理的信心。

学情分析

家长普遍关注孩子的身心发展，对自己孩子存在的拖延情况的危害也是比较了解的，并且大部分家长也一直有计划地解决孩子的拖延现象。

重点难点

（1）重点：帮助家长对孩子进行时间管理。

（2）难点：让家长客观认识自己孩子拖延现象产生的不同原因，家长与学生共同行动起来进行有效时间管理，对抗拖延症。

教具准备

教学课件（见资料包），问卷调查。

课时安排

1 课时。

教育过程

一、讲授铺垫

教师：面对现代社会的快节奏、高压力，在工作和生活中困扰很多人的拖延现象并不见消减。根据调查问卷的情况，通过学生和家长的双向反馈，我们发现存在拖延现象的学生有 90% 以上。

二、讲授过程

（1）教师讲解小明的故事。

教师讲述《教程》第 34~35 页“三、故事聚焦《小明的一天》”。

教师：请家长分析造成小明拖延的原因。如时间管理方法有问题，学习专注力差、学习效率低，桌面不整洁，学习习惯不好、不记作业，亲子沟通方法有问题。

（2）学生拖延现象的成因。

教师讲述《教程》第 35~37 页“四、剖析根源”。

①为失败找借口。很多拖延者害怕自己的不足被发现，害怕付出最大的努力还是做得不够好，害怕达不到要求。这种恐惧失败的心理很可能让拖延成为“有效”的心理策略。

②完美主义倾向。那些拖延的人往往没有意识到，“完美主义”是造成很多人拖延的根源。心理学家认为，一个人如果对自己和他人要求过高，总是追求完美。这种性格就是完美主义的体现。有的孩子有着完美主义倾向，对自己要求过高，对任务完成的结果也期待甚高。当自己有过高期待又遇到困难时，就容易出现一拖再拖、迟迟不肯着手的现象，总希望有足够把握，能做得完美无瑕疵后再开始，结果就是总也不能开动。要知道，不完美、不顺利是常态。苛求完美，求之不得，反而举步维艰。过高的目标不利于任务的达成。

③对抗权威。我们也可以将其理解为消极抵抗。随着孩子们进入青春期，他们的自我意识不断发展，开始反抗成人，争取权力。由于每个孩子的

特点、家庭特点、亲子互动模式不同，有的孩子叛逆明显一些，有的隐蔽一些，程度也不一样。有些孩子在家庭中不敢或不愿直接表达与父母的不同意见，就会通过“拖延”这种“软抵抗”的方式来表达自己的态度。案例中小明的“起床气”和与爸爸的“斗气”所引发的拖延，就是基于一种内心的不满。

④注意力不足。在学习或工作时，如果不断地因为外界的打扰分散注意力，就不能专注于当前正在处理的事。

（3）掌握治疗拖延的策略。

教师讲述《教程》第 37~39 页“五、指导策略”。

教师：帮助孩子对抗拖延问题，首先要做到的就是亲子间统一思想。只有帮助孩子认识到拖延的危害，树立防范和应对拖延的态度，避免拖延得利的观点和结果，才能更好地防范和减少拖延行为。

①帮助孩子客观认识自己，教会孩子不找借口、不追求完美。

②轻重缓急有计划，排除干扰，立即行动，增强专注力。

③学会管理时间，重点是巧妙利用零散时间。

教师：可以让家长指导孩子利用零散时间完成一些小项目。比如，在等车、等待上课的时候背几个单词。也可以将简单任务进行整合。比如，边散步边对作文进行构思，利用早上洗漱的时间思考一天的计划安排等。当然，零散时间的有效利用不一定只是学习层面的，跑步的时候听听歌，等候的时间跟朋友聊聊天，都是对零散时间的珍惜。

学会在单位时间，获取更大的收益。我们知道投入与产出或者努力与报酬之间的关系往往是不平衡的，教会我们的孩子用最少的时间能做出更大的成绩，这就是智慧的管理时间。

④严爱相随会监督。在孩子制订计划中，家长切记自己是计划的参与者和监督者，绝不能一味地批评、指责，否则会适得其反。

三、讲授总结

教师讲述《教程》第 39 页“六、实践思考（一）思考题”。

教师：识别拖延是帮助孩子有效应对拖延的第一步。请家长结合孩子在学习生活中的常见现象，思考哪些表现属于“拖延”？判断依据是什么？

教师讲述《教程》第 39~40 页“六、实践思考（二）情境题”。

提问：如果您是林林的家长，您对林林的当下表现有什么感受？您会怎么帮助他呢?

教师讲述《教程》第 40 页“六、实践思考（三）案例分析题”。

教师： 请您根据自己孩子在日常学习生活中出现的时间管理问题，进行一下成因分析，并尝试提出解决方法。家长还可以开展一些亲子实践活动，为孩子制定一日生活清单。

教师讲述《教程》第 40~41 页“六、实践思考（四）亲子实践活动”。

感谢各位家长，期待在我们共同努力下，孩子们学会管理时间，健康快乐成长！最后给家长提供一些学习资料和推荐书目。

教师讲述《教程》第 41~42 页“七、智慧分享”。

附：本课资料包下载

心理健康

心有韧性抗挫折——增强孩子的耐挫力（教案）

授课学段：初中一年级
授课名称：心理健康
心有韧性抗挫折——增强孩子的耐挫力
授课单位：天津市第九十三中学
授课教师：张皖娇 董萍
指导教师：赵庆华

教育目标

（1）指导家长了解心理韧性的含义及其对孩子成长的意义。

（2）帮助家长了解孩子拥有的心理韧性品质和需要提升的心理韧性品质，以及帮助孩子提升耐挫力的方法。

（3）指导家长了解关于抗挫力和心理韧性的知识盲区，重构科学健康的家庭教育理念，并在生活中加以运用。

学情分析

当孩子进入初中阶段，他们的自身发展情况和生活状态都会产生一系列变化。他们一方面面临学习任务复杂、学业压力增大的现实情况；另一方面受到青春期的影响，表现出思想偏激、情绪多变、敏感细腻，很容易在遇到困难时，不知所措，一蹶不振。

家长在面对初中生的困惑时，往往还是停留在老观点、老方式上，用对待小学生的方法对待初中生，效果不佳。所以，家长更需要学习一些有效的心理知识和应对策略，指导初中生面对困难、解决问题，提高耐挫力。

重点难点

（1）重点：了解心理韧性的含义，掌握提升耐挫力的方法。

（2）难点：如何将增强孩子耐挫力的方法运用到实际生活中。

教具准备

教学课件、视频（见资料包）。

课时安排

1 小时。

教育过程

一、讲授铺垫

教师： 家长朋友们，大家好。欢迎大家来到今天的家长学校，本次要给各位分享的主题是：心有韧性抗挫折——增强孩子的抗挫力。在开始正式的课程之前，首先想问大家一个问题：我们想要教育出什么样的孩子？请家长思考这个问题并发表自己的观点。

教师邀请几位家长自由发言。

教师： 每个家长都期许自己的孩子将来成为一个有用的人，不管未来做什么工作、在什么位置，他都会成为一个正向的、对这个社会有所帮助的人。

但我在平时和家长的沟通中发现，很多家长都在抱怨为什么孩子受挫能力这么差？其实，这与教养环境和方式有很大的关系。今天，我们主要聊一聊抗挫力－心理韧性这个话题。

通常说的抗挫力，在心理学中有个专门的概念——心理韧性。心理韧性是指人们从逆境、矛盾、失败甚至积极事件中恢复常态的能力。书本上也有对于心理韧性和韧性品质的介绍。

教师讲述《教程》第 46 页“五、指导策略”中“（一）了解心理韧性”和“（二）了解孩子的心理韧性品质”。

小结： 心理韧性对于孩子的成长具有积极意义，高心理韧性的孩子能够更好地克服逆境与挫折，追求人生的自我实现。那么我们孩子的心理韧性怎么样呢？下面请大家一起来检查一下。

二、讲授过程

（1）更正家长对心理韧性培养的误区。

① 活动：通过以下问题进行自我检查，反思孩子目前心理韧性的情况。

问题 1：你发现孩子非常爱哭，批评他做错了事时就不高兴。

问题 2：你发现孩子非常爱逃避，遇到一点难事他就马上停下来。

问题 3：你发现孩子非常脆弱，受不了一点批评。

家长自测。

教师：我看到大家都在纷纷点头。我想问大家一个问题，看到孩子有这样的表现，您一般会怎么应对呢？

家长自由发言。

教师：大家似乎有很多共鸣，那我们一起来看一看这样的应对措施是不是科学。

② 观看视频，了解错误的挫折教育。

教师：很多家长都觉得受苦式和打压式的挫折教育有利于培养孩子的韧性。下面我们来看一个实验。

教师播放视频——《塞利格曼习得性无助研究》（见资料包）。

教师：我们看到实验里的小狗在先前的经历中，习得了“自己的行为无法改变结果”的感觉，因此，当它置身于可自主的新环境中时，也放弃了尝试。

同样，当我们人类在反复经历挫折或失败后，也会认为自己的所有努力都没有意义，甚至是那些能够做到的事情，也因为习得性无助而认为自己做不到。

由此可见，人为设置的挫折，不会在孩子的成长中起到积极的作用，反而可能带来反作用。不经意之间的打压式教育很容易让孩子怀疑和否定自己，看不到自己的闪光点和优点。

教师：我们再来看一个视频。

教师视频播放——《少年说》（见资料包）。

教师：视频中的这个孩子其实说出了很多孩子的心声。他想让父母不要总盯着自己的缺点，盯着别人家孩子的优点。那么我们下面来做一个活动：孩子的优点清单。

③ 活动：列出孩子的优点清单。

教师：请您分享自己的孩子身上的3~5个优点，并举出具体的例子。

家长填写并自由发言。

教师：其实只要转换一下角度，我们也会发现自己的孩子很优秀。同样，锻炼心理韧性并不等于打压，如果只关注负面信息，伤害的不仅是韧性，还有可能是孩子的自信心和自尊心。那么究竟要如何培养孩子的心理韧性呢？先来看一看这位家长的做法。

（2）介绍心理韧性培养的方法。

①故事聚焦，引起情感共鸣。

教师播放视频（见资料包）。

教师：这个视频的主角就是“故事聚焦”中的妈妈和女儿。故事里的妈妈在新冠病毒感染疫情最严重的时候，不畏艰险去前线抗疫，并以此作为榜样激励女儿好好学习，让女儿明白世上没有从天而降的英雄，只有挺身而出的凡人。这个温暖坚毅的背影引起了武大校长的注意，于是有了这封隔空喊话的信。大家看了这个故事有没有什么感受或者启发？

教师讲述《教程》第44~45页“三、故事聚焦《武大校长‘隔空喊话’初中生》”，并请家长自由发言。

教师：视频中的母亲以身作则引导孩子面对困难时如何保持好心态和行动力。都说父母是孩子的第一任教师，父母的言行对孩子有着重要影响，特别是对进入青春期的孩子。培养孩子的心理韧性，同样也需要我们的言传身教，下面就给大家介绍一下培养韧性的具体步骤。

教师讲述《教程》第45~46页“四、剖析根源”。

②介绍培养孩子心理韧性的三步法。

第一步：接纳孩子的情绪——表达认同、理解。

第二步：帮助孩子正确对待挫折——建立认知，应对困难。

第三步：帮助孩子寻求现实策略——落实行动。

教师在介绍每个方法的时候，可以结合实际生活中的例子进行讲解，以便家长更好地理解，并能够运用到实际生活中。

教师讲述《教程》第47~48页“五、指导策略（三）引导孩子正确看待学习和成长中的压力”和第48页“五、指导策略（四）激发保护性因素获得更多支持力量”。

三、讲授总结

教师：当孩子遇到挫折和困难的时候，是家长对他们进行挫折教育的最好时机。首先，家长应通过倾听、支持、理解和接纳，帮助孩子应对负面的情绪；其次，家长应帮助孩子认识到失败和挫折是不可避免的，一时的失败是不可怕的；最后，家长应与孩子一起制定现实策略来应对困难。

如果能做好这几点，就可以帮助孩子发展好应对困难和挑战的能力，这个能力也将会伴随他们终身，让他们的人生道路走得更加顺畅。

教师给家长提供《教程》第 50~53 页“七、智慧分享”。

教师：非常感谢大家参加这次的家长学校，希望通过这堂课让您对家庭教育有一些新的收获，最重要的还在于课后练习，合理地利用孩子成长的每一个契机，同他们一起面对每一次的困难和挑战！

附：本课资料包下载

家风建设

千教万教教人求真——扬传统美德，建诚信家风（教案）

授课阶段：初中一年级
授课名称：家风建设
千教万教教人求真——扬传统美德，建诚信家风
授课单位：天津市静海区第七中学
授课教师：杨淑婷
指导教师：杨淑婷

教育目标

（1）认识诚信教育的重要性，树立正确的诚信教育观念。

（2）指导家长学习合理有效的诚信教育方法，以帮助学生养成诚信品德。

（3）理解诚信家风是国家发展、民族进步、社会和谐的基础。

学情分析

现在家长都知道诚信的重要性，但并不代表能真正懂得诚信与美德之间的关系，也未必能主动践行和传承好诚信育人的理念。因此讲诚信、弘美德、重实践，这既是学校和家庭的教学目标，也是社会发展对人才素质的要求。

重点难点

（1）重点：引导家长认识诚信教育的重要性，树立正确的诚信教育观念。

（2）难点：指导家长学习合理有效的诚信教育方法，以帮助学生养成诚信品德。

教具准备

教学课件（见资料包）。

课时安排

1 小时。

教育过程

一、讲授铺垫

（1）聆听歌曲《家和万事兴》。

设计意图：让家长感受到家不仅是一种情感牵挂，更是一个人安身立命、修身立德的起点。家和万事兴体现了中国传统文化中的和谐融合关系，展示人们向往和谐美满生活的愿望。

共同活动：教师引导家长共同总结出家和则家庭兴、家族兴、家国兴、万事兴的结论。

（2）现状分析。

教师讲述《教程》第 54~55 页“二、现状分析”。

教师：从调查问卷反映的数据需要引起我们的高度重视。诚信是社会主义核心价值观中个人层面的重要内容，是国民思想道德建设的重要一环。

二、讲授过程

（1）分享案例。

教师：各位家长，我想和大家分享一个案例，大家一起听听，思考造成案例中问题的原因是什么？如果您孩子出现了案例中的情况，您会怎么做？

教师讲述《教程》第 55~56 页“三、故事聚焦《‘诚信’背后的故事》”。

提问：案例中的李丽为什么不敢说实话？案例中的妈妈有什么问题？作为家长应该如何跟孩子进行沟通，让孩子敞开心扉表达感受？

教师引导家长展开讨论。

教师：当下的教育已经不再处于以暴制暴的时代，但孩子出于恐惧，仍可能不敢说实话，害怕家长。作为家长必须改变教育方式，避免错误的价值观引导。

（2）分析问题。

教师：大多数诚信缺失孩子的家长往往容易走入教育的误区。

教师讲述《教程》第 56~58 页“四、剖析根源”。

（3）探讨策略。

教师：有什么样的家教，就有什么样的家风，也就有什么样的人。广大家长都要重言传、重身教、教知识、育品德，身体力行、耳濡目染，帮助孩子扣好第一粒扣子，迈好人生的第一个台阶。

问题 1：您认为什么是家规家风？

共同活动：家长回答之后，教师总结概况出家规是指一个家庭所规定的行为规范，通常是由一个家族所遗传下来的教育规范后代子孙的准则。

问题 2：说说你了解哪些家规家风？

共同活动：家长回答之后，教师总结这些家风中蕴含的传统美德？例如诚信。并与家长分享以下诚信名句。

言不信者行不果。

——出自《墨子·修身》

以一伪丧百诚者，乃贪名不已故也。

——出自《颜氏家训》

教师：诸葛亮的《诫子书》、颜之推的《颜氏家训》、李毓秀的《弟子规》等，都是先辈利用家训教诫家人、子弟。可见，端蒙养、重家教是中华民族千百年来的优良传统。

问题 3：自由发挥，大家结合自己家的家规造句。

①在我家，吃完饭……

②在我家，出门时……

③在我家……

教师：下面请各位家长谈谈自己家的家规家风，并说出其中蕴含的中华美德。

设计意图：让家长在交流中，了解各种家规、家风，接受正能量的熏陶，养成积极向上的生活和学习习惯。践行良好家规家风，传承并弘扬中华美德。

教师：家庭是我们梦想启航的地方，每个小家的家风汇聚成中华民族大家庭的家风，无论时代如何变化，优秀的家规家训都是国家发展、民族进步与社会和谐的基础。要做到以德促智，激发潜能；以爱育德，立德树人；以身传教，触发觉悟。

教师讲述《教程》第 58~60 页“五、指导策略”。

（4）实践思考。

教师：下面我给大家提出一道思考题，一道情境题，一道案例分析题，请家长来回答。同时也给家长提供一个亲子实践活动的小方案，家长可以与孩子一起培育家风，讲好诚信。

教师讲述《教程》第 60~61 页“六、实践思考”。

教师：通过上面的内容，我再请家长思考一下，应该如何共立家规，涵养好作风，弘扬美德？

（1）以文养性，静生智慧。家长可以借鉴案例《孟母三迁》，努力营造家庭教育氛围，如细心布置家中展示墙，力争让墙壁会“说话”；精心建立图书角，力求多读书读好书……

（2）以规制标，保驾护航。“恋亲不为亲徇私，念旧不为旧谋利，济亲不为亲撑腰。”这是毛泽东的“家风三原则”。讲规矩，守纪律，是毛泽东在亲情面前的选择。

（3）以活聚力，润德于心。亲子活动能够增进孩子与父母的情感交流，促进孩子健康成长，有助于形成和谐的家庭氛围。比如和孩子一起参加一次有意义的社区志愿活动，让孩子稚嫩的肩膀扛起担当，在奉献中体会人生价值；清明节和孩子一起扫墓，赓续英烈精神，汲取奋进力量；体验田园农耕生活，感知粒粒皆辛苦的真谛，做到厉行节约，拒绝浪费……

（4）以身作则，言传身教。家庭是孩子的第一课堂，父母是孩子的首任老师。正面管教不是吼叫和打骂，而是重示范，是言传身教，是身体力行，让他们在潜移默化中不断修正并完善自身行为。

三、讲授总结

教师：党的十八大以来，习近平总书记对家庭、家教和家风建设有许多重要论述。他指出，千家万户都好，国家才能好，民族才能好。

（1）家长想要孩子学会诚实努力的方向。

①培养孩子描述生活、表达思想和畅谈感受的能力。

②改善环境，消除不良影响。

③惩罚得当，帮助孩子克服虚荣心。

（2）给家长的意见。

①变抱怨为学习。

②变不满为欣赏。

③变消极为积极。

教师给家长提供《教程》第 61~63 页“七、智慧分享”。

附：本课资料包下载

青春期教育

直面成长不烦恼——科学应对青春期的叛逆行为（教案）

授课学段：初中二年级
授课名称：青春期教育
直面成长不烦恼——科学应对青春期的叛逆行为
授课单位：天津市河东区香山道中学
授课教师：张婧
指导教师：赵葵

教育目标

（1）帮助家长了解青春期孩子身心发展规律和心理情感变化特征。

（2）引导家长明晰青春期孩子叛逆的现实根源；掌握正确应对孩子叛逆的策略和科学睿智的育子方法。

（3）指导家长学会面对、理解、接纳孩子的叛逆，通过运用科学的育子方法陪伴帮助孩子走出青春期的困惑与迷茫。

学情分析

很多家长发现，青春期的孩子变得思维活跃、自我意识增强、情绪多变。在家庭生活中经常出现“一言不合”就“剑拔弩张”的情况，如果没有处理好，很容易影响孩子的身心健康，甚至导致严重的后果。随着《中华人民共和国家庭教育促进法》的发布与宣传，越来越多的家长意识到家庭教育的重要地位。在面对青春期孩子时，家长十分渴望掌握科学育子方法和青春期应对策略，尤其是面对孩子的叛逆行为和紧张的亲子关系时，渴望获得帮助的需求也愈发强烈。

重点难点

（1）重点：帮助家长正确认识青春期孩子的心理特点并掌握科学、正确、可操作性强的育子方法。

（2）难点：家长运用本课所讲授的应对策略和育子方法解决实际问题。

教具准备

教学课件、视频（见资料包）。

课时安排

1小时。

教育过程

一、讲授铺垫

教师：家长朋友们，大家好，欢迎您来到今天的家长课堂。首先，请观看一段视频并分享您的感受。

教师播放视频（见资料包）。

教师：初中时期是人生成长的重要阶段，作为家长，我们发现步入青春期的孩子朝气蓬勃、思维活跃，但又渴望独立，逆反心理极强。于是，家长在和孩子相处时，常常会出现沟通不畅的情况，从而导致亲子矛盾时有发生。为了很好地帮助孩子顺利、平稳、积极、健康地度过青春期，让亲子关系更加和谐融洽，今天我们共同走进家长课堂，直面成长不烦恼，科学应对青春期的叛逆行为。

提问：升入初中以来，很多孩子都会不同程度地呈现出新的变化。请您说一说，您的孩子进入初中以来，都有哪些变化？这些变化给您的感受是怎样的呢？

教师请几位家长谈感受。

教师：感谢家长朋友们坦诚的分享。通过几位家长的分享，我们看出青春期孩子的变化让作为家长的我们时而感到欣喜时而又觉得“看不懂”，甚至有时候觉得孩子的行为、语言和想法让人感到莫名其妙，不能理解。在这几位家长发言时，家长们都不约而同地点头，有时候还露出了赞同的微笑，由此可见，很多家长都发现了青春期孩子的一些共性表现。

二、讲授过程

（1）呈现概念。

教师：青春期是青少年生理发育和心理发展急剧变化，告别幼稚、走向成熟的过渡时期，在心理学中被称为“心理断乳期”。这个时期的出现，也说明了孩子在心理上的进步，就如同刚才有的家长说：“我发现我的孩子以前做什么都会先问我的意见，现在只有当他觉得解决不了时才会向我寻求帮助。”这无疑体现了孩子从心理上的依附父母到有了独立意识这一重大变化。您认为导致这一现象出现的原因是什么？

教师请几位家长谈观点。

小结：处于青春期的孩子由于出现了独立意识，进而想要成为独立的人，但他们由于认知水平和行为能力的限制，又不得不依赖父母。当这种外在的制约与孩子自身想要达成的目的无法平衡时，就容易产生负面的情绪。如果父母对孩子的表现或刨根问底，或是漠不关心，或是专制蛮横，往往就会增强他们的反抗、对立情绪，从而导致矛盾的出现。

（2）读图分析。

教师：请家长仔细观察照片，青春期常见的叛逆行为都有哪些外在表现？

教师讲述《教程》第66~67页“二、现状分析”。

（3）探究感悟。

教师：青春期是人生发展的一个重要阶段，详细了解青少年青春期的发展变化，有利于进一步促进青少年的身心发展。我国有关部委发布的相关教育类文件中，《中小学心理健康教育指导纲要（2012年修订）》从与异性的交往原则、社会适应与人格培养的角度强调了青春期及心理健康教育的必要性。《全国家庭教育指导大纲（修订）》则从家庭教育的角度强调了青春期阶段的教养要点。由此可见，家庭教育在帮助孩子顺利度过青春期中发挥着重要作用。作为家长，我们要站在客观的角度，走进青春期，如果我们能将本节课所学的知识应用到实际问题的解决中，对于孩子的叛逆行为，我们便会更加理性地去看待和接受，也更有利于帮助我们和孩子形成彼此信任、彼此理解的亲子关系，从而化解生活中的矛盾，引导孩子走出青春期的困惑与迷茫。下面，我想和大家分享一个案例。

教师讲述《教程》第 67~68 页“三、故事聚焦《孩子，妈妈真的做错了》”。

教师：案例中，主人公小敏有哪些行为是青春期典型的叛逆行为？出现这些行为的根源您认为都有哪些？

教师请几位家长发表观点。

教师：感谢家长们的发言。我们从案例中看到“心事重重”“叛逆”“22 点还未回家”“冷战”“溜出家”“不想读书”“赚大钱”等字眼，这些外显行为都体现了刚刚我们学到青春期的特点。八年级学生正处于“心理断乳期”和“青春懵懂冲动期”，他们希望尽快摆脱童年的稚嫩，获得一种全新的评价认可，因此需要家长精心引导和悉心栽培。故事中小敏母女俩之间的矛盾冲突之所以如此激烈，是有很多深层次的缘由的。

教师讲述《教程》第 68~70 页“四、剖析根源”。

（4）策略指导。

教师讲述《教程》第 70~71 页“五、指导策略”。

教师：青春期的孩子像展翅待飞的雏燕，有几许期待、几许胆怯；像挂满露珠的花蕾，有几许清纯、几许羞涩；更像娇嫩的玫瑰，有几许美丽，更带几许锐刺。花开有声，成长有径。家长要及时转变教育方式，跟上孩子成长的节奏，助力他们成人成才，也希望以上的策略能够帮助到家长朋友们。

（5）实践应用。

教师讲述《教程》第 72 页“六、实践思考（二）情景题”。

教师：下面我邀请两名家长分别扮演东东和东东爸爸，将该情境通过语言和行为表演出来。表演后，请两名家长谈一谈自己的感受。您觉得东东爸爸应该如何处理会达到更好的效果呢？

教师组织家长谈自己的感受。

教师：家长们说了很多好的方法。的确，对于青春期的东东来说，当他叛逆顶撞时，以暴制暴的沟通方式只会更加激化矛盾，亲子关系也愈发紧张。但如果家长采取以柔克刚的方式，和东东进行情感交流，则会更容易让东东敞开心扉、诉说心声、理解家长，从而改掉缺点和不足。

下面我们再来看一个案例。

教师讲述《教程》第 72~73 页“六、实践思考（三）案例分析题”。

教师：导致母女多次冲突的原因是什么？怎么去疏导孩子呢？

教师请几位家长发表观点。

教师：家长们分析得非常到位，也提出了很好的疏导建议。作为青春期孩子的家长，我们应站在孩子的角度去感受、考虑问题。有事多沟通，遇事少指责。要学会共情和理解，为孩子加油赋能。

（6）夯实巩固。

教师：请家长说一说本节课您的收获与感悟？

教师请几位家长分享收获与感悟。

教师：感谢家长的分享。您收获了很多，也更能理解和接纳青春期孩子的叛逆行为。希望我们今后在与孩子相处过程中，多为孩子赋能。当发生冲突问题时，先询问孩子发生了什么，多倾听孩子内心的感受，问询孩子的想法，最重要的是让孩子感受到被爱的力量，主动提出："你希望我能为你做些什么？"

三、讲授总结

教师为家长提供《教程》第 74~76 页"七、智慧分享"。

教师：感谢各位家长的认真聆听和互动分享。相信通过本节课的学习，家长朋友们在遇到孩子青春期叛逆问题时，一定能够做到冷静、理智面对，真诚接纳孩子们的变化，用融洽和谐、彼此信任的沟通方式帮助孩子解决青春期的问题。

附：本课资料包下载

悦纳自我

学会为自己点赞——提高孩子的自信心（教案）

授课学段：初中二年级
授课名称：悦纳自我
学会为自己点赞——提高孩子的自信心
讲授学校：天津市河东区田庄中学
讲授教师：丁春玲
指导教师：赵葵　董萍

教育目标

（1）帮助家长认识自信心和影响因素，让家长了解学生的自信心和奋发精神是学生赖以发展成长的最根本的内在动力和最宝贵的积极的心理因素。

（2）帮助家长把构建积极自我的方法传授给孩子，引导家长关注孩子心理健康，家长要注意引导学生正确地定位自己的角色，以积极、乐观的态度，正确地看待学习过程中的困难和挫折。

（3）帮助家长培养孩子自信心，帮助孩子发现自我优势。建议家长要抓住家庭教育的契机，创造成功机会，让学生体验成功的喜悦，充满自信、激发潜能。

学情分析

每个家庭情况不尽相同，在培养孩子自信心方面也存在差异。有的父母过分干涉子女的行为，期望过高而导致要求过多，禁止过多，以至于子女害怕因达不到父母的要求而受到谴责和否定，什么事情都不敢做，导致缺乏自信心。相反，还有一些家长对孩子的活动在保护的基础上给予其社会化训练，在满足孩子合理要求的同时，在某种程度上又对孩子的行为加以限制或禁止，其亲子关系非常和谐。这样的家长时常和孩子交流对各种事情的看法，对孩子所取得的成绩给予及时的鼓励，对孩子的错误耐心批评并指导，给予孩子充分的自由和自尊。

重点难点

（1）重点：帮助家长掌握一些帮助孩子树立自信心的方法。

（2）难点：家长如何抓住教育契机，让学生体验成功的自信。

教具准备

教学课件（见资料包）。

课时安排

1 小时。

教育过程

一、讲授铺垫

教师：中国有独特的“自信”文化传统，一代伟人毛泽东在水中迎风劈浪，发出“自信人生二百年，会当水击三千里”的呐喊。自信是个体对自己的积极肯定和确认程度，是对自己能力、价值等作出正向认知与评价的一种相对稳定的人格特征。有一句教育名言是这样说的：要让每个孩子都抬起头来走路。“抬起头来”意味着对自己、对未来、对所要做的事情充满信心。任何一个人，当他昂首挺胸、大步前进的时候，就是充满自尊和自信的表现。如果每一个孩子，都有这样的心态，肯定能不断进步。自信心的培养对孩子的成长意义深远，今天就让我们一起探讨如何培养孩子的自信心。

二、讲授过程

（1）现状分析。

① 教师分析初二学生的心理现状。

教师讲述《教程》第 77 页“二、现状分析”第二段内容。

② 邀请家长谈谈自己孩子目前的心理现状及感受。

教师请家长畅所欲言，并与家长充分互动，在此过程中，教师可以全方位地了解学生的心理状况，以及自信心的程度。

③ 教师阐述自信心在学生成长过程中的重要性。

教师讲述《教程》第 77~78 页“二、现状分析”第三段内容并举例分析。

教师：自信心是人的一种积极的心理品质，是孩子各种良好习惯养成的动力基础，更是完美人格的核心。缺乏自信是孩子健康成长的严重阻碍，正如拿破仑所说：“默认自己无能，无疑是给失败创造机会”。

（2）故事聚焦。

教师讲述《教程》第 78~79 页“三、故事聚焦《走出‘背叛’的阴霾》”。

教师：听完这个故事，各位家长可以想一想，自己的孩子也曾出现过这种情况吗？在教育孩子的过程中，您是否也出现过与关悦家长类似的行为？现在请各位家长讨论交流。

小结：案例中的关悦对自己评价极低，极其不自信，父母对她的教育也非常严苛，导致其懦弱自卑。在家长的讨论中，我发现有些孩子也存在类似现象，有些家长的教育方式也有待提高。

（3）剖析根源。

教师：孩子对自己缺乏全面客观的认识是影响自信心的最主要因素。初中生心理不成熟，生活阅历浅，往往不能对自己作出全面客观的认识和评价。有些孩子发现不了自己的“闪光点”，发现不了自己特有的潜质，从而产生自卑感和压抑感，对自己学习和生活缺乏自信心。家长的批评指责也是影响孩子自信心的重要因素。孩子是很敏感的，讽刺挖苦性的语言会在其心里产生阴影。

教师讲述《教程》第 79~80 页“四、剖析根源”。

小结：从以上成因来看，“家庭教养方式不当”的主要责任者是家长，而“采用固定型思维思考问题”“消极的自我认识”虽然体现在孩子身上，却与家长“家庭教养方式不当”密不可分。家长可以结合上述原因交流自己的感想。

（4）指导策略。

教师：树立、培育、增强孩子的自信心，家长有着天然的优势和不可替代的作用。

教师讲述《教程》第 80~81 页“五、指导策略”。

小结：除了民主平等的家庭教养方式、用成长型思维构建积极自我、帮助孩子发现优势以外，在培养孩子自信心的过程中，还有一些需要注意的地方。

①不要故意为难孩子，不要把孩子的错误公开，以免让孩子感到难堪。

②让孩子自己去做一些力所能及的事情，体验成功的喜悦。

③强调孩子的优点比批评缺点更有效。

④不要当着别人的面训斥、指责孩子或唠叨孩子曾经做过的错事。

⑤多表扬鼓励，少指责埋怨，过激的批评后要适时地降温。

⑥注意发现孩子的闪光点，并耐心去培养，使之不断发扬光大。

⑦如果孩子有了缺点，要耐心帮助分析原因，鼓励他们克服纠正。

⑧正确对待孩子的学习成绩，或者说成败体验。

⑨多花时间与孩子谈心、交流，要时刻让孩子感到父母“无条件的爱”。

⑩勇于向孩子承认错误。

教师：我们当中也有在家庭教育方面非常优秀的家长，下面请这些家长来与我们共同分享教育经验。

（5）实践思考

教师讲述《教程》第81~82页“六、实践思考”。

教师：这里，我们了解到什么是成长型思维，也分析了小兰和小旭的故事。建议家长可以回家和孩子开展亲子实践活动，和孩子一起坚持打卡21天，改变自己一个固定型思维，并将自己所做的努力记录下来。

三、讲授总结

教师：如何帮助孩子树立自信心，是家校合作共同育人的重要内容，家长在其中要发挥主导作用。我给大家再提供一些学习资料和参考书目，希望能给您提供帮助。

教师给家长提供《教程》第83~85页“七、智慧分享”。

教师：通过上面的学习，请家长结合自己的认识与感受，想想自己以后在孩子的教育培养过程中还有哪些方面需要加以改进。

孩子拥有自信是学习成功的起点，孩子拥有自信才能战胜困难与挫折，孩子拥有自信才能面对未来的挑战。让每一位家长都能尊重、信任学生，用最大的耐心和细心呵护孩子的自信，培养孩子的自信。为每一个孩子开启自信之门，使他们昂首阔步迎接美好的未来，满怀信心地迎接未来的挑战。

附：本课资料包下载

媒介素养

手机自控有节制——帮助孩子合理使用电子产品（教案）

授课学段：初中二年级
授课名称：媒介素养
手机自控有节制——帮助孩子合理使用电子产品
授课单位：天津市蓟州区第一中学
授课教师：王丽娟　高娜菊
指导教师：邓淑娟　马国春

教育目标

（1）帮助家长认识到孩子沉迷于手机和网络问题的危害性。

（2）指导家长全面了解孩子痴迷于网络的现实根源。

（3）助力家长采取科学有效的方法，帮孩子提高自控能力，有节制地使用手机等电子产品，促使孩子健康快乐成长。

学情分析

随着信息科学技术的高速发展，网络对青少年学习和生活的影响越来越大，家长的焦虑和烦恼也在不断升级。孩子沉迷于手机这一现象十分普遍，也备受社会关注。有些孩子沉迷于手机是因为家庭教育中缺乏关爱，孩子找不到认同感，只能通过游戏来宣泄情感；有些孩子沉迷于手机则是源于自控能力较差，无法很好地调节自己，从而陷入其中。随着孩子越来越依赖电子产品，家长非常担忧的不仅是影响孩子的身体健康，更为严重的是影响孩子的精神状态。

重点难点

（1）重点：全面了解孩子痴迷于网络的根源和使用电子产品造成的危害及原因。

（2）难点：帮助家长采取科学有效的方法，帮助孩子学会有节制地使用手机等电子产品，促使孩子健康快乐成长。

教具准备

教学课件、短视频（见资料包）。

课时安排

1 小时。

教育过程

一、讲授铺垫

教师：各位家长好，首先欢迎您抽出宝贵时间来参加我们的家长课堂，树立正确的家庭教育观，建立科学的家庭教育理念是我们共同的责任。您的积极参与代表了您对孩子教育的重视，这是孩子的幸运，也是孩子健康快乐成长的有利条件。

随着电子产品的普及，家长们的焦虑和烦恼也在不断升级。青少年沉迷于手机这一现象十分普遍，备受社会关注。有些青少年沉迷于手机是因为缺乏来自家庭教育中的关爱和认同，通过游戏来宣泄情感；有些孩子沉迷于手机则是源于自控能力较差，无法很好地调节自己，从而陷入其中。沉迷于手机会有哪些危害？面对孩子沉迷于电子产品这一现象，家长应该如何处理？您是否了解孩子沉迷于电子产品背后真正的原因？了解原因后，怎样有效防止孩子沉迷于手机？今天，我们带着这些问题一起走进课堂。

二、讲授过程

1. 认清迷恋电子产品的危害性

教师：众所周知，“百年前国人躺着抽鸦片，百年后国人躺着玩手机”，手机成瘾已然成为当代中国人的“精神鸦片”。孩子沉迷于电子产品所带来的危害有多严重？请大家一起来认识了解。

教师播放小视频《孩子沉迷手机的危害》，并请几位家长交流观看感想。

教师：家长们说得很好，孩子迷恋手机不仅仅伤害眼睛、影响睡眠，更糟糕的是沉迷于手机的孩子会出现多方面的心理变化：情绪管理能力下降、意志力受损、专注力下降、“玻璃”心、习惯于逃避等；机不离手，亲情疏远；沉迷于游戏，无法自控；影响学业，诚信缺失；网上交友，上当受骗。

2. 透过现象看真相

（1）出示问题。

教师：亲爱的家长们，面对孩子沉迷手机这一现象，我们都已经深刻了解到了手机的危害，有以下几个问题请大家配合思考：

① 在您的家庭里亲子沟通频繁吗？

② 孩子的生活是乏味的还是丰富多彩的？

③ 在孩子玩手机时，您上前制止，他一般是什么态度？

④ 面对孩子迷恋手机，您是怎么处理的呢？

（2）交流分享。

教师：父母忙于工作，极少和孩子交流沟通；多数孩子日常生活都是学校和家庭之间“两点一线”，除了学习，其他娱乐活动甚少；大部分家长对孩子玩手机都是既气愤又无奈，有的甚至打骂；孩子的态度也大都是对父母的说教置之不理，也有的孩子当面承诺事后无任何改变。

（3）案例分析，明确孩子迷恋手机的原因。

教师：各位家长，我想和大家分享一个案例，大家一起听听，故事里的小杰妈妈是怎么做的？

教师讲述《教程》第87~89页“三、故事聚焦《现实生活比网络世界更美好》”。

教师：通过上述案例和刚刚我们讨论过的结论不难得知：缺乏规则意识导致孩子在使用手机方面自控能力弱；现实的不如意致使孩子染上网络社交依赖症；在游戏中体验到现实里无法得到满足的归属感和成就感；家长的忽视及消极示范效应无意中助推了孩子沉迷于网络等。那么，我们该如何去做呢？

教师讲述《教程》第89~90页“四、剖析根源”。

3. 专家支招

教师：家是开启智慧、塑造品行的摇篮，家长希望孩子能像小树一样在阳光雨露的滋润下茁壮成长。孩子痴迷于手机的现象，不是我们强制收回手机、掐断网络就能完全禁止的。与其严防死守，不如理性思考：如何让孩子能够面对诱惑持身自控，做到有节有度，防止沉溺于网络虚拟世界。下面送给家长们 4 个智慧暖心小锦囊。

教师讲述《教程》第 90~92 页“五、指导策略”。

①制定家庭规则，提升和谐有序的自控监管能力。

②善用“肯定式教养”，拉回在网络里寻求慰藉的孩子。

③丰盛“精神大餐”，提高对痴迷网络的免疫力。

④注重自驱引航，助力孩子赢在网络时代。

三、讲授总结

教师：让我们再次观看一下《如何正确使用手机》的视频。通过今天的学习活动，各位家长朋友们有什么感想呢？或者说以后的生活中再面对孩子迷恋电子产品时，您该如何去做？哪位家长朋友愿意来分享一下！

教师讲述《教程》第 92~94 页“六、实践思考”。

教师：感谢大家在百忙之中参与这次活动，我这里还有一些关于家庭亲子游戏的指导内容，我将通过资料包发送，如果您在以后的实践中有任何疑惑也许从这里能找到答案，也随时欢迎您与我沟通，希望我们能一起共助孩子成长。

教师给家长提供《教程》第 94~96 页“七、智慧分享”。

附：本课资料包下载

法治教育

守法自护远欺凌——教育孩子远离校园暴力（教案）

授课学段：初中二年级
授课名称：法治教育
守法自护远欺凌——教育孩子远离校园暴力
授课单位：天津市蓟州区第二中学
授课教师：刘君
指导教师：李爱英

教育目标

（1）知识：帮助家长了解校园欺凌的危害、成因以及干预举措。

（2）技能：帮助家长掌握和运用科学的教育和引导方法，教会孩子分辨校园欺凌，具备初步的预防和抵制校园欺凌的能力。

（3）情感：帮助家长培养孩子法治观念，并将法治观念植入孩子心中。

学情分析

初中是学生身体和心理发展的特殊时期，也是校园欺凌行为的高发阶段。面对同学间的矛盾，错误的处理方式极易导致校园欺凌的发生。很多家长对于校园欺凌有所了解，但了解得不全面，对校园欺凌是否会发生在自己孩子身上产生恐慌，又没有解决的对策。再加上处于青春期的学生一般不愿意向父母敞开心扉，所以父母不能完全了解学生的在校情况，进而加剧了家长因未知而带来的恐慌。

重点难点

（1）重点：帮助家长掌握和运用科学的教育和引导方法，教会孩子分辨校园欺凌，具备初步的预防和抵制校园欺凌的能力。

（2）难点：帮助家长培养孩子法治观念，并通过家长后期对于孩子的教育，将法治观念植入孩子心中。

教具准备

教学课件（见资料包）。

课时安排

1 学时。

教育过程

一、讲授铺垫

教师：校园欺凌偶有发生，不仅对受欺凌者造成严重的身心伤害，也影响到校园安全稳定，甚至阻碍了社会和谐发展，所以今天把家长们聚集到一起，希望我们能共同探讨一下怎样教育孩子远离校园暴力。不知道各位家长自身有没有经历过校园暴力的事情，或者自己在上学的过程中看其他同学经历过？在这里我给大家带来了一个有关于校园暴力的小视频。希望各位家长能够仔细观看，有所感触。

教师播放视频《悲伤逆流成河》片段（见资料包）。

教师：不知道各位家长在看完这一段视频之后有什么感触呢？

家长：以前只觉得发生校园欺凌事件是因为孩子没有处理好人际关系，还没有意识到校园欺凌会威胁到孩子的生命健康，后果这么严重，更担心这样的事情会发生在自己孩子身上，看来我们要好好学习这一课。

教师：在视频中我们看到哪几种校园欺凌的方式呢？

家长：视频中的女主角被骂、被打、被孤立，以及将不良视频传到网络上的网络暴力，都是校园欺凌。

教师：校园欺凌有的表现为肢体方式，如推推搡搡、拳打脚踢甚至抢劫等；有的表现为语言方式，如当众讥笑、谩骂，起侮辱性绰号等；有的以社交孤立方式故意拉帮结派，冷落受欺凌者；有的采用网络暴力的方式，散播对受害者有害的言论、欺凌视频或照片等。校园欺凌通常是一个反复发生的事件，而不是某一次突发事件，如果校园欺凌端倪能尽早被发现，及时干预，就不会对遭受欺凌的孩子产生持续而严重的创伤。

二、讲授过程

（1）主题活动：校园欺凌案例。

教师讲述《教程》第 98~99 页“三、故事聚焦《面对校园欺凌》”。

教师：这不只是一个故事，很有可能类似的事件正发生在孩子身边。所以各位家长一定要对校园欺凌问题引起高度重视。从心理学的角度看，家长对孩子是否会遇到校园欺凌而感到担忧和恐慌的根本原因在于自己本身对校园暴力这一事件的了解不够完整、不够确定，也不够清晰。所以我们要想抵制校园欺凌就一定要弄清楚其原因。

校园欺凌危害深，影响大，其产生既有主观原因，也有家庭、学校、社会等客观原因。今天主要介绍学生自身以及家庭因素的影响。

教师讲述《教程》第 99~100 页“四、剖析根源”。

小结：仔细了解校园欺凌的原因，能让我们更好地抵制校园欺凌这一不文明现象。那么，针对校园欺凌现象我们该采取什么样的对策呢？接下来请各位家长以小组讨论的形式总结一下针对校园欺凌我们该怎么做。

家长：如果我的孩子遭遇到了校园欺凌，我可能会找学校、找老师想办法解决。如果我的孩子是校园欺凌的施暴者，我也可能会采取暴力的方式以暴制暴，让孩子知道这样是不好的。

教师：感谢各位家长的分享。如何应对校园欺凌这类事件，我们有一些好方法。

教师讲述《教程》第 101~102 页“五、指导策略”。

教师：关于校园欺凌，我们深刻地剖析了其原因，也学习了一些解决对策。接下来我们就做一些练习来巩固一下今天的所学。

（2）主题活动：巩固练习。

教师讲述《教程》第 102~104 页“六、实践思考”。

教师：请家长分成小组讨论“校园欺凌和普通玩笑有什么区别”，并想想如果您是“情境题”中小江或小涛的父母，该如何处理？

教师组织家长讨论，教师给出参考答案。

教师：现在请家长以小测验形式完成亲子实践活动：拒绝校园欺凌我能行，并计算出分数。

（3）升华活动：拒绝校园欺凌。

教师给家长提供《教程》第 105~107 页“七、智慧分享”。

三、讲授总结

教师： 校园欺凌是一种性质严重的问题，会给学生的身心健康造成极大的伤害。为了拒绝校园欺凌，我们需要采取积极有效的措施。

首先，学校应该建立完善的校园欺凌预防和处理机制，制定明确的规章制度，并加强对学生的宣传教育，让他们知道什么是校园欺凌，以及如何避免和拒绝校园欺凌。

其次，学校要加强对学生的关爱和管理，及时发现和处理校园欺凌事件，对施暴者进行惩处，并对受害者进行心理疏导和帮助。

最后，家长也应该加强对孩子的教育，让他们懂得尊重他人、关爱他人，如果发现孩子有被欺凌的情况，要及时与学校沟通，家校携手共同解决问题。

通过以上措施的实施，相信我们可以共同拒绝校园欺凌，创造一个和谐美好的校园环境。

附：本课资料包下载

审美教育

热爱生活有雅趣——培养孩子健康的审美情趣（教案）

授课学段：初中二年级
授课名称：审美教育
热爱生活有雅趣——培养孩子健康的审美情趣
讲授单位：天津市葛沽第三中学
讲授教师：时振超　袁婵
指导教师：时振超

教育目标

（1）指导家长认识审美教育及其对孩子健康情趣培养的重要性。

（2）指导家长以情境感化、活动带动来培养孩子的审美志趣。

（3）指导家长克服强势“说教”，以爱润心，激发美的表现与创造，以爱传递对孩子的尊重。

学情分析

“审美素养”常被家庭教育所忽略。很多家长认识不到孩子会因为缺乏审美情趣而影响世界观的形成、身心的健康成长及未来的生活学习，也认识不到审美教育作为审美的情趣、经验、理想、能力等综合素养的培养，时刻贯穿在孩子衣食住行的日常生活中。还有很多家长将美育仅仅等同于对孩子未来特长发展和职业选择的需要而进行的学习，审美教育未得到重视。初中生自身也因年龄等因素所限，审美情趣和理念有偏差。指导家长认识、重视和落实对学生正确的审美教育是当务之急。

重点难点

（1）重点：指导家长思考和发现自身在对孩子审美教育过程中存在的不足和问题，让家长学到一些在生活中主动创造美的方法。

（2）难点：家长认同本课传递的审美教育的理念，能调整和孩子相处的方式，以关爱和尊重，持续影响和感化孩子。

教具准备

教学课件、《不染这尘俗　花季才真美》情景剧剧本、《听听孩子的心声》表演视频、歌曲音频、调查问卷（见资料包）。

课时安排

1 小时。

教育过程

一、讲授铺垫

教师向家长展示学生积极参加各项校园活动的图片。

教师：孩子们在集体活动中，都能积极参与，全情投入，尽最大的努力，向同学伸出援助之手。各位家长，看到这些是不是为您的孩子感到欣慰呢？有家长朋友跟我交流过，从来没有觉得自己的孩子像在学校里看到的那么帅、那么美！确实，能够以百分之百的能量，参与到校园生活中的孩子们真的很帅、很美。但是，下面这幕剧，也是真实存在的……

二、讲授过程

（1）故事聚焦。

教师：首先，我们来看一部情景短剧《不染这尘俗，花季才真美》。

教师将《教程》第 109~110 页“三、故事聚焦《不染这尘俗，花季才真美》”编排成情景剧，安排学生扮演老师、班委、菲菲、菲菲的母亲和其他学生角色。

教师：各位家长看了这个短剧，您觉得菲菲出现这些行为的原因有哪些？

教师请家长分享观点。

教师：根据家长的分享，我们可以进一步剖析菲菲出现这些行为背后的深层根源。同时，我们班的部分孩子，也存在和菲菲类似的行为。

（2）剖析根源。

教师讲述《教程》第 110~111 页“四、剖析根源”。

教师：学生审美素养不高、情趣低俗、观念错误的原因主要基于以下几点。

①家庭教育中审美志趣培养缺失。家长多关注学习，忽略思想道德，更无视审美素养对全面发展不可替代的作用。

②个性特长发展和综合素养提升有偏差。家长应关注孩子审美素养的均衡发展，注重孩子审美素养的广泛培养。

③网络媒介下多元审美理念带来冲击。家长应注重防止不良价值导向成为学生成长路上的绊脚石。

教师：下面我请大家欣赏三组图片

第一组：杂乱的家居客厅，装潢富丽的客厅，挂有字画的客厅

第二组：亲子看电影，亲子走近大自然，亲子玩电子游戏

第三组：温婉端庄的母亲形象，浓妆艳抹、衣着夸张的母亲形象，辛勤劳作的母亲形象

教师：现在请各位家长选择，您认为各组中“最美”的是哪一项，并说明理由。

教师：现在我们再来欣赏孩子们的表演的节目《听听孩子的心声》。

教师播放短视频，视频中学生分角色、有感情地朗读他们想说的话。

教师：请家长思考，表演中的哪些场景和自己家庭中的情况相似。

（3）指导策略。

教师：现在我向家长公布课前对本班学生进行的匿名问卷调查的情况。调查内容如下。

①你的家庭环境是否整洁、温馨？

②你的家人和邻里是否礼貌相待？

③父母是否邀请你一起做饭？

④你的家庭氛围是否和谐？

⑤父母是否拿你和别人家的孩子作比较？

⑥父母是否在征求你的意见之后，帮你报兴趣班？

⑦父母是否和你看同样的书，并和你交流对书的想法？

⑧父母是否带你去展览馆或去接触大自然？

教师：知道了调查结果后，家长也不必纠结于过去是如何做的，而要想

好今天要怎么做，以及未来如何坚持去做。以下是一些可供参考的做法。

教师讲述《教程》第 111~113 页“五、指导策略”。

（4）实践思考。

教师：通过今天这一课，很多家长已经在反思，我们自身在对待孩子审美教育的问题上，到底该如何做。我们不妨现场试一试。

教师讲述《教程》第 114 页“六、实践思考（二）情境题”。

教师：各位家长，您认为解远妈妈的做法对吗？她的做法会带给孩子什么样的审美情趣？

教师讲述《教程》第 115 页“六、实践思考（三）案例分析题”。

教师：从这个案例中，我们有什么好的办法对徐楠进行正确的教育引导呢？请家长相互交流、进行分享

三、讲授总结

教师：现在我们做一个填空题，家长自我纵向比较，可以有话大声说。

教师在教学课件中出示下列表达句式：

作为家长，过去的我在 ＿＿＿＿＿＿（家庭环境、邻里礼貌、陪伴孩子、家庭和谐、和孩子一起阅读、和孩子走近大自然、对孩子的艺术培养和熏陶等）方面，＿＿＿＿＿＿＿（做得不错、还有待加强、完全没有重视）。

今天的我，学会了在孩子的美育培养方面，我应该 ＿＿＿＿＿＿＿＿＿。

教师：希望家长正确对待之前做法的不足，把自己需要改进的地方大声说出来。

教师播放《世间美好与你环环相扣》视频，同时在屏幕上展出爱因斯坦、钱学森、华罗庚、乔布斯的艺术造诣很深的图文介绍。

教师：可见，对孩子美育的培养和其他方面的培养并不冲突。我从各位家长的表达中，感受到了我们班的家长对孩子的培养都有着一份沉甸甸的责任感。通过今天这堂课，您对美育教育有了更深刻、更全面的认识。爸爸妈妈才是孩子最好的美育老师。美育是教会孩子睁开眼睛发现身边的美。美育可以是家庭环境的美化，可以是和孩子相约走近自然、走进展览馆，可以是和孩子一起阅读，也可以是对孩子的一次温柔的叮嘱……美育是以情动人的德育，让我们的孩子眼睛里看得见美、心理感受得到美、行动上会表达美，这是我们所有家长的希望。今天，我们也掌握了一些可操作的小方法，在往后的日子，您就多实践。如果大家都能想着去做，这事儿想想就美呀！祝咱

们所有的家庭，如歌里唱到的那样，愿世间美好与你环环相扣！

教师给家长提供《教程》第 116~118 页“七、智慧分享”。

附：本课资料包下载

劳动教育

家务劳动真快乐——如何进行家庭劳动教育（教案）

授课学段：初中二年级
授课名称：劳动教育
家务劳动真快乐——如何进行家庭劳动教育
授课单位：天津市第九十中学
授课教师：孙晶
指导教师：杜维志

教育目标

（1）增强家长对劳动教育促进孩子成长的认同感，形成劳动育人的教育观，且能够客观分析当下中学生劳动参与程度偏低的原因。

（2）通过教育案例和同伴互助引导家长掌握营造家庭劳动氛围和开展家庭劳动教育的科学方法。

（3）指导家长通过家庭劳动教育增强孩子的劳动本领，培育孩子的健康人格，融洽亲子关系。

学情分析

劳动是孩子成长过程中的必修课。但实际生活中家长往往更加关注孩子在学业方面的成绩，而忽视劳动对孩子成长所发挥的重要作用。对于孩子力所能及的家务劳动，由家长包办代替的现象比较常见。家长对劳动教育的意识相对淡漠，也欠缺引导孩子参与劳动的有效方法。

重点难点

（1）重点：引导家长树立正确的劳动教育观念，重视家庭劳动教育。

（2）难点：帮助家长掌握科学的教育方法，有效开展家庭劳动教育。

教具准备

教学课件、视频（见资料包）。

课时安排

1 小时。

教育过程

一、讲授铺垫

教师：各位家长，大家好！在开始今天的交流之前，先请大家和我一起观看一段视频。

教师播放公益广告片《给妈妈洗脚》。

教师：这是一则播出于 1999 年的央视公益广告，广告的结尾写道：其实父母是孩子最好的老师，将爱心传递下去。家长朋友，您认为这则广告希望传达出怎样的理念呢？

小结：公益广告想传达的理念是：父母是孩子的一面镜子，你当着孩子的面做的事，孩子就会记在心里，也会模仿你做这件事。

教师：各位家长每天都在为孩子的生活操劳，衣食住行、事无巨细。那大家是否同时收获了一个能主动分担家务劳动、承担家庭责任的孩子呢？您目前是否存在让孩子干家务会耽误学习的担忧呢？您是否遇到过要求孩子干家务却总要三催四请，劳动过后却是一团糟的困境呢？

二、讲授过程

（1）案例导入，引发思考。

教师：各位家长，我想给大家分享一个故事，听完故事也请您考虑一下：如果您是主人公小杰的妈妈，是否支持班主任的做法呢？

教师讲述《教程》第 120~122 页“三、故事聚焦《小杰劳动记》”。

提问：家长朋友们，如果您是小杰的家长，会支持班主任的做法吗？您认为故事中的小杰是一个有劳动观念的孩子吗？是哪些因素造成了小杰劳动能力的欠缺呢？

小结：通过讨论我们不难发现，小杰其实是有一定劳动观念的孩子。在班级值日时，无论是拖地还是擦玻璃，小杰都能尽自己的努力完成劳动任务。当他发现自己值日的效果不够好时，还能主动想办法解决。通过小杰吃苦耐劳、不怕脏不怕累的劳动态度，可以看出他是一个非常认真且有责任心的孩子。那么是哪些因素造成他目前劳动能力的欠缺呢？

（2）分析问题，剖析原因。

教师：通过上述案例和刚刚的讨论，我们来进行根源剖析。

教师讲述《教程》第 122~123 页“四、剖析根源”。

（3）设置情境，统一认识。

教师：各位家长，对于已经进入初中阶段的孩子，掌握必要的生活和劳动技能是成长的必修课。相信很多家长已经开始让孩子们参与到家务劳动之中。不过在日常生活中，您或者您的家人是否对孩子说过类似这些话？这些话又有可能给孩子传递怎样的信息呢？

教师讲述《教程》第 125 页“六、实践思考（一）思考题（1）”。

小结：劳动本身不分高低贵贱。是劳动创造了历史，也是劳动创造了文明。依靠劳动，人类脱离蛮荒、脱离饥寒，从茹毛饮血到刀耕火种，从手工技术到机器大生产，从衣不蔽体到物阜民丰，人类社会的每一个进步都浸透着伟大的劳动创造，我们每一个人的日常生活、衣食住行也都离不开自己和他人的劳动。

作为家长，需要帮孩子认识到劳动的意义，树立劳动光荣、家务劳动人人有责的观念。家务劳动也是一种教育，这一过程能让孩子懂得，家务活并不是父母的事情，而是每个家庭成员的责任。干家务可以培养孩子的动手能力，知道劳动的辛苦，感受收获的喜悦，也能更尊重和珍惜劳动果实，更理解和体贴父母。此外，在教与学的互助合作中，家长和孩子也能增进亲子关系，引导孩子培养稳定的情绪，提升社交技巧和融入社会能力。

（4）互动生成，探究对策。

教师：在教育孩子参与家务劳动的过程中，会有一些实际情况困扰我们，如孩子不主动参与家务劳动，怎么办？孩子动手能力差，家务总是做不好，怎么办？担心让孩子干家务会耽误学习，怎么办？

下面这位网友有关家务劳动的“吐槽”，对我们是否能够有所启发。

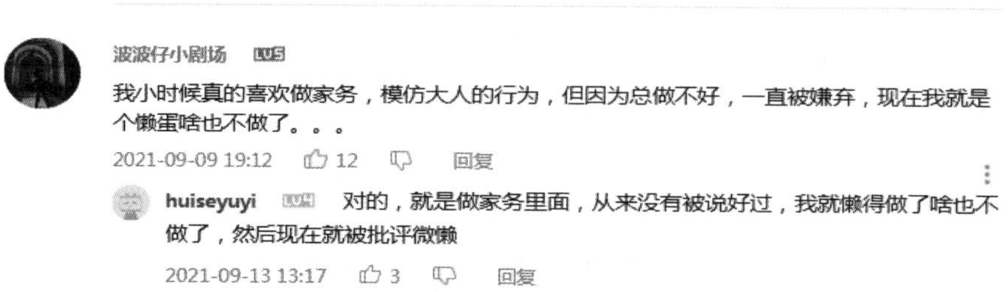
波波仔小剧场
我小时候真的喜欢做家务，模仿大人的行为，但因为总做不好，一直被嫌弃，现在我就是个懒蛋啥也不做了。。。
2021-09-09 19:12 12 回复
huiseyuyi 对的，就是做家务里面，从来没有被说好过，我就懒得做了啥也不做了，然后现在就被批评微懒
2021-09-13 13:17 3 回复

小结：由此我们不难看出，孩子身上表现出的“四体不勤”其实不是天生的。面对孩子的劳动成果，家长需要给予充分的鼓励和尊重，让孩子感受到自己被需要；对孩子干家务的过程既要有适度指导，也不能过分干涉，要信任孩子，给予孩子尝试和试错的机会。

教师：相信各位家长朋友在对孩子进行家庭劳动教育时也会有一些心得和成功的做法，希望您能和大家进行分享，此外，您又是如何处理家务劳动与孩子学习之间的关系呢？

教师讲述《教程》第 123~125 页“五、指导策略”。

（5）设置情境，拓展思路。

教师：各位家长，前面我们共同分析了劳动对孩子成长的重要意义，也找到了一些在家庭中开展劳动教育的方法和策略。在生活中，我们可以通过创设一定的教育契机来引导孩子加入家务劳动之中。

教师讲述《教程》第 126 页“六、实践思考（三）案例分析题”。

小结：大家说得都很有道理。开展家庭劳动教育的目的是要让孩子真正参与到家务劳动中来，并长期坚持，而不是流于“一日体验生活”。家务承包责任制、合理劳动分工、清晰劳动计划、明确奖惩制度都能使孩子既有章可循又有事可做，同时也能更加关注并感受父母每日的付出和辛劳，培养孩子的感恩之心。

三、讲授总结

教师：通过本次交流，大家能够感受到劳动在孩子成长过程中发挥的重要作用。家庭劳动教育也是增进亲子感情，扩大亲子交流的重要途径。舍得用孩子，才是真的爱孩子。好的家庭教育不单纯体现在学业成就上，还要让孩子有一种成就感，找到自信，找到自我，找到父母和社会对他的需要。拥有责任感和价值感的人才有机会获得生活的幸福。让孩子在劳动中拥有处理

问题的能力，获得生存的本领，即使未来远走高飞时，您的心中也能充满欣喜而少些忧虑。

感谢各位家长能和我一起就家庭劳动教育的话题开展讨论，我还想将一些相关的指导内容以资料包的形式分享给大家，或许能够对您未来的教育实践有所帮助。家长朋友，让我们和孩子一起成长吧！

教师给家长提供《教程》第 127~128 页“七、智慧分享”。

附：本课资料包下载

理想信念

志存高远强信念——做新时代的“追梦人”（教案）

授课学段：初中三年级
授课名称：理想信念
志存高远强信念——做新时代的“追梦人”
授课单位：天津市滨海新区大港第十中学
授课教师：薛士超
指导教师：高雁

教育目标

（1）帮助家长认识理想信念对社会、对孩子的重要意义及孩子缺失理想信念的现状及原因。

（2）指导家长把握时代特征，掌握科学有效的教育引导策略。

（3）为孩子的健康成长引路，助力他们争做新时代追梦人。

学情分析

现在大部分中学生在家长的精心呵护下成长，其所思所想都能很容易得到满足，在家庭生活中更多的是索取而不是给予。他们思想活跃、充满活力，但生活经历单一、缺少艰苦锻炼，再加之受社会不良因素的影响，其理想信念和人格都存在不同程度的缺陷。更多的家长关注的是孩子当前、眼下的状态，尤其是孩子的学科成绩；关注孩子的将来，对孩子是否具有崇高的理想信念以及孩子将来应该承担的社会责任则关注较少。

重点难点

（1）重点：认识到拥有崇高的理想信念对于孩子成长的重要性。

（2）难点：为家长提供帮助孩子树立崇高理想信念的方法，让家长有意识地将方法应用于对孩子的日常教育中。

教具准备

教学课件（见资料包）。

课时安排

1 小时。

教育过程

一、讲授铺垫

教师： 各位家长，大家好，很高兴今天能和大家在一起探讨关于孩子理想信念培养的问题。

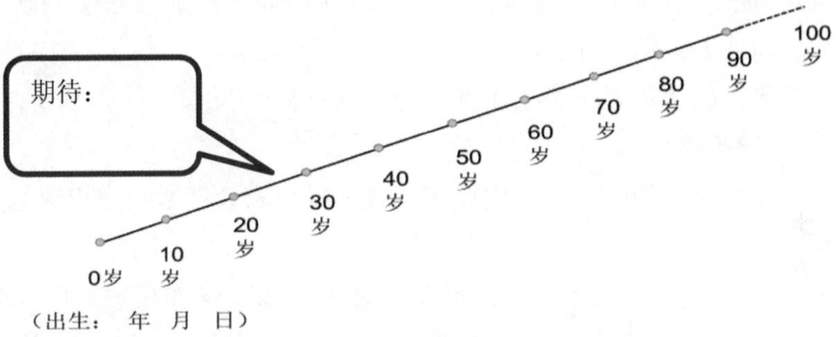

二、讲授过程

（1）认识现状，引发家长思考。

教师： 很多家长可能有共同的感受，现在的孩子缺乏实现理想的动力。造成此类现象的原因是什么呢？我和大家做个小游戏——“聚焦‘生命中的期待’”，一起寻找答案。

教师讲述《教程》第 137 页“六、实践思考（四）亲子实践活动”。

教师： 请家长至少选择孩子的三个年龄点，写出您对孩子的期待。

小结： 从家长的选择来看，大家比较多的期待是孩子上一所好高中、读一所好大学、有一份稳定且收入不错的工作。前几天我让孩子们也写了同样的一份“生命中的期待”，不谋而合，孩子们的期待也集中在这些方面。当然，也有的孩子没有提交上来，因为他不知要写什么。我没有强迫孩子必须交上来，因为理想真的不是强迫出来的，它应该是发自内心的希望和憧憬。

教师：到底什么原因让孩子对未来没有思考呢？很多孩子是有理想的，但为什么孩子很难坚持、缺乏动力呢？关于这些问题，哪位家长谈谈自己的看法。

小结：刚才这几位家长说的这些，相信大家也有同感。孩子的需求容易得到满足是因为他们的需求停留在物质方面或低层次的精神方面。生活的枯燥是可以改变的，社会环境的不良因素，可以通过强大孩子的内心和是非观来避免受到侵蚀。所以，理想不够崇高、信念不够坚定才是他们缺乏动力的根本原因。

（2）分享故事、剖析根源。

教师：接下来我与大家分享一个小故事。

教师讲述《教程》第 131~132 页“三、故事聚焦《理想照亮现实》”。

教师：听了这个故事，相信大家都有同感：这不就是我身边的孩子吗？是的，缺乏理想信念是现在很多孩子身上存在的问题。那么孩子们缺乏崇高的理想信念的缺失根源是什么呢？

教师讲述《教程》第 133~134 页“四、剖析根源”。

（3）指导策略。

教师：面对这样的问题，我们该怎么办。哪位家长能给大家出谋划策？

小结：是的，我们可以学习“恕”的老师和父母，让孩子参与社会实践，让生活不再那么枯燥单调。父母要有意识带孩子参加相关的职业生涯体验和实践活动。如去大火箭基地参观了解，可以到特色街区参观特色建筑等。还可以带学生走进职业生涯体验场所，增强对职业的认知度。如带孩子参加青年志愿者活动、社区服务，参观博物馆、纪念馆、科技馆等。

中国的教育向来注重榜样的力量，可以让孩子了解一些伟人的故事，相信也有一定的激励作用。其实孩子也熟知这些故事，只不过对故事了解得很笼统，然而细节才是最动人、最激励人的，所以我们要提供给孩子更多的故事细节。比如贝多芬是如何克服失聪的困难，辨别音高的。另外在形式上也不要局限于文字，可以是电影、电视剧、纪录片，甚至通过参观博物馆、听讲解员的讲述等。这样一来也避免了枯燥。

在当今社会，有许多值得孩子们学习的榜样。钟南山、袁隆平、张伯礼、张桂梅等英雄模范以及孩子同龄人中也有许多优秀的人，他们的感人事迹，都可以成为孩子的榜样。

教师讲述《教程》第 134~136 页“五、指导策略”。

教师：也许我们的孩子距离成为终南山、袁隆平们只差一个崇高的理想信念！除此之外，还建议大家让孩子学会爱。一个心中充满爱的孩子往往会更早树立理想，会对未来充满期待，也会为实现这样的理想而充满动力。

（4）智慧分享。

教师：在日常生活中，为了培养孩子的崇高理想信念还有哪些细节需要我们注意呢？初中生已经有了一定的思考分析能力，父母要有意识把孩子的家庭角色在实际生活中体现出来。下面给家长提出三点建议，可以让孩子更快体验到责任与承担，比说教更为有效。

教师讲述《教程》第 138~139 页“七、智慧分享（一）学习资料《家庭角色具体化》”。

（5）理论应用于实践，期待美好未来。

教师：从大家的发言不难看出，通过这次交流，很多家长都掌握了一定的方法帮助孩子坚定理想信念。这里有两位家长希望得到大家的帮助。

情境一：小聪的做法对吗？为什么？家长应该怎样进行引导？

教师讲述《教程》第 136 页“六、实践思考（二）情境题”。

情境二：很感谢大家为小聪的家长出谋划策，接下来再看看张同学的故事。

教师讲述《教程》第 136~137 页“六、实践思考（三）案例分析题”。

三、讲授总结

教师：这次家长会我们掌握了一些帮助孩子树立崇高理想、坚定理想信念的具体操作方法。但是停留在理论上是永远无法解决实际问题的。各位家长一定要将今天的所得用于实践，帮助孩子们树立崇高的理想信念，让他们收获更美好的未来！

感谢大家百忙之中抽出时间参加这次活动，最后给大家推荐一些有助于孩子形成崇高理想信念的书目和影视作品。如果您在以后的实践中有任何疑惑，也随时欢迎您与我沟通，希望我们能一起助力孩子成长。

教师给家长提供《教程》第 139 页“七、智慧分享（二）推荐书目和（三）优秀影视作品推荐”。

附：本课资料包下载

责任意识

从“国事”到“家事”——培育孩子正确的政治认同意识（教案）

授课学段：初中三年级
授课名称：责任意识
从“国事”到“家事”——培育孩子正确的政治认同意识
授课单位：天津市北辰区秋怡中学
授课教师：张堃
指导教师：曹晓娜

教育目标

（1）帮助家长理解政治认同意识的含义及其对学生的重要性。

（2）帮助家长掌握在家庭教育中培育学生具备政治认同意识的方法并在家庭教育中及时纠正孩子错误的政治言论与行为。

（3）家长能自觉培育学生将政治认同意识内化为价值取向，进而为实现伟大中国梦而贡献力量。

学情分析

传统家庭教育中，家长重知识能力，轻情感态度、价值观，家长普遍认为培育政治认同意识是学校政治课程或者是国家宏观层面的理论宣传工作的任务，没有认识到培育孩子的政治认同意识既是“国事”，更是“家事”，忽视了家长作为孩子的第一任老师应当承担的思想政治教育工作。在实践中也反映出这样的倾向，很多家长更重视孩子的语、数、外学习，对于历史、政治的学习情况漠不关心，在家庭当中与孩子交流的内容也少有涉及政治认同意识的话题。

重点难点

（1）重点：家庭教育中培育孩子政治认同意识的方法。

（2）难点：家长认同对学生进行政治认同意识的培育。

教具准备

教学课件（见资料包），彩纸、笔。

课时安排

1 小时。

教育过程

一、讲授铺垫

教师播放中国政府乌克兰撤侨新闻视频。

教师：各位家长，假设您作为一名正处于俄乌战乱中的中国公民，您会不会联系中国大使馆？假如您联系中国大使馆后，您对大使馆把您安全接回祖国的信心大吗？请各位家长举手示意。首先请对国家有信心的家长举手示意，再请没有信心的家长举手示意。

教师：大部分家长都举手示意表示会联系中国大使馆并对国家有信心，而这种对祖国的认同就是政治认同意识的一个方面。今天就由我和家长们一起学习如何从家庭角度培育孩子们的政治认同意识。

二、讲授过程

教师：首先我们从理论层面学习一下什么是政治认同。

（1）理论学习之政治认同的含义及重要性。

教师讲述《教程》第 141~142 页“三、故事聚焦《站在国旗下的你在想什么》”。

教师：家庭作为培育学生政治认同的重要载体，家长作为孩子任职最长的老师，对孩子进行政治认同意识的培育具有重要意义。

（2）实践培养之培育孩子的政治认同意识的原因。

教师讲述《教程》第 142~143 页“四、剖析根源”。

教师：政治认同意识不是自然形成，需要教师和家长共同采取科学的方法来培育。

方法一：立足于时代背景，寻找学习榜样。

教师将家长们分为6个小组，每个家长小组搜索其认为可以帮助孩子树立政治认同意识的榜样人物视频给孩子看，并说出该小组为什么选择这个人作为您孩子的榜样？

教师：家长们可以立足于时代背景，寓教于乐，通过一些喜闻乐见的载体帮助孩子们发现榜样，进而树立正确的政治认同意识，这样孩子们也是更加乐于接受。

方法二：塑造红色家风。

教师讲述习近平总书记的红色家风故事。习近平总书记在红色的家庭氛围中培育了正确的政治认同意识，因此证明了红色家风氛围对孩子们增强正确的政治认同具有重要意义。并请家长们谈一谈自己的家庭可以从哪些角度塑造红色家风？

教师：家长们总结得非常好，有一些家庭的成员是老一辈无产阶级革命战士，孩子通过平时的所见、所听、所闻感受到了红色的家风氛围。而其他家庭可以通过参观革命英雄纪念馆、重走红军路等方式感受红色的魅力，塑造红色家风，帮助孩子们寻找到正确的价值观导向。

方法三：抓住教育机会，家校共育关注孩子发展。

教师：当学校对学生进行政治认同教育遇到困难时，家庭应该发挥优势，利用其先天的权威性和亲情关系纽带，及时做到与学校教育的互补。如当学生进行成人礼宣誓词中有“为中华民族伟大复兴奉献力量”时，有同学认为长大成人是自己的事，和国家无关，那作为家长应该如何引导？

教师组织家长进行场景模拟。

教师：家长可以积极参与学校的一些活动，在活动中可以生成一些情景，并对孩子们进行政治认同教育，更好地发挥家校合作的力量。

方法四：利用家庭生活情景，通过民主对话提高政治认同感。

教师：以吃饭为例，当孩子浪费粮食的时候，我们就可生成相应的教育情境：中国经历了从吃不饱到现在吃得饱和吃得好的变化，离不开中国共产党的领导，离不开中国政府的努力。家长可以给孩子深入地讲解袁隆平老先生如何用一生来实现中华民族的“禾下乘凉梦”，从这个侧面就可以激发出来孩子们的政治认同感。

教师指导家长相互交流如何从家庭的具体小事中激发孩子们的政治认同感。

教师：家庭教育要注重与孩子之间的双向互动，家长们可以在一个个具体的家事中通过平等对话的方式帮助孩子树立政治认同感，这样孩子们更易接受。

教师讲述《教程》第143~145页“五、指导策略”。

（3）理论实践齐上阵之用心体会，助力成长。

教师：请家长们拿起桌子上的彩纸，写下您对本节课在家庭教育中培育孩子政治认同意识的一些收获，并请几位家长与大家分享。

我们还要请家长用今天所学来进行一个案例分析。

教师讲述《教程》第146~147页“六、实践思考（三）案例分析题”。

三、讲授总结

教师：希望各位家长能通过本次家长课堂认识到家庭教育对培养政治认同意识的基础作用，掌握一定的教育方法，促使孩子们形成正确的理想信念和行为准则，将孩子们的个人理想和国家的前途命运结合起来，为实现中华民族伟大复兴的中国梦贡献自己的力量。

教师给家长提供《教程》第147~150页“七、智慧分享”。

附：本课资料包下载

生涯规划

探秘职业绘未来——和孩子一起进行职业探索（教案）

授课学段：初中三年级
授课名称：生涯规划
探秘职业绘未来——和孩子一起进行职业探索
授课单位：天津市华明中学
授课教师：孔凡琴 孙莹
指导教师：张立成 张开山

教育目标

（1）指导家长初步了解生涯教育，唤起孩子职业意识；帮助家长协助孩子梳理兴趣职业，进行初步职业探索。

（2）提升家长辨析孩子的优势的能力，可以协助孩子对未来发展做好积极的心理准备和学业规划。

（3）强化亲子关系，促进孩子健康成长。

学情分析

初中生正处于生涯发展的成长阶段向探索阶段的过渡时期，此时的家长往往还没有帮助孩子进行职业规划的意识。但是，此时的初中生逐渐出现了稳定的学科兴趣，开始把学科的兴趣与自己的未来发展联系起来，也为职业探索做好了准备，并奠定了前期基础。所以，此时的孩子迫切需要家长给予积极、正向、科学的引导。本次家长课堂将帮助家长形成为孩子进行职业生涯规划的初步概念，认识到职业生涯规划对实现职业理想的重要性。

重点难点

（1）重点：指导家长初步了解生涯教育，唤起孩子职业意识。

（2）难点：帮助家长协助孩子梳理兴趣职业，树立职业理想，进行初步职业探索。

教具准备

教学课件、图片（见资料包）。

课时安排

1 小时。

教育过程

一、讲授铺垫

教师：各位家长，大家好。今天，我们要携手完成的教育任务是帮助孩子进行职业规划。有的家长有疑问，孩子才上初中就进行职业规划是不是太早了。其实，我们看了这几幅图片就知道孩子的职业规划很早就开始了。

教师利用多媒体播放图片。

教师：大家可能听说过“抓周”这件事。抓周，是中国的传统风俗，现在也是东亚国家一种在小孩周岁时的预卜婴儿前途的习俗。新生儿满周岁时，家长将各种物品摆放于小孩面前，任其抓取。在传统上常用物品有笔、墨、纸、砚、算盘、钱币、书籍等，以此来测卜其志趣、前途和将要从事的职业。您是否记得自己的孩子当年抓的是什么？

教师安排家长互动交流。

小结：大家说得都非常好，抓周寄托了父母希望孩子生活幸福的美好心愿。今天，我们通过一系列科学的心理学方法，让大家的美好心愿得以实现。

教师讲述《教程》第 152~153 页“三、故事聚焦《从‘科幻迷’到立志未来》”。

二、讲授过程

（1）绘制“我的家族生涯树”。

教师：下面，我们具体聊聊怎么帮助孩子进行职业规划。每一个人的成长都会打上家庭的烙印，家人的职业发展、休闲方式、文化修养以及对子女的教养方式都会潜移默化地影响他日后的发展。接下来， 我们进一步帮助孩子了解未知的自我，帮助他们规划职业生涯。咱们可以用聊天的方式帮助孩子完成下边的表格。

方式/称谓	爷爷	奶奶	姥爷	姥姥	爸爸	妈妈	其他 1	其他 2	我
最喜欢									
最擅长									
个性特点									
从事职业									
所学专业									

教师：家长可以在和孩子的交流中获得有效信息，从而推断出孩子的职业倾向。

教师讲述《教程》第 153~154 页“四、剖析根源”。

（2）学习“生涯彩虹图”。

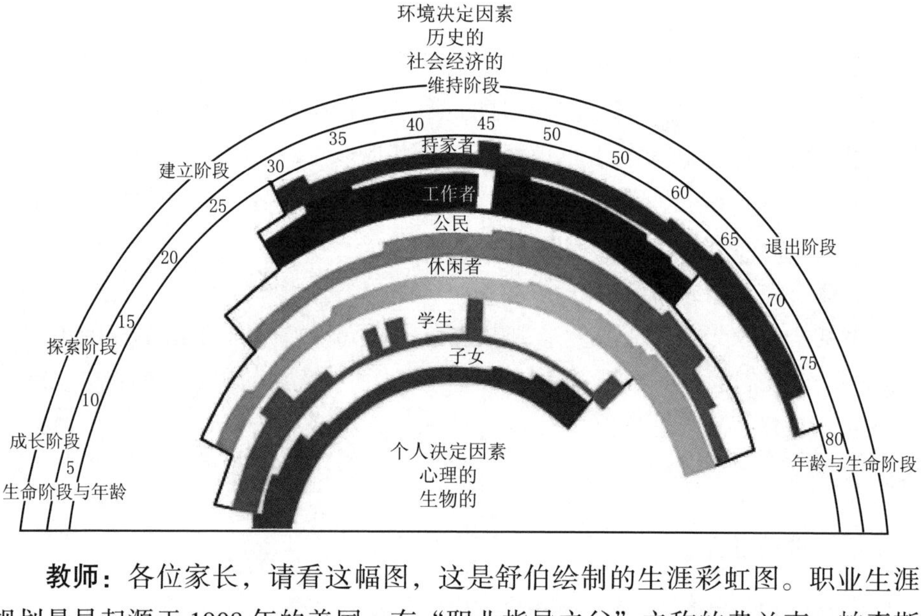

教师：各位家长，请看这幅图，这是舒伯绘制的生涯彩虹图。职业生涯规划最早起源于 1908 年的美国。有“职业指导之父”之称的弗兰克·帕森斯（Frank Parsons）针对大量年轻人失业的情况，成立了世界上第一个职业咨询机构——波士顿地方就业局，首次提出了“职业咨询”的概念。从此，职业指导开始系统化。到 20 世纪五六十年代，舒伯等人提出“生涯”的概念，于是生涯规划不再局限于职业指导的层面。

职业生涯是指一个人一生中所有与职业相联系的行为与活动，以及相关的态度、价值观、愿望等连续性经历的过程，也是一个人一生中职业、职位的变迁及理想的实现过程。

职业生涯规划是人一生中最重要的历程，是追求自我实现的重要人生阶段，对人生价值起着决定性作用。

其中，舒伯的职业生涯发展阶段很有影响力。舒伯认为人的职业生涯发展分为五个阶段。

我们今天仅仅聊一聊成长期（出生至 14 岁）。这个阶段的特征是：人开始考虑自己的将来，逐渐具备一定的生活控制能力，获得胜任工作的基础，并且在该阶段末期，越来越意识和关心长远的未来。个人所要做的，是通过学校学习、社会活动来认识自我，理解世界以及工作的意义，初步建立起良好的人生态度。

请家长参考舒伯的生涯彩虹图，结合自己的生涯目标，画出属于自己的生涯彩虹。

教师指导家长互动。①在最外围弧线上写上年龄，在每两个弧形之间的间隔中写上不同的生涯角色名称。②根据自己的现实或预想的未来状况，把该年龄段对应的角色弧形涂上某种颜色。着色面积的大小代表投入精力的多少。③画完所有年龄对应的所有角色彩虹后，分析一下自己在某些角色上投入的时间精力是否符合你本身的期望。

教师：各位家长回家后，可以帮助孩子绘制属于自己的生涯彩虹图。

教师讲述《教程》第 154~155 页“五、指导策略”。

（3）认识自己。

教师：大家对前面的学习内容完成得非常好。下面我们再说说如何帮助孩子认识自己，其实重点是正确分析自己，认识自己的优势、劣势，把握机会和迎接挑战。

接下来，我要向大家介绍的是 SWOT 分析法。SWOT 是由英文单词 Strength（优势）、Weakness（不足）、Opportunity（机会）和 Threat（挑战）的首字母组合而成。SWOT 分析法也叫态势分析法，就是将与研究对象密切相关的各种主要内部优势、劣势和外部的机会和威胁等，通过调查列举出来，并依照矩阵形式排列，然后用系统分析的思想，把各种因素相互匹配起来加以分析，从中得出一系列相应的结论，而结论通常带有一定的决策性。

教师讲解分析 SWOT 分析法图表。

	优势(S) 1. 优势 2. 优势 3. 优势	劣势(W) 1. 劣势 2. 劣势 3. 劣势
机会(O) 1. 机会 2. 机会 3. 机会	SO 战略(增长型) 抓住机遇 发挥优势	WO 战略(扭转型) 利用机会 克服劣势
威胁(T) 1. 威胁 2. 威胁 3. 威胁	ST 战略(多样型) 利用优势 减少威胁	WT 战略(防御型) 弥补缺点 规避威胁

教师指导家长进行 SWOT 分析大演练。

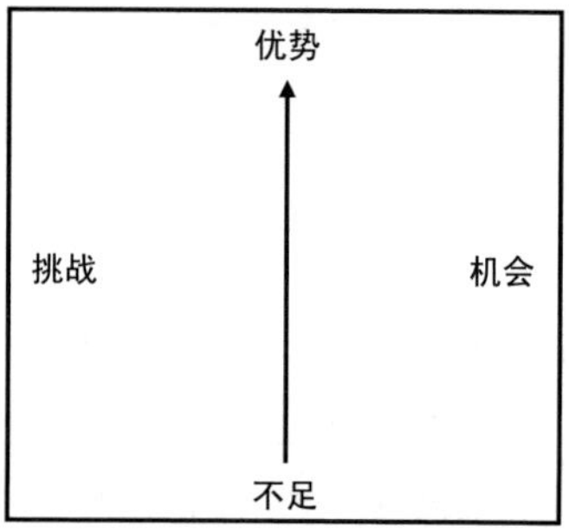

① 面对将来的发展，孩子，你有哪些优势？比如性格、兴趣、能力、学习经历等。

② 你自身还有哪些不足会影响你的发展？你可以听听父母、老师和朋友的看法。

③ 对于未来的发展，外部环境中有哪些可能的需求或发展机会？比如社会需求和就业前景的变化。

④ 哪些环境因素是你无法掌控，需要你谨慎思考并积极应对？可以通过网络、媒体搜集信息。

⑤ 请结合你对将来初中生活的设想和未来的发展目标，运用这四个组合，逐一分析并将答案填到相应的位置。指导家长如何帮助孩子进行分析。

教师讲述《教程》第 155 页“六、实践思考（二）情境题”。

三、讲授总结

教师：家长朋友们，希望通过今天的课堂学习，能帮助您和您的孩子培养职业规划的意识，梳理人生的脉络，收获完美的人生。感谢大家在百忙之中参与这次活动，我这里还有一些关于初中生涯规划的学习资料，我将通过资料包发送，如果您在以后的实践中有任何疑惑也许从这里能找到答案，也随时欢迎您与我沟通，希望我们能一起共助孩子成长。

教师给家长提供《教程》第 157~161 页“七、智慧分享”。

附：本课资料包下载

身体健康

增强体质勤锻炼——培养孩子锻炼身体的习惯（教案）

授课学段：初中三年级
授课名称：身体健康
增强体质勤锻炼——培养孩子锻炼身体的习惯
授课单位：天津市鉴开中学
授课教师：刘瑛
指导教师：赵宏

教育目标

（1）知识：了解家庭体育锻炼的重要性。

（2）技能：掌握家庭体育锻炼的基本原则、方法和技巧。

（3）情感：帮助家长转变思想，提高认识，和孩子一起树立终身体育的意识。

学情分析

当今社会，大部分家长根据自己的切身体会和全民运动的舆论导向，已经意识到孩子参加体育运动的重要性。许多家长根据孩子身体的实际情况，陪伴孩子参加体育运动，既能锻炼身体，提高身体综合素质，为中考体育考试打好基础，又能增进亲子感情。但部分家长对于家庭体育锻炼教育的意义以及如何进行家庭锻炼的方式，还需要加强学习，做到高质量陪伴。

重点难点

（1）重点：帮助家长了解家庭体育锻炼的重要性，掌握家庭体育锻炼的原则、方法和技巧。

（2）难点：家长要树立正确的体育观，培养孩子良好的体育运动意识。

教具准备

教学课件、视频（见资料包）。

课时安排

1 小时。

教育过程

一、讲授铺垫

教师播放冬奥会冠军谷爱凌妈妈陪着谷爱凌锻炼身体的视频。

教师：为了让孩子热爱体育运动，可以发挥体育明星的示范带动能力。多给孩子讲或者看一些优秀体育明星的故事和纪录片，如武大靖、苏翊鸣、马龙等，让孩子对体育明星充满崇拜感，自然会热爱运动。同时也请家长想一想，你有多久没陪伴孩子运动了？

二、讲授过程

（1）故事聚焦，案例分享。

教师：各位家长，我想和大家分享一个案例，大家一起听听，如果您是这位“家长”，您会怎么做？

教师讲述《教程》第 163~164 页“三、故事聚焦《吾辈当自强，看我少年郎》”。

教师：家长朋友们，案例分享后，有几个问题我想与您沟通。如果您是小明家长，您会怎么做？

小结：通过这个案例，各位家长都认为小明妈妈的错误在于一味指责孩子，没有考虑到孩子的感受，也没有正确引导孩子。大家说得都很有道理。那么，是什么原因造成家长觉得自己绞尽脑汁为孩子做美食，关心孩子长身体，可是效果却不理想，孩子不仅肥胖，还对运动嗤之以鼻呢？

（2）分析问题，和家长一起探索解决方法。

教师：通过上述案例和刚刚的讨论，我们可以发现，家庭因素和个人因素是导致孩子运动机能不足的共同原因。

教师讲述《教程》第 164~166 页“四、剖析根源”。

（3）认识亲子运动的意义和现状。

教师：各位家长，父母的一言一行都影响着孩子的成长，父母对于体育运动的态度和参与体育运动的行为会潜移默化地影响青少年。运动可以带给孩子健康的体魄，塑造他们完善的人格。父母在体育方面对孩子的影响来得更直接，因为体育活动本身除了语言的交流外，更多的时候需要父母和孩子面对面、手把手甚至身体直接对抗等肢体语言的交流。父母与孩子在体育锻炼的过程中，可以是同伴，也可以是对手，更可以互为师生。丰富多彩的锻炼方式和良好的锻炼效果，不仅能在锻炼的过程中让人享受运动带来的乐趣，而且能增进父母和孩子间的亲情交流。

（4）结合实际，探析对策。

教师讲述《教程》第166~168页“五、指导策略”。

教师：希望以上几点对策能够帮助您更清晰地了解怎样与孩子一起走进运动的世界。陪伴是最长情的告白，在时间允许的情况下，请家长放下手机，和孩子一起运动吧！陪孩子一起运动，也是最幸福最有意义的陪伴。

（5）设置情景，启发家长思维。

教师：各位家长，前面我们分享了许多运动的理论知识，现在我们有一个情景，请大家在情景模拟中分析学生和家长的想法。

教师讲述《教程》第168页“六、实践思考（二）情境题”。

教师：大家分析得都非常好。什么是好的方法，适合自己的才是。学生往往存在认知偏差，过分注重成绩，忽视了体育锻炼的重要性；而家长们虽然认识到身体健康的重要性，但缺少对孩子锻炼的监督和指导。我们再来剖析另一个案例。

教师讲述《教程》第169页“六、实践思考（三）案例分析题”。

教师：大家说得都很有道理，也很认真地进行了分析。钟南山院士对运动锻炼有高度的热情，他积极参与锻炼，自律性强。家长是孩子的引导者、监督者、陪伴者，需要用适宜的方式引导学生增加对运动的兴趣。

（6）通过亲子运动，增进亲子感情

教师：前面我们一起进行了理论和实操练习，各位家长对亲子运动也有了一定的了解。接下来我想为大家介绍一个亲子运动，在游戏中传授给孩子生活经验的同时增进感情，密切亲子关系。

教师讲述《教程》第169~170页“六、实践思考（四）亲子实践活动”。

教师：成长的路上不止有书本和作业，还有阳光和汗水；运动不止给孩子带来健康，还可以让孩子更加自信，也为您和孩子提供一个相互给对方带来快乐的机会，促进亲子间的感情。

三、讲授总结

教师：通过今天的家长课堂，希望家长树立正确的体育观，把参与体育锻炼作为自身生活方式的一个组成部分，通过身体力行，使孩子充分体验到体育锻炼的魅力，变被动为主动，从盲目到自觉。体育运动可以改变人生，不仅是身体上的，而且是精神上的；加强体育锻炼不仅可以增强身体素质，还可以提高心理素质。在为孩子制定人生目标和学习计划时，别忘了在成长一栏中添上体育锻炼的计划。

感谢大家在百忙之中参与这次活动，我这里还有一些关于家庭居家健身的指导内容，将通过资料包发送给您。如果您在以后的实践中有任何疑惑也许从这里能找到答案。也随时欢迎您与我沟通，希望我们能一起共助孩子成长。

教师给家长提供《教程》第 170~171 页“七、智慧分享”。

附：本课资料包下载

青少年性教育

异性交往有“尺度”——帮助孩子建立积极的异性交往关系（教案）

授课学段：初中三年级
授课名称：青少年性教育
异性交往有“尺度”——帮助孩子建立积极的异性交往关系
授课单位：天津市西青区当城中学
授课教师：刘培培
指导教师：王玉麟

教育目标

（1）帮助家长正确认识青春期孩子寻找异性交往的现象。
（2）帮助家长正确引导孩子把握异性交往尺度，学会积极健康的异性交往。
（3）帮助家长培养孩子自爱的能力，平衡好恋爱与学业的关系。

学情分析

人际交往中异性交往是一个既敏感又神秘的话题。在孩子进入初中三年级后，家长明显能够感觉到这个时期的孩子正经历着急剧的生理、心理变化。进入青春期后，青少年的性意识开始觉醒，促使孩子产生对异性进行更多探索的欲望和相互接近的冲动。因此，在本阶段开始异性交往的课程很有必要。然而，家庭教育中往往缺乏对青春期孩子异性交往的关注与正确及时的引导，大部分家长缺乏对青少年异性交往知识的了解。

重点难点

（1）重点：帮助家长正确引导孩子把握异性交往尺度。

（2）难点：如何帮助家长开展“青春期孩子异性交往”家庭教育。

教具准备

教学课件（见资料包）。

课时安排

1小时。

教育过程

一、讲授铺垫

教师：各位家长，大家好，欢迎您抽出宝贵时间来参加我们的家长会。我们也非常珍惜此次机会，希望就家庭教育对青少年身心健康成长的作用与您面对面地交流，希望能够帮助各位家长建立科学的家庭教育理念。

二、讲授过程

（1）案例导入，引发家长思考。

教师：各位家长，我想和大家分享一个案例，大家一起听听，您是否认可案例中家长的做法？如果您是这位孩子的家长，您会怎么做？

教师讲述《教程》第174页“三、故事聚焦《丢了‘恋爱’，误了学业》”。

教师：家长朋友们，案例分享后，有几个问题我想与您沟通了解：不知各位家长听完刚才的故事后，有什么想法？认同此案例中家长做法的请举手。不认同此案例中家长做法的请举手。请大家说出自己的看法。想一想，如果您是以上案例中的家长，会如何处理此问题？

小结：通过这个案例各位家长都认为小飞家长的做法并不可取，大家说得都很有道理。在家长的错误指引下，小飞的成绩一落千丈，逐渐迷失自我。家长最后只能干着急。

（2）分析问题，和家长一起探索解决方法。

教师：通过上述案例和刚刚我们讨论过的结论不难得知。中学生早恋的动机有倾慕、好感、好奇等因素。家庭和学校应达成一致意见，共同发现孩子成长过程中的问题。

教师讲述《教程》第174~175页“四、剖析根源”。

（3）认识亲子沟通的意义和现状。

教师：上述案例中男孩因为对人际交往尺寸把握不好，既耽误了自己的学业，也破坏了亲子关系。处于青春期的少年儿童往往容易有冲动行为，从而迷失自我，无法正确处理此类问题。从家长的角度看，也存在以下问题。

① 持有不合理认知。有的家长认为孩子“早恋”是一种“炫耀”的资本，并没有意识到此问题会影响孩子的学习和生活。

② 忙于工作，缺乏对孩子的关注。有的父母平时忙于工作，完全没有注意到孩子情绪与行为的异常，以至于孩子在“早恋”的过程中越陷越深，甚至出现逃课的行为。

③ 对孩子的问题存在一味偏袒的行为。当孩子因“失恋”产生相应行为问题时，不能及时发现，正确引导，反而推卸责任，埋怨老师。

（4）结合实际，探析对策。

教师：如果家长没有及时给青春期存在异性交往困惑的孩子以正确的指导，那么会造成家长与孩子的双重苦恼。现在我们回到最初的话题——“怎样引导孩子正确与异性进行交往？”结合刚才小飞的故事，我想给大家提供几点新思路。

教师讲述《教程》第175~177页“五、指导策略”。

教师：希望以上几点对策能够帮助您更好地指导孩子建立与异性正常的交往关系。

（5）设置情景，启发家长思维。

教师：通过对案例的分析，各位家长对如何引导孩子与异性交往有了初步认识。如果要检验我们的指导策略是否适宜，是否考虑到孩子的承受能力，需要我们在亲身体验中思考如何解决以上问题。

教师讲述《教程》第177~178页“六、实践思考（二）情境题”。

教师：大家提出的解决方案都非常好，只有适合自己家庭情况及孩子具体情况的办法才是最好的。在家庭教育中，为帮助孩子建立积极的异性交往关系，需要在日常互动中注意以下几点：①积极陪伴，加强与孩子的情感沟通；②让孩子参与家庭管理；③加强情感交往技能，用心培育优秀女孩和阳光男孩。下面，我们再来分析一个案例。

教师讲述《教程》第178~179页“六、实践思考（三）案例分析题”。

教师：大家说得都很有道理，看得出平时是用心教育孩子的。在生活中，家长是观察者，要做到对孩子情绪变化心中有数，尊重孩子的隐私；家长是陪伴者，需要用适宜的方式引导孩子把握与异性的交往尺度。

（6）通过亲子游戏，增进亲子感情。

教师：前面我们一起进行了理论知识的学习，接下来我想为大家介绍几个亲子活动，在活动中增进感情，密切亲子关系。

亲子活动 1：测量出异性交往中的适当距离。

父母一方扮演孩子的一位异性朋友，让孩子逐渐靠近你，感觉再靠近就有些别扭时，就停下来。通过活动让孩子理解社交距离，让孩子明白保持适当社交距离的重要性，不给自己和朋友带来误解和麻烦。

亲子活动 2：谈谈我们眼中的阳光男孩或魅力女生。

通过亲子讨论，让孩子说出阳光男孩或魅力女生的特点，及时了解孩子的内心选择。家长不要急于纠正孩子的选择，更不要盲目说教，以免孩子以后不愿与家长吐露真话。家长了解学生的选择后应该及时关注，在以后的陪伴过程中，适时创造话题或机会进行及时有效的引导。

教师：以上亲子活动提供给大家，希望能抛砖引玉，在以后的生活中多用“活动”的思维引导孩子，促进亲子间的感情。

三、讲授总结

教师：通过今天的家长课堂，我感觉每位家长都十分投入并积极努力地学习。在生活中，家长不仅要关注孩子的学习情况，也要学会细心观察孩子情绪的变化。在日常的亲子活动中，要及时指导孩子与异性建立正确积极的同伴关系。

感谢大家在百忙之中参与这次活动。我这里还有一些关于家庭亲子游戏的指导内容，我将通过资料包发送给您。如果您在以后的实践中有任何疑惑，也许从这里能找到答案。也欢迎您随时与我沟通，希望我们能一起共助孩子成长。

教师给家长提供《教程》第 179~181 页“七、智慧分享”。

附：本课资料包下载

亲子沟通

用“心”沟通最温暖——构建良好的亲子关系（教案）

授课学段：初中三年级
授课名称：亲子沟通
用“心”沟通最温暖——构建良好的亲子关系
授课单位：天津市西青区杨柳青第二中学
授课教师：上官芳芳　时冉冉
指导教师：尚媛媛

教育目标

（1）了解自己在亲子沟通中的问题，明白产生亲子沟通不良的原因及危害。

（2）学会如何与孩子积极沟通，掌握亲子沟通不良的改善方式。

（3）充分认识沟通对亲子关系的重要性，重视亲子沟通，将沟通观念植入心中。

学情分析

家有处于青春期的孩子，亲子沟通通常不是很顺畅。家长往往由于工作繁忙，没时间与孩子沟通；沟通时态度又过于强硬，习惯了高高在上，认为孩子不成熟、没能力；缺乏倾听的技巧，总是在唠叨，很少倾听。如此一来，很多家长感觉自己的孩子好像越来越叛逆，越来越难以沟通和理解。在沟通时，家长普遍关注孩子的学习成绩，而孩子希望得到父母对自己的情绪和内心感受的关注。双方在沟通期望、沟通内容上存在较大差异，这也造成亲子双方越来越觉得彼此难以理解，很难在沟通中达成共识。

重点难点

（1）重点：指导家长学会如何和孩子有效沟通。

（2）难点：引导家长通过思考实践，将正确的沟通观念植入心中。

教具准备

教学课件、视频（见资料包）。

课时安排

1 小时。

教育过程

一、讲授铺垫

教师使用“问卷星”工具呈现问卷二维码，开展现场调查，并由教师将调查结果实时导入。

教师：各位家长请看屏幕，我们可以发现，家长最关注的是孩子的学习成绩。但是根据前期对学生的问卷调查，结果却显示：孩子最希望父母关心的是自己的情绪和内心感受。可见，我们与孩子在沟通期望、沟通内容上存在较大差异，这样很难在沟通中达成共识，并由此产生亲子沟通问题。

二、讲授过程

（1）故事聚焦。

教师：现在请大家和我一起走进下面这个故事，看看您都能想到些什么呢？

教师播放根据《教程》第 183~184 页“三、故事聚焦《爱更需要沟通》”的内容改编并提前录制好的情景剧视频。

（2）剖析根源。

教师：通过观看这个视频，大家有什么感受？

教师请几位家长发表各自的见解。

教师：的确，很多初中生认为，自己每天和父母生活在一起，但父母不了解自己的想法，只关注学习，和父母根本没法沟通，有些话宁可憋在心里。大家想想，为什么我们和孩子总是聊不到一块去呢？

教师组织家长自由发言。

教师：大家说得都对，亲子沟通是双方的，沟通不良肯定和双方都有关系。原因两个方面，首先是自身原因。

教师讲述《教程》第 184~185 页“四、剖析根源（一）自身原因”。

教师：我们的孩子正处于青春期，这个时候的孩子常常以自我为中心，难以真正理解父母。故事中的小彤就是如此。我们来听听小彤怎么说。

教师播放小彤的采访视频。

教师：其次是家庭原因。如家长的沟通观念问题。

教师播放小彤妈妈的采访视频，并讲述《教程》第 185 页 “四、剖析根源（二）家庭原因”中的“家长的沟通观念问题”。

教师：家长常常掌握话语主动权，没有把孩子放在和自己平等的地位，沟通变成了父母单方面的要求。另外，还有家长的沟通方法问题。

教师继续播放小彤妈妈的采访，并讲述《教程》第 185~186 页“四、剖析根源（二）家庭原因”中的“家长的沟通方法问题”。

教师：有些家长没有掌握正确的沟通方法，谈话时不理解倾听的重要性，沟通往往变成了说教，家长有时候也无法理解、接纳孩子的情绪。

（3）指导策略。

教师：了解了沟通问题背后的可能原因，我们该如何改进自己与孩子的沟通方式呢？大家以前有没有了解过这方面的知识或者有什么心得？请大家谈谈自己的想法。

教师讲述《教程》第 186~187 页“五、指导策略”。

教师：希望以上几点对策能够帮助您更好地与孩子沟通，倾听孩子的声音，与孩子平等交流。

（4）实践思考。

教师：刚刚我们共同学习了积极的亲子沟通方式，接下来让我们一起检验学习成果，来看看下面的几道题目。

教师讲述《教程》第 187~189 页“六、实践思考”。

教师：刚刚这几道题大家都思考得很投入，也回答得非常好，希望我们能把这种感悟带到以后的日常生活中。世界上没有完全相同的两片树叶，也没有完全相同的两个孩子，更没有完全相同的两个家庭。所以，希望大家在实际中继续摸索、完善适合自己的好方法。

三、讲授总结

教师：感谢大家的参与，我们今天的分享就到这里，下面请几位家长简单谈谈本节课的感受或收获。

教师请几位家长谈感受和收获。

教师再次感谢大家的分享。我这里还有一些关于亲子沟通的指导内容，我将通过资料包发送，如果您在以后的实践中有任何疑惑也许从这里能找到答案。随时欢迎您与我沟通，希望我们能一起共助孩子成长。

教师给家长提供《教程》第 189~190 页“七、智慧分享”。

附：本课资料包下载

第五编

高中教师用书教案

品行培养

花开会有时——帮助孩子形成积极向上的乐观心态（教案）

授课学段：高中一年级
授课名称：品行培养
花开会有时——帮助孩子形成积极向上的乐观心态
授课单位：滨海新区塘沽第二中学
授课教师：杜杰
指导教师：王金武

教育目标

（1）帮助家长认识到拥有积极向上的乐观心态的重要性，了解引导孩子积极面对生活的相关知识。

（2）帮助家长掌握形成乐观思维方式的方法，以身作则，给孩子树立榜样。

（3）帮助家长引导孩子形成乐观豁达、积极向上的心态。

学情分析

乐观是最为积极的性格因素之一，是面对挫折、困难、重压时都能保持积极向上的精神状态。乐观的人拥有相信坏事情总会过去、阳光总会再来的心境。近年来，随着心理健康教育相关知识的普及，部分家长已经逐渐意识到培养孩子乐观品质的重要性。但由于很多家长对于当代中学生的心理困惑并不理解，教育方式仍以说教居多，家长缺乏培养孩子乐观精神的有效方法。同时，家长还没有意识到自身的乐观心态对孩子乐观品质的形成有着重要作用。因此，家长应先从自身做起，为孩子树立乐观的榜样。

重点难点

（1）重点：帮助家长了解乐观品质的重要性，并通过练习学会培养乐观心态的方法。

（2）难点：掌握培养乐观思维的方法，并能够用于实际生活。

教具准备

教学课件、背景音乐（见资料包），活动记录纸。

课时安排

1 小时。

教育过程

一、讲授铺垫

教师播放轻柔愉快的背景音乐欢迎家长。

教师：各位家长大家好，今天我们将交流和探讨有关家庭教育的话题。今后我们可能还会分不同的主题开展家庭教育探讨活动，希望这种共学的方式使家长既能够提升自己，又能够学到正确方法帮助孩子，最终形成良好的亲子关系。接下来就让我们一起走进今天的内容。

二、讲授过程

1. 热身活动——欢乐动物园

教师：各位家长，首先让我们一起来做一个热身小游戏。如果将我们的家看作一个欢乐的动物园，在家庭环境中，你觉得自己像什么动物？请你以一种动物的形象向小组成员介绍自己，并说说选择这种动物的原因。

提问：家长朋友们，通过刚刚的组内分享，您有没有察觉，自己首先关注的是自己的优点更多，还是缺点更多？您也可以思考一下，在您的日常生活中，当一件事情发生了，您是看好的一面更多，还是坏的一面更多呢？

小结：非常感谢刚才家长朋友的分享，相信大家也通过这样的一个小的活动，初步了解了一下自己对事物的看法是更偏向悲观还是更偏向乐观。当然只通过这个小活动来判断我们是悲观还是乐观难免有些不准确，那么我们就进入下一个环节，进行进一步的探讨。

2. 悲观者 vs 乐观者画像

教师：接下来，请家长拿出我们的活动记录纸，看第一部分的内容。我们这个环节叫作“悲观者 VS 乐观者画像”。请大家从表情、语言、动作、思维方式等方面，对您印象中的悲观者和乐观者进行“描绘”。例如悲观者的神态多愁眉苦脸，语言多是“我不行”“我做不到”“太糟糕了”以及表现为唉声叹气。悲观者面对困难挫折会容易退缩逃避。同样，也请家长对乐观者进行“描绘”。

提问：接下来，我请每组的家长代表分享一下您眼中的悲观者和乐观者是什么样子的。

小结：好了，通过大家刚才的分享我们不难看出，悲观者和乐观者在语言、表情、神态、精神面貌等都会给人不一样的感觉。那么二者的优劣，尤其是对我们青少年发展的影响更是不言而喻的。接下来我也把我搜集到的与“乐观”相关的内容，向大家进行呈现。

（1）乐观是最为积极的性格因素之一，指人无论在逆境、顺境，面对挫折、困难、重压，都能保持积极向上的精神状态，相信坏事情总会过去，相信阳光总会再来的心境。这是一种充满正能量的处世哲学和生活态度。

乐观的人往往具有以下特征：总是面带笑容，拥有良好心境，经常自我肯定并赞美他人，善于自我超脱并容易满足，习惯从积极的角度看待问题，能够从困境中找到机遇。

（2）与乐观对比，我们再来看看悲观。心理学家马丁·塞利格曼曾对千百个成人和儿童做了仔细的跟踪研究，得到的结论是，在以下三方面，悲观者的表现更差：

①他们更容易感到抑郁；

②他们在学校、工作、运动场上取得的成绩都低于他们的自身潜力；

③他们的身体健康情况不如乐观者。

上述三点结论，其实和学校在教育教学过程中所遇到的一些问题是比较一致的。

教师讲述《教程》第 2 页“二、现状分析”第二段，以及“导致高中生产生负面情绪的主要因素”部分内容。

小结：孩子们在高中阶段会面临很多困难，若对世界持有悲观的看法，则会使自己更容易产生负面情绪，并且负面情绪也更难以化解，所付出的代价是很大的。面对这样的现状我们家长有什么应对之策呢？

3. 案例分析

教师： 接下来我想跟大家分享一个案例，请各位家长思考一下主人公上高中之后遇到了哪些问题？作为家长应该如何帮助孩子？

教师讲述《教程》第 4~5 页“三、故事聚焦《她该怎么办？》”。

提问： 请家长代表分析一下主人公遇到了哪些问题？造成这些问题的原因是什么？

小结： 虽然不同的家长所关注的角度略有不同，但都是很值得思考的，其中也有大家达成共识的观点。接下来我就造成主人公问题的根源进行一个小结。

教师讲述《教程》第 5~6 页“四、剖析根源”。

教师： 虽然造成主人公纪瑶瑶出现问题的原因是多方面的，但我们也不难看出，家长的日常言行、思维方式等都对纪瑶瑶如何解读事情产生了重要影响。那么，家长在如何培养孩子乐观心态这一问题上能做点什么呢？

4. 培养孩子的乐观思维

教师讲述《教程》第 6~7 页“五、指导策略”。

教师： 除了刚刚讲述的内容，我们再给大家补充两种培养乐观心态的方法。

方法一：乐观心态的技巧——乐活人生 ABCDE（见下图）

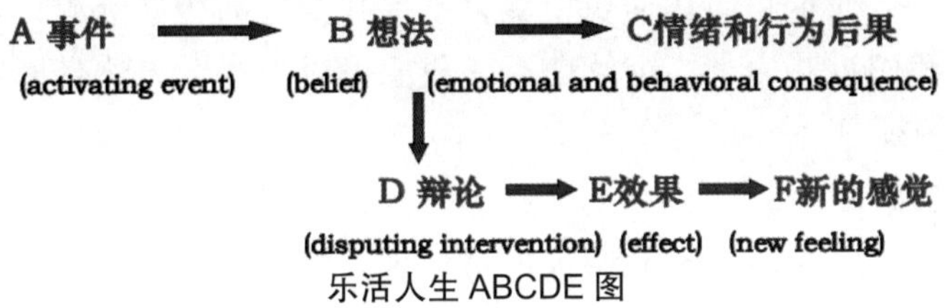

乐活人生 ABCDE 图

A 记下不好的事：记录任何你感觉不好的事；

B 想法：把你所有的想法填进去；

C 后果：由此引发什么后果；

D 反驳：针对原有的想法进行反驳辩论，转移注意力；

E 激发：从另一个层面或角度激发内在的勇气和激情。

比如说，面对疫情，悲观者和乐观者的两种认知产生了两种截然不同的后果（见下表）。

	悲观者	乐观者
压力事件 A	发现自己患病	发现自己患病
理解看法 B	我是个有病的人，以后再不能像未病之前一样，我不可能再有人生乐趣，我注定“玩完”	我虽然有病在身，生活可能不能像从前一样，但我仍可享受人生，仍可做很多事情，我的人生一样可以过得丰富多彩
情绪反应 身体反应 行为反应	灰心、心情低落、担心，不舒服、精神差、失眠，退缩，对治疗失去兴趣	尽量保持心境平和，没有特别反应，积极求医、求助、自助，面对问题、解决问题
后果 C	影响身心健康，影响治疗效果，影响生活质量	保持身心健康和生活质量，尽量不受疾病影响

悲观的人看到的是自己失去了什么，乐观的人看到的是我拥有什么。

方法二：多关注美好积极的一面

每天结束的时候，回想自己的一整天，做了哪些事情值得感恩？每天记录 3 件好事，和写感恩信等。

5. 课堂练习

教师：各位家长，前面我们分享了许多培养乐观心态的理论知识，现在让我们一起做一个小的练习，进行一场积极之旅。

教师讲述《教程》第 7 页“六、实践思考（一）思考题《积极乐观之源》”。

小结：大家都完成得非常好，“积极乐观之源”这个活动旨在帮助大家聚焦积极事物，提示我们在逆境中要善于寻找身边的积极资源，唤醒积极乐观体验，使我们重获力量，继续前行。我们可以把这个方法带回家，与家人一起做这样的练习。

6. 亲子实践活动

教师：到这里我们今天的课程也将要进入尾声，最后我们再给各位家长推荐一个亲子实践活动——亲子果蔬拼盘。希望家长与孩子在活动中共同陪伴、彼此分担、尊重交流、增加积极乐观的美好体验。

教师给家长提供《教程》第 10 页“六、实践思考（四）亲子实践活动”。

三、讲授总结

教师：以上便是我们本次课程的全部内容。希望通过今天这次家长课堂，家长朋友们能够有所收获。更重要的是要把本次课程中的所感所悟带给我们的孩子，真正地做到与孩子一同成长。感谢各位家长的到来，我们下次再见。

教师给家长提供《教程》第 10~13 页“七、智慧分享”。

附：本课资料包下载

学习指导

高效学习力就是核心竞争力——帮助孩子成为学习的主人（教案）

授课学段：高中一年级
授课名称：学习指导
高效学习力就是核心竞争力——帮助孩子成为学习的主人
授课单位：天津市滨海新区大港实验中学
授课教师：王丽杰
指导教师：王旭

教育目标

（1）帮助家长树立培养孩子学习力的意识，将学习力观念植入孩子心中。

（2）帮助家长学会提高孩子学习力的方法。

（3）帮助家长通过情感激发孩子学习动机，增强自我效能感，增进亲子关系。

学情分析

学习力是指支持和推动学习，直接影响个体学习效率的内在力量。它是影响学习者学习效果的直接因素。学习力体系包括学习动力、学习能力、学习毅力和学习习惯等。学会学习已成为高中阶段培养学生的重要目标。目前家长对学习力的认知尚处初级阶段，遇到学生因成绩不理想而导致的心理落差大、丧失学习动力甚至产生厌学情绪等问题，更不知如何处理。所以帮助家长明确树立培养孩子学习力的意识，将学习力观念植入孩子心中，显得尤为重要。

重点难点

（1）重点：引导家长树立培养孩子学习力的意识并将学习力观念植入孩子心中。

（2）难点：引导家长掌握培养支持学生学习的内在力量即学习力的方法。

教具准备

教学课件、电影资料、《毕业生高光时刻》小视频等（见资料包）。

课时安排

1 小时。

教育过程

一、讲授铺垫

教师：尊敬的各位家长，大家好。许多家长特别期待孩子能够培养出高效学习力，提升核心竞争力，为将来升学、就业打下坚实基础。但是，我们也不得不面对一个现实问题：高中生学习力越来越难以培养。今天我很荣幸地与大家分享关于培养高中生学习力的内容，通过案例、游戏举例等环节为您提供“提升孩子学习力”的新思路，希望能引导各位家长建立科学的家庭教育理念。

二、讲授过程

1. 导入

进入 21 世纪，我们已经迈入学习型社会，“学会学习”已成为高中阶段培养学生的重要目标，发展高中生学习力也显得尤为重要。今天我们一起探讨：作为家长如何提升学生的学习力，做到聚焦高效学习力，提升核心竞争力，帮助孩子成为学习的主人。

2. 新授

（1）科研小互动——心理实验室。

教师：家长们，每个人都可能成为科研达人。让我们一起走进一个心理实验场景。现在教室门口有一大群小朋友，玩耍得非常开心以至于太吵了，请你们帮我用50块钱作为奖励的方式来“打发”他们走，记住，是用奖励的方式。50块钱作为奖励，你们每一次会如何分配？我将给出三种方案，大家看看哪种方案更有效，并请阐述理由。

方案一：Day1：￥30　Day2：￥20　Day3：￥0

方案二：Day1：￥20　Day2：￥30　Day3：￥0

方案三：Day1：￥0　Day2：￥20　Day3：￥30

实验结果：方案一最佳。

理由：这群小朋友可能会有一种心理：凭什么要我玩，你没有给我钱，我不想玩。最初，孩子们仅是基于强烈的内在兴趣，因自己喜欢而玩，但当玩和期待的外部奖励（钱）结合起来，就会严重损害他们的内在动机，他们不再是单纯地玩而是为了奖励。回想小时候，我们学习多是为满足自己的求知欲和好奇心，不知道从什么时候开始，学习就和父母的评价、学校排名挂钩，学习渐渐开始变味，你还能找到学习的初衷吗？就像汽车驱动需要钥匙和引擎。现在，我们就来一起寻觅，找到这把自我驱动引擎的“打火钥匙”，以此来探究维持学生持久学习力的奥秘，做到聚焦高效学习力，提升核心竞争力，帮助孩子成为学习的主人。

（2）案例聚焦：幻灯展示。

案例背景：李明是高一（1）班学生，中考以526分考上了一所重点美术高中，高一上学期期末考试不到400分。家长说：“孩子从小喜欢画画，初中学习成绩一般，但初三很刻苦，中考取得不错成绩。本以为进重点高中能好好学习，考一所好大学。”高一班主任反映：李明经常迟到，不按时交作业，还常常将手机带到学校，成绩下滑严重，数学成绩由90多分下滑到50多分，这样下去很难如愿考上好大学。

案例内容：

家长看法：孩子自己偷偷把手机带到学校，因处于叛逆期，经常和父母产生矛盾。父母生意忙，想把他送培训班，希望借此途径考个好大学。

班主任看法：希望家长配合学校，对李明给予关爱和正确引导，扭转局面。

有一次，李明母亲告诉班主任：李明偷偷带手机到校。班主任思量再三，课间到班里和同学“闲聊”，问问大家谁带了手机，并机智地强调，一经发现，坚决收缴，得到同学们包括李明的认可。第二天上数学课时，班主任恰巧发现该生玩手机，就没收了。课后，班主任把他请到办公室交流，李明自述上课听不懂，成绩太差，所以才玩手机。班主任对他说：“不会不可怕，最可怕的是自我放弃。我们来达成一个协议，如果你相信我，上课认真听讲，按时完成作业，我保证你考上二本，你看怎么样？”原本打算自暴自弃的李明，听老师这么一说，眼中充满希望。班主任将与李明谈话内容告诉家长，建议家长如果孩子因手机被缴心情不佳，要耐心疏导，尽量避免正面冲突。

案例结果：过了两天，班主任路过操场，李明正在踢球。该生看到老师想讨回手机，希望班主任看在这两天自己认真记笔记份上，再给他一次机会。说着就把笔记翻出来给老师看。班主任欣喜地发现该生笔记记得特别好，大加赞赏并拍照发到家长群，得到诸多家长点赞，李明及父母非常高兴。李明虽没要回手机，但学习态度已发生根本变化；更让班主任欣喜的是，李明和父母的关系也大为改善。原来父母经常因其沉溺手机忧虑，与孩子关系紧张。现在李明回到家里，学习更用功了，而且还和父母就学习问题进行有效沟通。

案例分析：提升学习力务必增强学习内驱力。

教师讲述《教程》第 15~16 页“三、故事聚焦《教育需要疏导》”。

（3）指导策略。

①感受内驱力的重要性。

教师播放电影《无问西东》片段：感悟部分高中生看似每天忙忙碌碌，但学习效果不佳，究其原因是不知为何而学，缺乏稳定内驱力支持。

②成功的体验维持学习动机。

教师：家长可以通过对孩子取得进步的认可，挖掘其优点和潜能，建立孩子对学习的信心，通过体验成功不断维持学习动机。

教师播放预先录制好的小视频，分享学生的高光时刻，引发家长思考。

提问：高光时刻蕴藏一把关键性的钥匙，老师的钥匙是付出时间和精力。那么家长的钥匙是什么？

小结：引导家长唤起积极情绪，使孩子用成功的体验维持学习动机，提升自我效能感。

教师讲述《教程》第 16~17 页“四、剖析根源”。

3. 巩固

教师讲述《教程》第 18~19 页“五、指导策略”。

讨论：运用SWOT分析法进行孩子的学习力分析。

教师讲述《教程》第20页“六、实践思考（三）案例分析题”。

小结：分析学习力优势（Strength）及其原因，继续保持学习力方法；分析学习力劣势（Weakness）及其原因，树立培养学习力意识和寻找培养学习力的策略；改变孩子学习力现状的机遇（Opportunities）；了解学习力发展所面临的挑战（Threats）。

4. 练习

提问：面对中国教育出路之堵、兴趣之堵、资源之堵现状，我们是否有破局之道？

教师讲述《教程》第21页“六、实践思考（四）亲子实践活动”。

小结：①家长树立培养孩子学习力的意识；②明确教育最终是让孩子找到属于自己的美好人生；③优秀的教育者应心中有爱、眼中有世界。

三、讲授总结

教师：感谢大家百忙之中参与这次活动，我这里还有其他案例及有利于家长培养孩子学习力的指导内容，我将通过资料包发送。如果您在以后的实践中有任何疑惑也许从这里能找到答案，也随时欢迎您与我沟通，希望我们能一起共助孩子成长，做到聚焦高效学习力，提升核心竞争力，帮助孩子成为学习的主人。

教师给家长提供《教程》第21~24页“七、智慧分享”。

附：本课资料包下载

时间管理

做时间的主人——帮助孩子合理分配时间（教案）

授课学段：高中一年级
授课名称：时间管理
　　　　　做时间的主人——帮助孩子合理分配时间
授课单位：天津市滨海新区田家炳中学
授课教师：李珊珊
指导教师：张全乐

教育目标

（1）以指导教程为依托，引导家长和孩子认识时间管理的内涵、重要性和策略方法。

（2）以时间管理为主题，引导家长和孩子合作探究、共同规划出个人专属而独特的时光规划图。

（3）以亲子活动为契机，引导家长和孩子共同享受陪伴成长的乐趣与意义。

学情分析

当下，有些家长对于孩子天生慢性子、做事爱磨蹭、喜欢拖延、注意力不集中、沉迷手机游戏等问题感到忧心忡忡。加之青春期孩子的自我意识处在一种发展和矛盾中，也需要父母对其给予理解与支持。引导家长帮助孩子认识、体验和感受时间，针对孩子的个性特征、学习状况、生活习性等情况，密切观察、互动与交流，共同学习一些时间管理的技巧与方法，合理地规划出属于自我的时间规划图，可以为孩子自我管理、健康成长打下良好的基础。

重点难点

（1）重点：引导家长和学生共同完成个人专属而独特的时光规划图。

（2）难点：家长通过全程参与、交流合作、鼓励支持，享受陪伴成长的乐趣与意义。

教具准备

教学课件、视频、图片（见资料包）。

课时安排

1 小时。

教育过程

一、讲授铺垫

教师：日晷又称“日规”，是我国古时的一种测时仪器，是利用太阳投射的影子来测定 12 时辰的装置。下面就请家长和孩子们一起来观看视频，初步了解一下何为日晷？日晷的构成？日晷的用法？

教师播放《日晷》视频短片。

二、讲授过程

1. 记录时光，记录你

活动环节一：一寸光阴一寸金

科普知识：当太阳光照射到日晷上的时候，晷针的影子就会投向晷面上的时辰，每移动一寸，时间很短，就如同一寸长的黄金一样宝贵，古人称之为“一寸光阴一寸金”。

科技小制作——赤道式日晷

任务一：播放《日晷的制作方法》视频短片，请家长与孩子们一同观看，学习制作方法，共同合作完成一个简易的成品。教师也可以参与其中。

活动环节二：一日学习一日功

（1）时间管理的现状。

教师：现在我们来复盘孩子一天的学习日程。

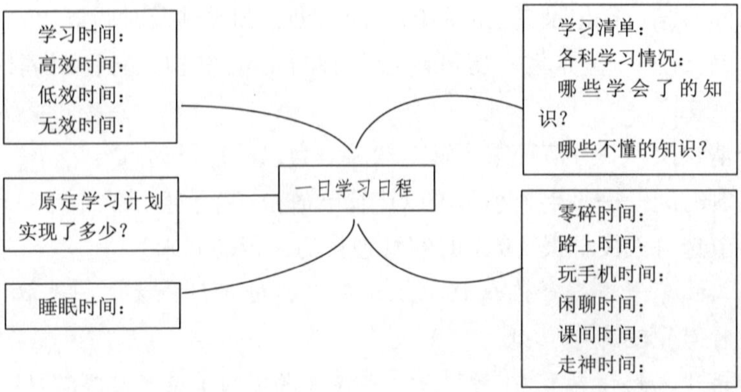

（2）时间管理的困境。

教师： 各位家长，请大家参看一下“李妍和爸爸”的做法。您的孩子是否也面临同样的苦恼？家长朋友们又是否意识到问题出在哪里呢？又会给出怎样的建议呢？

教师讲述《教程》第26~27页“三、故事聚焦《节约时间和合理分配时间的‘奇效’》”。

小结：

孩子方面：对零碎时间的价值缺乏认知，浪费时间较为严重；缺乏科学合理的学习计划，时间分配存在无序性、盲目性和利用时间效率较低等问题。

家长方面：家长没有及时认识到时间管理的重要性；家长没有帮助孩子养成合理利用时间的习惯；家长是否采用比较合适的态度、方式介入等问题。

教师讲述《教程》第27~28页“四、剖析根源”。

（3）时间管理的方法。

①杜绝浪费时间的方法。

教师： 家长朋友们，请大家尝试学习一些关于时间管理的方法和技巧，以便于帮助孩子更为科学地规划时间。

教师讲述《教程》第30~32页“七、智慧分享（一）学习资料‘资料1 杜绝浪费时间的方法’”。

★克服拖延——根据目标制订年月日计划，限定时间内集中完成。

★拆解任务——将大任务分解成易于行动的小任务。

★批量处理——相似的任务统一时间集中处理。

★ 15分钟法则——在任何想放弃的时候再坚持15分钟。

★设置期限——基于任务的价值设置最后期限。

★时间日志——记录自己时间的使用去处，归类并及时调整。

★训练专注——屏蔽一切可能会让你分心的事物，勿让时间因琐事而浪费。

★分清主次——分清轻重缓解，然后全力以赴地行动。

★切割时间——每半个小时可以让自己放松一下。

——节选自人民日报《9 个时间管理技巧，行动起来》

任务二：家长和孩子在阅读以上材料后，进行讨论交流，选取、编写适合自己的时间管理清单。

教师讲述《教程》第 30 页“六、实践思考（四）亲子实践活动”。

②合理分配时间的方法：

教师讲述《教程》第 32~33 页“七、智慧分享（一）学习资料‘资料 2 合理分配时间的方法’”。

合理分配时间的方法列表

生物钟规律	依照个人的生理特点，根据个人的学习和生活规律安排时间
艾宾浩斯遗忘曲线	学习中的遗忘是有规律的，在记忆的最初阶段遗忘的速度很快，后来就逐渐减慢了
番茄工作法	选择一个待完成的任务，将番茄时段设为 25 分钟，专注工作，中途不允许做任何与该任务无关的事，直到番茄时钟响起，然后短暂休息一下（5 分钟就行），再开始下一个番茄时段。每 4 个番茄时段多休息一会儿
80/20 法则	80%的成就源于仅仅 20%的时间、努力
时间四象限法	按处理顺序划分：先是既紧急又重要的，接着是重要但不紧急的，再到紧急但不重要的，最后才是既不紧急也不重要的

任务三：家长和孩子在阅读以上表格内容后，选择感兴趣的经典时间管理方法，纳入到手中的“日晷时间管理图”中。

活动环节三：寸金难买寸光阴

教师：让我们一起再重回“赤道日晷”，由家长和孩子共同完成“一天的时间管理”。

任务四：家长可引导孩子观察日晷随太阳照射之下的变化，每移动一寸格便失去一寸光阴，以此让孩子切身感受到时间的流逝，继而让孩子认识到时间的珍贵，体会到时间管理的重要性。

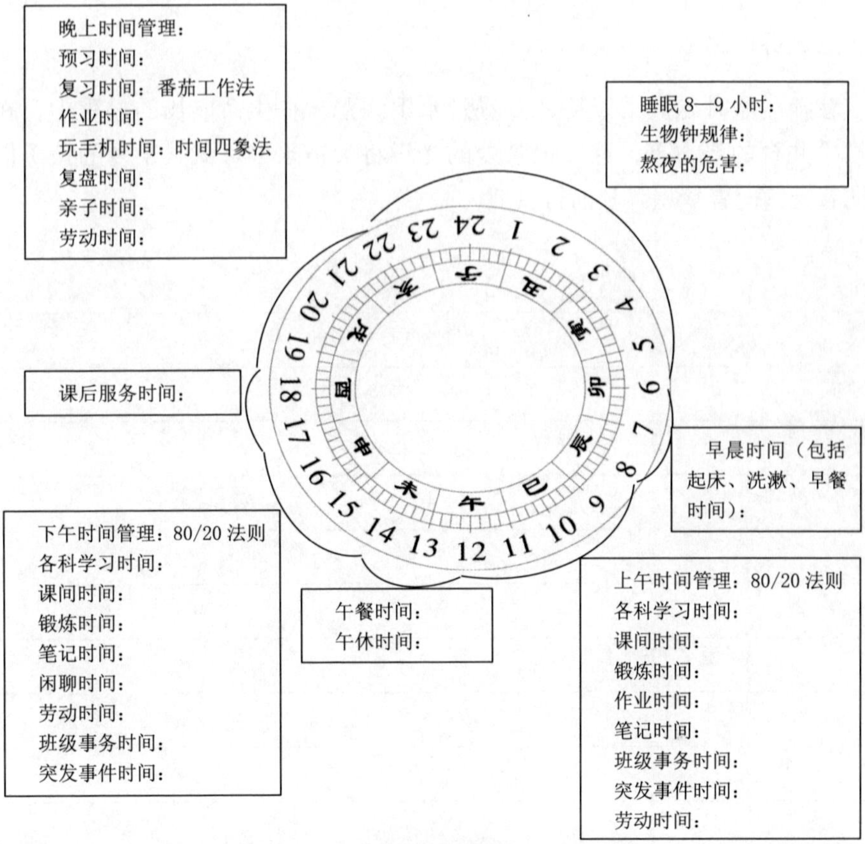

日晷时间管理图

2. 记录时光，记录爱

活动环节四：岁月时光慢些走

任务五：时光印记拼图

教师：家长可事先翻找、整理孩子成长过程中的一些电子照片，将电子照片合成，制作成一张不小于 B4 纸张大小的图片，打印出来后，分好格块进行有技巧的裁剪，然后放置在精美的盒子中。在现场与孩子一起进行拼图游戏，送一份惊喜给孩子，同时这份专属独有的“时光印记拼图”饱含了深深的亲情，足以打动人心。

任务六：时光记录爱语

教师播放孩子成长的视频，配乐《听时光说》，家长与孩子手持“日晷时间管理图”和“时光印记拼图”，敞开心扉，互诉心语，传递彼此间的温暖与爱。

三、讲授总结

教师：愿时光温柔以待，愿岁月永不蹉跎，在生命成长的过程中，在家校携手共育的努力下，这段记录爱的光影将会被永远珍藏。亲爱的孩子们终将向着光，向着梦想奔赴前行！

附：本课资料包下载

财商教育

培养高“财”生——财商教育，惠及一生（教案）

授课学段：高中一年级
授课名称：财商教育
培养高“财”生——财商教育，惠及一生
授课单位：天津市九十六中学
授课教师：王会军
指导教师：张俊华　张华冕

教育目标

（1）帮助家长了解财商与智商、情商一道被称为现代经济人必备的“三商”，正确认识财商对孩子成长的重要作用。

（2）帮助家长通过学习财商教育的基本理论知识，形成基本素养进而培养孩子创造和运用财富的能力。

（3）帮助家长给孩子建立正确对待财富的态度，了解财富的运行规律，科学合理地运用财富，实现幸福人生的目标。

学情分析

绝大多数家长在财商教育知识上有所欠缺甚至是空白，认为财商教育和孩子的身体和成绩相比并不重要，在教育子女过程中甚至出现价值观扭曲的现象。

重点难点

（1）重点：让家长了解、认可财商教育的重要性，它会影响家庭中的每个成员尤其是成长中的孩子。

（2）难点：家长本人更新或改变自己原有的观念，然后用自己的言行去教育引导孩子。

教具准备

教学课件（见资料包）。

课时安排

1 小时。

教育过程

一、讲授铺垫

教师：各位家长，大家好！欢迎大家参加家长会。当下，手机应该是影响孩子学习的重要因素，那么在家你是如何让孩子放下手机的呢？

“强行命令”“威胁恐吓”“订立契约”“耐心劝导”或是“谈条件——金钱诱惑”……

教师用课件展示相对应的漫画以烘托课堂气氛。

教师：在诸多的方法中，其中“谈条件——金钱诱惑”可能是最有效的，而且可以在“家庭和谐”的氛围中解决。第一次讲条件时可能是 10 块钱，而且这 10 块钱会让孩子高兴地接受；但是过一段时间后，他可能需要 30 块钱才能再次觉得高兴。长此以往，当孩子无法得到所期待的奖励时，奖励的效果就会大打折扣。孩子在最初谈条件的时候，对“钱”的兴趣好像超过了对手机的兴趣，那么我们就应该把握住这个契机，好好谈谈有关“钱”的话题。

教师用课件展示生活中的漫画场景以增加亲切感、真实感。

提问：当孩子提出一些物质要求时，什么时候应该满足？什么时候可以拒绝？界限在哪里？当家长希望孩子多做家务、少玩手机时，家长可以用钱来作为奖惩的工具吗？当孩子询问，是不是如果不缺钱就可以不工作了，家长该如何和他们解释职业选择？

教师：作为父母，和孩子交流这些问题时将奠定孩子对待金钱的态度，从长远看，将会影响孩子养成自我管理、获得幸福的能力。由此可见，向孩子传授有关金钱的知识是十分必要的，这就是我们今天所要和大家交流的话题——财商教育。

二、讲授过程

教师：很多家长可能意识不到，无论你是否在有意识地进行财商教育，无论你对商业多么一无所知，你都不可避免地在向孩子传输有关金钱的价值观，因为钱在生活中无处不在，大家平日里在金钱方面的言行和选择，都在点点滴滴地塑造着孩子对金钱的认知。大家回忆一下，在对待“金钱”的态度上，你是如何说的呢？

教师组织家长互动交流，如“君子爱财取之有道”，“有钱不是万能的，但没钱是万万不能的”，“好好学习有份好的工作，有一个不错的收入”……同时教师通过课件展示生活中亲子对白以增强画面感。

教师：大家可能都会向孩子阐述自己的观点。有些家长可能认为自己不了解这方面的知识，那我只字不提总可以了吧。即使你刻意地不和孩子谈钱，“不谈钱”这个行为也在传递某种信息。孩子感受到的可能是，谈钱是不好的，是少儿不宜的，那么也许，钱是个不可告人的麻烦事儿。这种认知就成为孩子内在价值体系的一部分。那你本人的价值观从何而来呢？同样是从小被你的家庭所塑造的。所以你在思考如何教育孩子之前，非常有必要先了解自己和钱的关系是如何建立的，这种关系又对你的生活产生了什么影响。

教师通过课件展示以下问题。

①当你向父母提出物质要求时，父母一般是如何回应的？他们对你最常提起的“教诲”是什么？你对此的感受如何？

②如果钱是一个有生命的人，她给家里带来的是什么？烦恼？快乐？焦虑？争执？舒适？危险？羞耻？美好的时光？

③你和配偶在对待钱的态度上有什么分歧吗？你们是如何对待你们之间的差异的？这种差异是如何影响你们和孩子关系的？

教师组织家长开展互动交流。

教师：通过我们自己回答以上的问题，您会了解自己和金钱的关系。接下来您需要思考的是：我接受这种关系吗？这是我希望传递给孩子的吗？请大家继续看一则教育故事。

教师讲述《教程》第 36~37 页“三、故事聚焦《当钱不是钱时，才是真正的财》”。

提问：通过阅读这则故事，您会像小超妈妈那样教育自己的子女吗？您会反省自己的想法和言行吗？

教师讲述《教程》第 37~38 页“四、剖析根源”。

教师：如果家长决定要传递给孩子一个不同于你现在的思维及行为模式，那我会建议家长先对自己下手。把新的模式先在自己身上实践、内化成自己能够全然接纳的，然后再用言行去影响孩子，这一点至关重要。你的改变会给孩子带来明显的变化吗？其实教育的效果在很大程度上还取决于教育者和孩子之间的互动方式。那么什么是适合孩子的财商教育呢？

教师讲述《教程》第 38~40 页“五、指导策略”。

教师：首先，要遵循孩子的发展规律，在其 12~18 岁时教孩子有关银行账户、信用卡等金融知识和理财技能。作为家长，即使你的学业工作背景和金融毫不相关，那么您也应该和孩子一起学习经济学和商业方面的知识，并借此机会也进行一些研究，只要家长有心，做到这一点不是难题。至于当下应该和孩子讲什么话题，这要让孩子说了算！比如从生活场景入手，以孩子的需要为中心，以启发式提问为沟通方式来给孩子上课。

其次，生活中充满了经济活动：大街小巷里的商铺，新闻报道里的事件，家长在饭桌上的对话，孩子提出的要求，这些都和钱有直接或间接的联系。只要稍加留意，大人就可以和孩子随时随地发起讨论。更多时候，孩子自己会产生很多问题，大人只需要认真参与到他们的思考中去就可以了。

最后，在价值观方面，家长不要急于下评判，尽量少说教，多提问，多倾听。在家长眼里，孩子容易显得很贪心、很自私，但这些都是天性。简单的指责、训斥并不能让他们自动变得大方、自制，反而会令他们感到自卑或者产生负罪感。这时候，用提问去引导他们思考内心、表达真实的想法才是更有教育效果的。慢慢地，孩子会发展出独立思考、觉察内心的能力，并建立起自己的价值体系和选择逻辑。

三、讲授总结

教师：财商教育不是为了培养下一个比尔·盖茨。我们可以引导孩子有意识地参与到商品交换的活动中去，让他们从小就接受“财商”培养，提高理财能力。

教师讲述《教程》第 40~41 页“六、实践思考”。

教师：我还有一些学习资料可以与家长分享，希望我们家校合作，既培养出“高财商”的孩子，又培养出全面发展的人才。

教师讲述《教程》第 42~43 页“七、智慧分享”。

附：本课资料包下载

劳动教育

享受劳动的快乐——补齐孩子的人生必修课（教案）

授课学段：高中一年级
授课名称：劳动教育
享受劳动的快乐——补齐孩子的人生必修课
授课单位：天津市咸水沽第一中学（津南区）
授课教师：王冬燕
指导教师：王春红

教育目标

（1）帮助家长了解劳动教育的内涵、劳动的意义以及国家相关政策规定。

（2）指导家长掌握家庭劳动教育的方法。

（3）增强家长对“劳动教育对子女的正向成长具有重要的促进作用”的观念的认同，认识到家庭劳动教育能够增进亲子感情。

学情分析

教育理念的偏差导致家长忽视孩子的劳动教育。一是现在的家庭结构以祖辈、父辈四人供养一个或两个孩子为主，家长从本心不想让孩子受累；二是家长普遍存在重智育轻德育的成才观，导致其意识不到劳动教育对子女正向成长的重要作用；三是家长嫌孩子干得不够好，甚至“帮倒忙”，反而浪费了其时间和精力；四是家庭经济条件的提升使劳动智能化水平提高，家长认为需要孩子动手的劳动很少；五是社会和学校对于家庭劳动指导不够，也不利于家长重视程度的提升。

重点难点

（1）重点：帮助家长认识到劳动教育的重要性，指导家长安排家务劳动的内容，掌握家庭劳动教育的方法。

（2）难点：指导家长掌握家庭劳动教育的方法。

教具准备

教学课件、相关视频（见资料包），A4 纸、水笔。

课时安排

1 小时。

教育过程

一、讲授铺垫

在歌曲《劳动最光荣》中等待家长入场。

教师：欢迎各位家长的到来，今天家长课堂要探讨的主题与劳动教育有关。首先做个小调查：您的孩子在家经常做家务的，请举手？孩子不愿意参加家务劳动，根本支不动的请举手？

教师：谢谢家长。大家反馈的信息和 2021 年 9 月天津市教委面向学生家长的问卷调查结果相近，请看屏幕上的数据，我们发现能够主动参与家务劳动的孩子太少了。可是，劳动教育的意义不可忽视，所以今天我们一起探讨劳动的话题。

二、讲授内容

1. 劳动的概念

教师：我们先了解劳动和劳动教育的概念。

教师讲述《教程》第 44 页“二、现状分析”中“劳动”和“劳动教育”的概念。

2. 国家有关政策

教师：劳动教育曾是我国高中教育的重要内容，学校有劳动课，学生清理校园、修剪树木、修理桌椅；家庭有洗衣、做饭等家务劳动。但近些年，重在动手的劳动教育几乎没有了，这肯定是不行的。2018 年 9 月，习近平总书记在全国教育大会上首次提出德智体美劳“五育并举”的教育方针。请看视频中北京卫视的主持人是怎么说的。

教师播放视频资料。

教师：重视劳动教育是对新时代的一种回应。

教师讲述《教程》第44~45页“二、现状分析”第二段至第四段内容。

3. 劳动的意义

教师：我国为什么再次把劳动教育提高到如此重要的位置？请大家跟我一块看屏幕上的这个故事。

教师讲述《教程》第45~47页“三、故事聚焦《一位‘学霸’的人生轨迹》”。

教师：这是一个真实的案例，魏永康为什么从“神童”到“泯然众人”？在母亲的过度“关爱”下，他失去了什么？各位家长看后作何感想？

家长1：略。

家长2：略。

教师：正如大家所说，魏妈妈的成才观念出现偏差。她认为教育就是智育，教育的成功就是学习成绩优秀。而真正的教育是培育德智体美劳全面发展的人才，除了学习文化知识，还要培养孩子意志品质、生活能力、社会适应能力等。

小结：教育不是一蹴而就的，它是循序渐进的过程，不同年龄阶段接受不同的学习课程是遵循教育规律的设置。魏妈妈超前的教育，也严重违背了教育规律。

教师：成长同样也是有规律的。小时候的吃、喝、玩，就是一种学习方式，得到的是直接经验。年龄大一点开始学习书本知识，得到的是间接经验。这符合认知规律——从具体到抽象，从模仿到创新，从看现象到看本质，从感性认识发展到理性认识。

另外，魏妈妈的管理方式也过于严苛，让孩子没有行动的自主权、生活的选择权，不能发挥主观能动性。

教师讲述《教程》第47~48页“四、剖析根源”。

教师：我们强调劳动的重要性，就是让孩子在劳动中学会生存、学会交往、磨炼意志，发展智力、培养自信、形成自立。通过劳动锻炼让孩子从不成熟到成熟，在流淌的汗水中享受劳动的快乐。正如不同时代的伟人都对劳动的重要价值给予高度的评价，习近平总书记提到：“正是因为劳动创造，我们拥有了历史的辉煌；也正是因为劳动创造，我们拥有了今天的成就。”

所以，家长朋友们，我们应该怎么做？

4. 如何开展家庭劳动教育

（1）提高自身认识，认同劳动重要。

教师：您知道吗，高中生物课会讲到酿酒、泡菜制作；数学学习中有圆周运动、几何图形等。如果孩子有实际的劳动经验，这些问题掌握起来非常容易。所以说劳动有利于拓宽视野、开发智力。调查发现，孩子是否愿意主动劳动，将会影响到未来求职是否顺利、职业生涯是否有所成就。所以劳动是培养个人社会能力的途径。因此，我们首先要认同劳动的重要性和必要性。

（2）合理分配家务，培养劳动意识。

教师：意识支配行动，现在请您尝试列出一份家庭劳动表，可根据提供的参考内容设计，然后请家长代表展示。

家长 1：略。

教师：感谢您的真诚分享。也建议大家提前征求孩子的意见，将这份安排表打印张贴出来，以便于互相督促完善。

（3）配合学校完成劳动作业，学以致用。

教师：现在，请您欣赏班级果蔬拼盘赛的作品。由此您想到了什么？给您一些建议：支持孩子动手动脑，擦玻璃、秀厨艺、进行家庭垃圾分类等；结合化学知识进行厨房油污清洁，利用生物知识进行营养搭配、培养花卉，结合物理知识指导孩子尝试换灯泡、接电线等。家长要给孩子提供在实践中学以致用机会。比如，近期班级组织内务评比，请您一定支持和配合。就做家务问题，请听李玫瑾教授怎么说。

教师播放视频资料。

（4）示范引领，耐心引导。

教师：当然，孩子做家务还需要您进行指导、示范和鼓励。以擦玻璃为例，您可以指导孩子具体的擦拭方法，让孩子看到效果，孩子就会更有劳动的动力。不管孩子做得如何，您一定不要指责孩子，您的耐心为孩子创造了愿意参与的氛围，您的以身作则更是给孩子树立了榜样。

教师讲述《教程》第 48~49 页“五、指导策略”。

（5）激发劳动兴趣，勇于服务社会。

教师：习近平总书记曾在全国劳动模范和先进工作者表彰大会上说：“光荣属于劳动者，幸福属于劳动者。”新时代的劳动精神也被赋予了新的内涵。所以，劳动教育还要培养孩子的劳动观念和态度，以促进其综合素养的发展。比如和孩子探讨各行各业的劳动模范，更有利于让孩子崇尚劳动。请看视频中的袁隆平老先生，其坚持不懈、永不放弃的精神的确值得所有人学习。

教师播放视频资料。

教师：以上我们提及了 5 个家庭劳动教育的策略，相信大家还有其他更好的做法，以后有机会请您分享更多的实践经验。

三、讲授总结

教师：各位家长，我和您一样，都希望孩子幸福，而幸福的源泉是劳动，幸福属于劳动者。所以希望您能掌握更多的方法和策略，通过身体力行带动孩子积极劳动，用勤劳的双手创造幸福生活。有关劳动话题的一些参考内容，我将通过资料包发送，希望对您以后的实践有所帮助。期待看得见的改变，谢谢大家

教师给家长提供《教程》第 50~51 页“六、实践思考”和第 52~54 页“七、智慧分享”，并在《劳动最光荣》歌曲中结束活动。

附：本课资料包下载

生涯规划

成就梦想绘蓝图——指导孩子做好生涯规划（教案）

授课学段：高中一年级
授课名称：生涯规划
成就梦想绘蓝图——指导孩子做好生涯规划
授课单位：天津市双港中学
授课教师：常虹　张书鑫
指导教师：何洪磊　崔丹凤

教育目标

（1）树立科学的职业生涯观，运用适当的方法，采取有效的措施，帮助孩子制定好自我的职业生涯规划。

（2）使学生和家长充分认识职业规划的重要性，充分认识自我，客观分析环境，正确审视自我，正确评估自我。

（3）能够了解未来职业发展的困难和阻力，注意影响职业生涯的几个因素，为未来专业的选择和职业的选择打好基础。

学情分析

考试招生制度改革要求家长和学生从高中起始阶段就要着手对学生的职业生涯进行规划，而家长和学生对于职业生涯规划又不是非常了解。通过本模块的学习可以让家长了解职业生涯规划的方法，让学生对此更加了解、明确自身职业生涯规划的方向。

重点难点

（1）重点：通过学习了解学生自我职业生涯规划的重要性以及方法。

（2）难点：如何科学、合理地制订好自我职业生涯的发展规划。

教具准备

教学课件（见资料包）。

课时安排

1 小时。

教育过程

一、讲授铺垫

教师： 各位家长，俗话说：三百六十行，行行出状元。世界上的职业有千百种，每个人都有自己的职业，那么职业究竟有哪些种类呢？《中华人民共和国职业分类大典》将我国职业归为 8 个大类，66 个中类，413 个小类，1838 个细类（职业）。随着时代的发展，还出现了酒店试睡师、旅游体验师、拇指创作师这样新型的职业。随着我国考试招生制度不断改革，要求教师和家长帮助孩子尽早进行职业生涯规划，这样才会让孩子对自己的未来更清晰，更有信心迎接明天的挑战。现在让我们来了解一下现阶段中国高中生对于未来职业规划的现状（见图 1 和见图 2）。

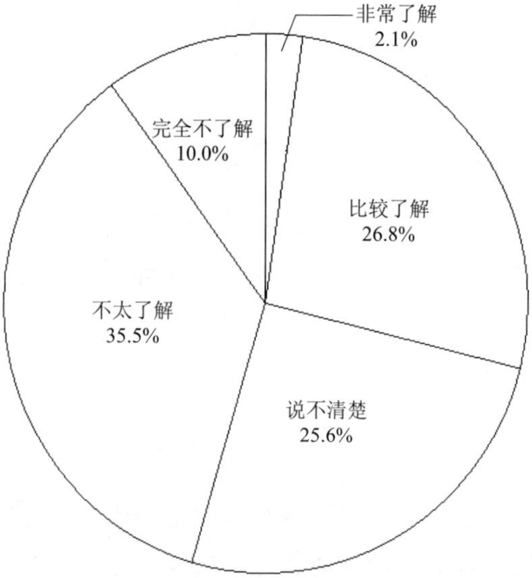

图 1　高考生对所选专业及学校的了解程度

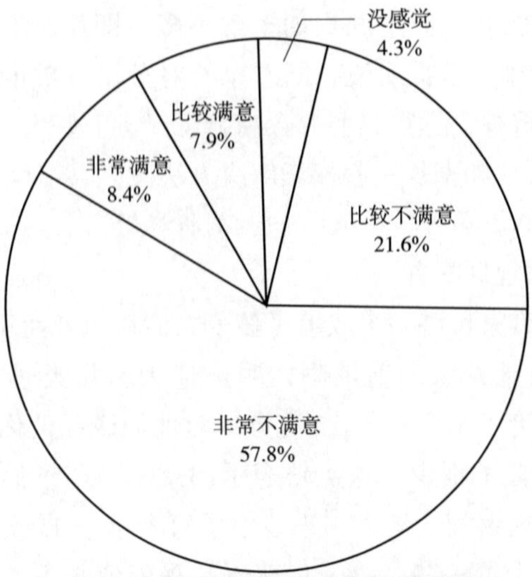

图 2　大学生对自己专业的满意程度

教师讲述《教程》第 55 页“二、现状分析”。

二、讲授过程

（1）案例导入，引发家长思考。

教师：各位家长，我想和大家分享一个案例，大家一起听听，故事里的妈妈做得对不对？如果您是这位“妈妈”，您会怎么做？

教师讲述《教程》第 56~57 页“三、故事聚焦《微微的选择》”，并讲述刘立早的故事。

2003 年 3 月，正在清华大学硕博连读的刘立早因个人兴趣原因放弃了已经进行了一个学期的化学反应工程专业的学习，向校方提出退学申请，并再次参加高考，成为清华大学建筑系 2003 级本科生。

刘立早：我做的这个决定，考虑了一个多月。权衡利弊，我觉得一边是化工专业的直博生，一边有可能是其他学校的建筑系本科生，利是建筑是自己喜欢的专业，弊是博士学位毕竟比双学位高一等。但是这个选择不仅仅影响我这几年，而是涉及以后我的一生。

提问：家长朋友们，通过上述案例，我想和家长沟通几个问题。在孩子未来职业的选择上，什么是最主要的因素？如果在这个问题上您和孩子的意见不一致，您会怎么做？您对职业生涯规划有多少了解？您是从哪里了解职业生涯规划的？

小结：家长往往对职业生涯规划了解不多，即使是有一些了解，渠道也不是很正规，往往都是道听途说。同时家长对孩子分数的重视远远超过对孩子职业生涯规划的重视，觉得只要分数高就可以考上好大学。

（2）分析问题，和家长一起探索解决方法。

教师讲述《教程》第 57~58 页“四、剖析根源”。

（3）职业生涯规划的方法。

教师：下面我给家长讲一个故事《孩子，你在为谁而玩》。

孩子们在一位老人家门前嬉闹，叫声连天。几天过去了，老人难以忍受。于是，他出来给了每个孩子 25 美分，对他们说：“你们让这儿变得很热闹，我觉得自己年轻了不少，这点钱表示谢意。”孩子们很高兴。第二天，孩子一如既往地在这嬉闹。老人出来，给了每个孩子 15 美分。他解释说，自己没有收入，只能少给一些。孩子仍然兴高采烈地收下了。第三天，老人只给了每个孩子 5 美分。孩子们非常不高兴地说：“一天才给 5 美分，知不知道我们多辛苦！”他们向老人发誓，他们再也不会为他玩了！

讨论：这个故事有什么寓意？

小结：这个故事用心理学原理解释为内部动机外化。故事中老人的算计很简单，他将孩子们的内部动机“为自己快乐而玩”变成了外部动机“为得到美分而玩”，美分这个外部因素容易控制，进而控制了孩子们的行为。如将外部因素作为自己行为的动力，我们的情绪很容易波动。内部动机是“为自己而玩”，外部动机是“为条件而玩”。

教师：接下来，我们了解一下职业生涯规划的原则：认识自己、了解自己。

首先是兴趣与职业。

①兴趣是职业生涯选择的重要依据。

②兴趣可以提高工作效率，充分发挥才能。

③兴趣是保证职业稳定性和工作满意度的重要因素。

其次是性格与职业。

性格没有好坏之分，不同的性格特征有各自的优势，又有各自的不足。

外向型性格容易沟通、好交际、坦率随和，因而适合与外界广泛接触的职业。

内向型性格由于其缄默自持的特征，更适于从事有计划的、稳定的、不需要与他人过多交往的职业。

提问：职业生涯规划最重要的因素有哪些呢？

①明白我是谁，我是什么样的人，我喜欢做什么，我能做什么，我的生

理特征如何？

②家庭因素、教育因素和环境因素支持或允许我做什么？

小结：对孩子的职业生涯规划要讲科学、要依据孩子自身的特点和社会的需求。

（4）结合实际，探析对策。

教师讲述《教程》第58~59页“五、指导策略”。

（5）设置情景，启发家长思维。

教师：各位家长，我们刚刚了解了一些有关职业生涯规划的一些知识，现在让我们一起来实践一下，看看咱们理解掌握得如何。

教师讲述《教程》第59页“六、实践思考（二）情境题”。

小结：大家说得都很有道理，可以看出大家对刚才我们学习沟通的内容都有了很全面很深刻的了解。在孩子发展的道路上，家长既是陪伴者，又是引领者。家长要关心了解孩子每个阶段的需求，并及时积极给予回应。

（6）通过亲子活动，增进亲子感情。

教师：各位家长，通过刚才的沟通交流，大家已经基本掌握了如何帮助孩子进行职业生涯规划的方法。下面介绍一个亲子活动，它可以让家长更加了解孩子的想法，同时也可以对孩子进行指导，大家可以试一试。

教师讲述《教程》第60页“六、实践思考（四）亲子实践活动《人生魔术超市》”。

小结：活动不是目的，目的是更融洽的亲子关系，以及更好的职业生涯规划，希望大家与孩子能够增进了解，促进亲子感情。

三、讲授总结

教师：通过今天与大家的沟通学习，我们基本掌握了如何帮助孩子进行职业生涯规划的方法。希望咱们的孩子对自己的未来都有合理的规划，都能赢得未来！

教师给家长提供《教程》第60~63页“七、智慧分享”。

附：本课资料包下载

宽容教育

身体力行——帮助孩子养成良好的道德素养（教案）

授课学段：高中二年级
授课名称：宽容教育
身体力行——帮助孩子养成良好的道德素养
讲授单位：天津市蓟州区第一中学
授课教师：田学文
指导教师：金汇丰　孙德新

教育目标

（1）帮助家长理解宽容教育的内涵。

（2）帮助家长掌握和运用科学的教育和引导方法，身体力行，将宽容别人的方法传授给孩子，以实际行动影响孩子。

（3）帮助家长通过自身榜样的示范作用培养孩子宽以待人的品格，将仁爱友善的观念植入孩子心中。

学情分析

家长基本能理解宽容的概念，但是对于如何科学培养孩子宽容的品质缺少足够的认知。很多家长愿意和孩子一起成长，希望培养出具有宽容人格的孩子，愿意为孩子提供幸福的环境，却苦于缺少科学的方法。

重点难点

（1）重点：帮助家长掌握和运用科学的教育和引导方法，身体力行，将宽容他人的科学方法传授给孩子，以实际行动影响孩子。

（2）难点：帮助家长通过自身榜样的示范作用培养孩子宽以待人的品格。

教具准备

教学课件、罗素小视频（见资料包）。

课时安排

1 小时。

教育过程

一、讲授铺垫

教师： 首先请家长观看小视频《罗素给世界的留言》，视频中罗素说到了一个关于道德的重要理念：宽容。

提问： 什么是宽容？

教师：《现代汉语词典（第 7 版）》对宽容的解释是：宽大有气量，不计较或追究。宽容心是一种非常珍贵的感情，对于孩子良好人际关系的建立有着非常重要的意义。宽容别人就是善待自己。下面我们再展示 2 个关于宽容教育的小故事，感受 2 位家长的做法。

教师讲述小故事《列宁打碎花瓶的故事》《父亲宽容少年甘地》。

教师： 从这 2 个小故事中我们可以知道宽容教育的确是效果很好的教育手段。宽容教育是指孩子做错了事之后，家长以宽大的胸怀接纳孩子的过失，让孩子感受到宽容的力量，从而达到培养孩子宽容品质的目的。

二、讲授过程

1. 问题探究

（1）宽容教育的必要性。

教师： 社会主义核心价值观中的“友善”，就是强调公民之间和睦友好，是公民应该遵守的基本道德规范，而做到这一点，宽容待人是必不可少的。

宽容的孩子往往心地善良、温柔、受人支持，而缺乏宽容的孩子往往怪诞、容易走极端、不容易接近他人，因此人际关系往往很糟糕。

因此，帮助家长学会培养孩子宽容别人的方法、形成孩子宽以待人的品格、树立孩子仁爱的观念具有重要意义。

（2）家长如何有效培养孩子宽容的品质？

教师讲授《教程》第 67~68 页“三、故事聚焦《宽容孩子错误，激发改过潜能》”。

提问：如何评价张女士的做法？

教师组织家长分组讨论张女士的做法，并讲授《教程》第 68~69 页“四、剖析根源”，得出共性的认识：张女士用了宽容的教育方法，选择合适的方式和时机，以宽容的态度鼓励孩子自己承认错误。张女士的做法颇有陶行知先生“三颗糖教育学生”的风格。

小结：通过讨论，可以得出以下结论。

①家庭教育要注重及时性。

②爸爸在育儿中不能缺位。

③宽容教育是一种行之有效的办法。

（3）家长对孩子进行宽容教育的指导策略。

教师讲授《教程》第 69~70 页“五、指导策略”。

策略 1：帮助家长明确宽容教育要坚持辩证适度原则。

策略 2：帮助家长明确认识到宽容教育的主要途径是生活教育。

策略 3：帮助家长明白宽容教育的落脚点是促成孩子宽以待人。

教师：家长在应用这些策略时，建议注意以下几点。

①实施宽容教育的前提，必须是孩子对自己的错误已经有了认识，并深感内疚、悔恨，此时方可运用宽容手段。

②家长准备原谅孩子的过失时，应该从表情上、语气上使孩子感到家长对孩子所犯错误很痛心，并相信自己能够悔改。如列宁母亲对列宁的抚摸、甘地父亲的热泪，都是对孩子极好的教育。家长不可采取无所谓的态度，使孩子没有压力，缺乏改正的决心。

③宽容，是为了让孩子形成良好的习惯和品德，而这种习惯和品德只有在实践锻炼中才能产生和巩固。

（4）实践探究宽容教育。

教师：学习了一些方法策略之后，我们尝试着来解决现实问题。

教师讲授《教程》第 70~71 页“六、实践思考”。

①讨论：宽容孩子的错误之后，家长需要做什么？

②情境探究：晚上，孩子在家里学习时，家长可以在哪些方面给孩子做榜样示范？

③案例实战分析：赵明一直都很优秀，但是他在评选市级优秀学生时意外落选了，他觉得辜负了父母的期望。请分析解读这个案例。

④亲子实践活动设计：家长怎样和孩子一起学习宽容故事？

（5）和智慧的家长分享

教师讲授《教程》第 71~74 页“七、智慧分享”。

教师：家长知晓宽容教育贵在示范。宽容教育的关键是家长率先垂范，而后孩子在春风化雨中自觉地模仿家长，逐渐地学会宽容他人。

家长给孩子示范宽容有两个层次：其一，宽容孩子或者他人的言行，家长在这个层次进行示范的要点是调节情绪；其二，宽容孩子或者他人的思维方式和思考问题的视角，家长在这个层次进行示范的要点是调节思维。

家长应掌握指导孩子学会宽容的方法：学会心理换位、学会理解他人、学会善待他人、学会宽容他人。

三、讲授总结

教师：宽容是一种美德，是一种修养，是做人的风度和境界。在家庭教育中，家长应懂得宽容有缺点的孩子，善于运用科学的方法，用宽容教育帮助孩子更好地成长，帮助孩子处理好各种人际关系、适应各种环境、能够融洽地与人合作，帮助孩子充分发挥自己的潜能，更能显出家长的智慧。

如果家长能够不断学习，孩子方能不断进步！希望我们协同一致，携手共助孩子健康成长！

附：本课资料包下载

媒介素养

善做网络时代“弄潮儿”——中学生健康网络行为指南（教案）

授课学段：高中二年级
授课名称：媒介素养
善做网络时代“弄潮儿”——中学生健康网络行为指南
授课单位：天津市梧桐中学
授课教师：彭瑞琪
指导教师：张树鸾

教育目标

（1）引导家长了解当今网络安全现状，帮助家长了解当今中学生上网现状。

（2）帮助家长分析中学生网络成瘾的原因与表现，正视网络对学生成长的双向作用。

（3）帮助家长掌握并结合具体情境实施适宜的引导中学生健康上网的基本策略。

学情分析

高二学生几近成人，与家长之间的沟通交流呈逐渐减少的趋势。互联网已然成为当今中学生生活学习的必需品。诚然，不少中学生借助互联网使自身学习、生活变得更便捷，但也有一部分中学生因此更容易出现惰性，不愿独立思考，甚至丧失独立思考的能力；还有部分中学生沉迷网络游戏，出现一系列人际交往、学习波动等问题。此外，学生长期依赖网络，使得视力、运动等机能受到影响。面对上述情形，家长如果一味地限制甚至抵制孩子接触网络，方式单一，说服教育流于表面，很难对孩子形成一定的触动与影响。

重点难点

（1）重点：引导家长形成对中学生使用网络的正确认识，辩证看待网络对学生成长的影响。

（2）难点：掌握适宜的引导中学生健康上网的基本策略，并有效运用到现实亲子沟通中。

教具准备

教学课件（见资料包）。

课时安排

1 小时。

教育过程

一、讲授铺垫

教师：首先欢迎各位家长抽出宝贵时间来参加我们的家长课堂，我们也非常珍惜本次以面对面的形式与各位一同探讨，如何在家庭教育层面帮助中学生养成健康网络行为与习惯。希望各位家长正视网络对于学生成长的正向与负向的双面作用，树立科学的家庭网络使用教育理念。您的积极参与代表了您对孩子积极成长的关切与重视。今天，我们将一道携手为孩子筑牢网络安全“防火墙”。

二、讲授过程

（1）正视情况，承担责任。

教师讲述《教程》第 75~76 页“二、现状分析”。

教师：从现状分析，我们可以得出以下结论。

①在信息时代，学生接触网络、使用网络是必然趋势。

②学生因身心发展尚未成熟，容易出现网络依赖的情况。

③过度使用网络会对学生的身心产生不良影响。

④学生缺乏在网络中识别真伪的能力，容易出现网络违法行为。

⑤家长作为未成年人的监护人，有义务、有责任监督和指导自己的孩子合理使用网络，不放任孩子沉溺于网络。

小结：2022 年 1 月 1 日起我国开始施行《家庭教育促进法》，家庭教育已由以家庭为单位的家事上升为社会共同关注的国事，“依法带娃”的时代已来临。各位家长也要从意识上提高思想站位，履行相应的责任与义务，呵护孩子健康成长。

（2）案例分享，启发思考。

教师：各位家长，我们一起来看以下案例，大家思考一下陈某沉溺网络的不幸如何可以避免？

教师讲述《教程》第 76 页“三、故事聚焦”。

提问：如果您是陈某的父母，您会选用怎样的方式帮助陈某摆脱网络游戏带给他的暴力解决问题的极端思想？

小结：近年来，针对未成年人沉迷网络游戏问题，监管部门的措施不断升级，如建立网络游戏防沉迷实名验证系统等。目前来看，在预防未成年人沉迷网络游戏方面，家庭是其中一个短板，很多未成年人的家长和监护人并不具备使用网络的能力，更不具备引导未成年人健康上网的能力。

中国青少年研究中心发布的《中小学生及其家长网络游戏认知与态度研究》报告显示，亲子关系对孩子网络游戏成瘾有很大程度影响，亲子关系越好的家庭，孩子正常使用网络的比例越高；亲子关系越差，越易导致孩子形成沉迷网络游戏的行为。可以说，良好的亲子关系有助于孩子合理使用网络游戏，形成良好的网络使用习惯。

（3）剖析根源，讲解说明。

教师：通过上述案例讲解，以及我们刚刚讨论的内容，可以得出这样的结论。

教师讲述《教程》第 77~78 页“四、剖析根源”。

（4）策略引导，掌握妙招。

教师：下面我们来分析“互联网 +”背景下家庭教育面临的挑战。

①网络的隐蔽性逐渐影响了家长对学生的监督。家长是子女的监护人，每位家长都希望自己的孩子成才，因此家长会想出各种各样的方法来监控孩子，如不给家里电脑装宽带、禁止孩子去网吧等。但这些方法都治标不治本。家长不可能永远盯着孩子，孩子也有很多办法来应对家长。而且网络行

为具有隐蔽性，孩子在哪里上网、上网做了些什么，父母是很难知道的，这就使父母的监督成了泡影。

②父母知识的权威性遭到挑战。在只有纸质媒体的时代，家长扮演着多重角色，不仅是经济的来源，还是知识的权威。孩子有什么问题，基本都可以从家长那里得到答案，或者与家长进行讨论交流。但互联网的普及打破了这一现象，孩子们不再需要向家长请教，也失去了与家长探讨交流的动力，父母在孩子心目中的权威性慢慢降低。一般而言，家长教育子女的权威性由三部分组成：人格权威性、源于血缘亲情的权威性和拥有知识的权威性。传统的家庭教育中父母和子女的知识传承性被互联网无情地切断了。家长知识权威性的丧失削弱了父母人格的魅力，加大了家庭教育的困难。

③网络复杂性影响正能量传递。毋庸置疑，大多数家长给孩子传递的信息或知识都是经过过滤的、正能量的，是对孩子身心发展没有副作用或危害的。父母在家庭教育中起到一道“防火墙”或“隔离墙”的作用。特别是随着家庭教育理论的不断完善，家长的教育素质不断提升，他们很注意不良信息对子女的影响，注重在家庭中倡导健康文化氛围。但互联网中的信息良莠不齐，信息量庞杂不说，更有不少有害的内容充斥其中。

④互联网影响着家长与孩子的交流沟通。家庭教育中，家长与孩子的沟通是至关重要的，有效的交流沟通能够建立和睦的家庭教育关系。互联网的诱惑使得无论是大人还是孩子都沉迷于虚拟的网络世界，网络作为“第三者”介入家庭生活，使得家庭氛围明显有了淡漠的感觉。特别是青春期的孩子，多有叛逆的心理，把更多的课余时间用于网络上面。另外，孩子们喜欢使用网络用语，文化的代沟往往使得父母一头雾水，破译不了网络语言的语义，与孩子的沟通更是无从谈起。

教师讲述《教程》第 79~81 页“五、指导策略”。

教师：大家可以依据家庭教育实际情况，有针对性地选择以上策略。

（5）实践思考，情境选择。

教师：各位家长，前面我们分享了许多理论知识。现在我们有这样一个情境，请大家在亲身体验中思考如何应对。

教师讲述《教程》第 81 页“六、实践思考（二）情境题”。

教师：大家的选择说明，各位家长朋友意识到了尊重与沟通是开展任何家庭教育的前提。我们再来看看鲁某的情况，分析一下利弊得失。

教师讲述《教程》第 81~82 页“六、实践思考（三）案例分析题”。

教师：家庭内部要达成一致，依据孩子情况选择适宜的方式，不应只重视学习成绩，应该关注学生身心全面健康发展。

三、讲授总结

教师：感谢大家在百忙之中参与这次活动，希望我能和各位家长协同共进，勤沟通，多探讨，以科学的方法、合理的措施教育好我们的孩子，呵护他们健康成长，再次感谢大家的聆听！

教师给家长提供《教程》第 82~85 页“七、智慧分享”。

附：本课资料包下载

审美素养

擦亮孩子“发现美”的眼睛——美丽人生，大美育人（教案）

授课学段：高中二年级
授课名称：审美素养
擦亮孩子“发现美”的眼睛——美丽人生，大美育人
授课单位：天津市宝坻区第一中学
授课教师：李志东
指导教师：郝亚男　肖文国

教育目标

（1）家长能够理解美育的基本理论和重要意义。
（2）家长能够通过体验活动掌握 1~2 项美育方法和技能。
（3）促进亲子沟通，增强表达和共情，提升审美能力与修养。

学情分析

大多数家长忽视美育的意义，轻视通过艺术途径表达自我、沟通外界的重要价值。在孩子步入高中阶段后，家长更多地认为学习成绩提高是成长的关键，认为家庭和孩子应该将全部精力投入学习之中，思想意识上不认同美育的重要性。

家长普遍不具备家庭美育技能，无法在生活中经常性开展亲子美育活动。家长难以找到与孩子共同的艺术爱好，缺乏动手动脑的积极性、主动性，缺乏足够的信心、耐心和能力陪伴孩子一起活动。

重点难点

（1）重点：通过理论讲解，扭转家长轻视通过艺术途径开展美育活动的思想现状。

（2）难点：通过实践活动，家长能够初步掌握 1~2 项符合自身实际的艺术技能，并逐渐培养艺术兴趣。

教具准备

教学课件、视频、音乐（见资料包），电教设备、京东大鼓乐器、剪刀、彩纸、画笔、画纸。

课时安排

1 小时。

教育过程

一、讲授铺垫

教师：家长朋友们，大家好！美丽世界，美丽人生，我们身边有太多美好的艺术事物等待着我们去探寻。艺术（美育）对于孩子的成长非常重要，每个人都爱欣赏美好的事物，谁都喜欢在美好的艺术活动中陶冶情操、涵养精神。今天，就让我们一起来打开艺术之窗，开启家校合作的美育历程。

二、讲授过程

（1）观看视频，分析现状。

教师播放视频《父子同台展现默契“琴键上的交响乐”》。

教师：请家长谈一谈观看视频的感受，围绕音乐特性和父子默契的话题，展开互动交流。

教师讲述《教程》第 86~87 页“二、现状分析”。

提问：如何陪伴孩子发展艺术兴趣爱好，用美育涵养孩子的修养呢?

教师播放音乐《加沃特舞曲》。

教师：请家长感受音乐的美感，并说一说听后的心情。建议家长陪孩子共同使用音乐的方式组织、参加亲子活动。

（2）案例分析，剖析根源。

教师：各位家长，艺术（美育）对孩子成长非常重要，家庭美育是重要一环。下面我为大家分享一则案例，大家认为曾小乙爱好剪纸的原因何在；面对孩子的提问“咱们能为抗疫做点什么？”如果您是这位妈妈，会怎么做。

教师讲述《教程》第87~88页“三、故事聚焦《从我做起，助力抗疫》”。

教师：下面请几位家长围绕案例交流原因分析与自身做法。

提问：为什么家庭美育总是难以开展呢？

教师讲述《教程》第88~89页“四、剖析根源”。

小结：①审美无用论根深蒂固。②家长的艺术审美和动手能力有待提高。③学生审美感知力弱，对重大社会事件缺乏应有的敏感度。

教师：家长要充分发挥亲子活动如剪纸的美育功能，培养孩子的社会责任感，培养孩子健康的兴趣爱好。

（3）剪纸体验，掌握技能。

教师：下面请家长在美术嘉宾教师的指导下尝试制作简单的剪纸作品。我们将展示家长当堂制作的剪纸作品，并请家长说说参加剪纸活动的体会。

小结：①掌握艺术技能；②观察体验生活；③锻炼专注能力和细心程度。

（4）策略指导，助力行动。

教师展示学生在校和其他活动中的文艺作品图片与视频，并讲述《教程》第89~90页“五、指导策略”。

（5）实践思考，情境体验。

教师邀请艺术嘉宾邱金鹏老师为大家表演京东大鼓选段，并做简短的艺术讲解。

教师：各位家长，刚才我们一起欣赏了京东大鼓选段表演。我想问一问大家，有没有曾送孩子到社会艺术培训机构接受培训的经历。那么，大家是如何看待艺术教育功利化的现状呢？

教师讲述《教程》第91页“六、实践思考（二）情境题”。

教师：下面我们再结合案例分析，请家长谈谈您如何看待当下流行服饰与非主流的审美风格？

教师讲述《教程》第 91 页“六、实践思考（三）案例分析题”。

提问：各位家长，是否曾和孩子因购买不同风格的衣服而产生意见。您买的衣服，孩子不喜欢穿；孩子喜欢的衣服，您认为不好看。那么您是如何处理孩子衣着选择的“酷”与“怪”的？

教师：衣着的选择折射了处于青春期的孩子内心的真实想法与认识。作为家长，除了理解与包容，还要能够通过这些外在表现感知孩子的情绪变化、心理意识。下面让我们一起绘制非常简单的简笔画“房树人”。

教师结合家长的简笔绘画讲解心理情绪调控之间的关系，帮助家长解读画作，指导帮助孩子进行心理调适的方法。

三、讲授总结

教师：各位家长，我们一起认识了美育的现状以及存在缺失的根源，由此发现通过艺术途径开展美育活动对于孩子成长的重要作用。

通过视频和乐曲，我们发现亲子活动的益处，相信大家以后可以经常性地开展家庭音乐活动。如今天的京东人鼓书的演唱，让我们发现了传统曲艺的艺术之美。

通过剪纸和简笔绘画活动，我们发现很多艺术活动其实并没有想象中的那么难。而且一旦动起手来，乐趣十足、价值颇丰，有助于活跃家庭气氛。

小结：家庭美育融于日常生活，一个人审美能力的发展，很大程度上是受家里的父母和长辈的审美情趣和道德修养的影响。对于子女来说，自己在家里所受到的美育更多的是来自对父母长辈们的模仿，家长在实施家庭美育的过程中发挥着十分关键的作用。

教师：家长们要发挥好自己的表率作用，加强自身修养，严格要求自己，给孩子做好榜样。让孩子感受到生活中的美好，并且激励孩子去追寻美、发现美，从而不断地充实、提高和完善自己，帮助孩子在家庭美育的熏陶中塑造完美健全的人格，成为一个全面发展的社会主义建设者和接班人。

如果说我们今天利用这个机会共同经历了一段美育的艺术旅途，那么我相信这是一番别样的开场，我更相信精彩的演出将在日后的整个生活中上演。让我们一起努力，在生活中擦亮“美”的眼睛，在艺术活动中实践“美”的行为！进一步陶冶情操、涵养品性！

本次学校家庭教育课堂到此结束，谢谢大家！

教师给家长提供《教程》第 92~95 页“七、智慧分享”。

附：本课资料包下载

家庭关系

家和万事兴——指导孩子正确处理家庭关系（教案）

授课学段：高中二年级
授课名称：家庭关系
家和万事兴——指导孩子正确处理家庭关系
授课单位：天津市第五十四中学
授课教师：刘玲　田宁
指导教师：张鲁莉　邵华

教育目标

（1）指导家长了解不良家庭关系产生的原因和对孩子的影响，帮助家长建立正确的家庭观念。

（2）帮助家长建立正确的家庭教育方式，帮助家长指导孩子正确地处理家庭关系。

（3）帮助家长学会正确地表达爱，学会让孩子自由轻松地表达情感，携手孩子共同营造良好的家庭氛围，助力孩子健康成长。

学情分析

高二年级学生的父母在育儿观念上存在着传统教育理念与新思想的冲突，大部分家长主要关注孩子的学习情况，对孩子的生活、情感不十分注重，不擅长发掘孩子身上的闪光点，忽视青春期孩子心智发展和身体发育之间的不平衡。父母之间、亲子之间交流互动较少，交流时方法不当、耐心不足。很多家庭存在家庭关系紧张、亲子关系不和谐、冲突不断等问题，这些不良家庭关系对孩子性格的形成甚至将来的情感生活造成了负面影响。家长对此认知不足，普遍缺乏专业的指导孩子正确处理家庭关系的方法。

重点难点

（1）重点：帮助家长建立正确的家庭观念，掌握指导孩子正确处理家庭关系的方法。

（2）难点：认识和改变原有的家庭相处模式，学会理解和尊重；能指导孩子正确处理家庭关系。

教具准备

教学课件、视频、音频（见资料包）。

课时安排

1 小时。

教育过程

一、讲授铺垫

教师播放歌曲《让爱住我家》。

教师：中国人一向重视家庭在个人成长过程中的作用，素有“天下之本在家”之说。习近平总书记也多次强调要注重家庭、注重家教、注重家风的问题。家庭应该与“爱”和“温暖”相伴相生，应该成为每个人心灵能量的补给站。然而现实生活中，我们常看到太多不尽如人意的家庭关系。

教师请家长欣赏电视剧《小欢喜》片段。

提问：在您的身边是否也存在这样的现象？家长因工作不顺和家人拌嘴，孩子关上房门不敢出来；孩子刚一张口，家长就开始各种数落；在家时，家长每人捧着一部手机“陪伴”孩子，一提到孩子的教育问题就开始争吵；孩子沉迷于手机致使家庭矛盾不断升级。

小结：所谓“家和万事兴”，和谐温馨的家庭氛围对孩子身心的健康成长至关重要，不和谐的家庭关系也会对孩子产生极大的负面影响，甚至终其一生也无法摆脱。今天我们就一起学习如何指导孩子正确地处理家庭关系，为孩子健康成长助力。

二、讲授过程

（1）故事聚焦——我想有个温暖的家。

教师讲述《教程》第98~99页“三、故事聚焦《我想有个温暖的家》”。

（2）剖析根源，反思己身。

提问：家长们觉得在这则故事中，小明的家庭关系中出现了哪些问题呢？

教师请家长自由回答。

教师：许多家庭中都曾发生过和小明家类似的事情，紧张的家庭关系导致孩子出现了严重的心理问题。如果想真正地从根源改变家庭关系、亲子关系的现状，首先要正视自己的家庭教育中出现问题的原因。

教师讲述《教程》第99~100页“四、剖析根源”。

（3）归纳家庭关系紧张的原因，引发家长思考。

提问：除了前面故事中出现的引起家庭关系紧张的原因，家长们觉得还可能有哪些原因呢？

教师讲述《教程》第96页“二、现状分析（一）引起家庭关系紧张的原因”。

继续提问：大家觉得不良家庭关系对孩子有哪些影响呢？

教师请家长自由回答。

教师：家长说得都很有道理。不良家庭关系对孩子可能会产生三个方面的影响。

教师讲述《教程》第96~97页“二、现状分析（二）不良家庭关系对孩子的影响”。

（4）探究身边案例，分享指导策略。

提问：家庭是一个系统，相互联系又相互排斥，家庭成员的问题会对家庭互动关系产生挑战。那么，家庭关系出现问题该如何处理呢？家长们在日常生活中有没有好的案例和大家分享呢？

教师请家长自由分享。

教师：高考改革后，选科“六选三”成为高中生面临的一个非常重要的问题。学生畅畅也到了选科的时候，家里人非常重视，父母和家里重要的几位长辈坐在一起探讨选科问题。突然一位长辈说：“让孩子自己选科就是儿戏，这么重要的事，就是家长说了算。”畅畅听完后，抱起自己的玩偶垂头不语。事后，父母找到畅畅，告诉他在选科的事情上，父母相信他的选择，因为父母觉得他值得信任，并告诉他："你的人生你做主，当然你要对自己的选择负责。"后来的事实证明，父母的决定是明智的。

通过小明和畅畅的故事，我们清晰地了解到良好的家庭关系对孩子的成长有着十分重要的作用。那么，家长该如何指导孩子正确处理家庭关系呢？接下来跟大家分享几个策略。

教师讲述《教程》第100~101页"五、指导策略"，之后为家长播放心理短片《树洞之外》，并请家长谈谈观看感受。

小结：爱是一场渐行渐远的分离，作为父母的重要任务，就是要帮助孩子成长，而非代替孩子成长。

教师：下面我列出不良倾听行为与良好倾听行为的比较表，请家长思考自己与孩子交流时的倾听行为是否合格。

不良倾听行为与良好倾听行为比较表

	不良的倾听行为表现	良好的倾听行为表现
眼神	看别的地方，目光呆滞、无神，东张西望	保持适当的目光接触
表情	严肃，冷漠，皱眉，过度的情绪反应	适当地微笑，肯定地点头，配合说话内容的表情
动作	身体背向说话者，双手交叉放在胸前，坐在椅子上身体后仰，转笔，伸懒腰，做其他事情	身体面向说话者，适当地安抚，不做其他事情
言语	打断别人的话，装腔作势，声音太大或太小，窃窃私语，不给予回应	等别人说完再说，采取适当的语调和音量

（5）实践思考，学以致用。

教师：通过前边的指导策略分享，大家是否已经掌握了指导孩子正确处理家庭关系的方法呢？下面咱们通过几个小活动来巩固一下咱们的学习成果吧！

活动1：教师讲述《教程》第101~102页"六、实践思考（一）思考题"，请家长自由回答。

活动2：教师讲述《教程》第102页"六、实践思考（二）情景题"，请家长自由回答。

小结：家长们，大家说得非常好！在孩子与老师、同学发生冲突时，家长要及时与孩子沟通，指导孩子学会管理情绪，理智地处理问题。同时，在亲子交流中，各自表达情感需求并达成共识，更能促进家庭教育模式良性改变。

活动 3：教师讲述《教程》第 102~103 页“六、实践思考（三）案例分析题”，并提问：“如果你是孩子，你会希望自己的父母采取哪种教育方式？”

小结：亲子关系是所有人际关系的基石，亲子关系的好坏影响人际关系处理的好坏。家长爱孩子就要尊重孩子，要允许孩子表达自己的真实情感，并试着理解孩子的感受，引导孩子学会爱和尊重，与孩子一起培养共情能力，促进家庭关系及人际关系和谐发展。

活动 4：教师讲述《教程》第 103 页“六、实践思考（四）亲子实践活动”。

教师：这个亲子实践活动的主题可以定为“孩子的家庭作业”，在此背景下，家长可扮演不同类型的父母去“布置”孩子的家庭作业，和孩子一起分析不同类型的父母对家庭关系有什么不同的影响，从而探讨出适合自己的最佳家庭教育模式。

三、讲授总结

教师：无论是老师还是家长，都是孩子成长路上的教育者。孩子们既是我们的影子，被我们的一举一动、一言一行潜移默化地影响着；同时，又是我们的镜子，让我们可以在教育过程中，不断发现自我、修正自我、挖掘自我，并用新的自我来为孩子做示范和表率，促进孩子的正向发展。可以说，我们都是在教育孩子的过程中遇见了更好的自己。

希望通过今天的学习，家长们能够指导孩子正确处理家庭关系，携手孩子共同营造良好的家庭氛围，为孩子的健康成长打下有益的基础！

教师给家长提供《教程》第 103~104 页“七、智慧分享”。

附：本课资料包下载

安全教育

居安思危，亲情守护——家庭安全教育刻不容缓（教案）

授课学段：高中二年级
授课名称：安全教育
居安思危，亲情守护——家庭安全教育刻不容缓
授课单位：天津市静海区第四中学
授课教师：刘小敏
指导教师：肖印军

教育目标

（1）普及系统全面的安全教育知识，明确家庭安全教育的内容。

（2）助力家长和学生具备参与安全法治实践、维护自身合法权益的能力。

（3）引导家长开展家庭安全教育，树立危机意识；帮助家长推广安全方面的伦理道德和价值观。

学情分析

近年来，我国对做好中小学安全教育工作提出了明确的要求，社会对学生的安全教育也越来越重视。但是，部分家长对于什么是“科学而系统”的安全教育，家庭安全教育的内容有哪些，以及如何在发生安全问题时采用正确的应对措施缺乏必要的了解，重视程度不够深入。同时，学生由于没有接受过系统的家庭安全观教育，导致家庭中出现一些诸如网络安全意识不强、心理关爱不够等问题，最终使得亲子矛盾激化升级。许多家长应对突发事件的意识、社会责任意识和自救、互救能力不强。

重点难点

（1）重点；通过家庭安全教育指导，增强家庭成员应对各种安全问题的能力。

（2）难点：引导家长推动家庭安全教育，树立危机意识；帮助家长推广安全方面的伦理道德和价值观。

教具准备

教学课件（见资料包），电子白板、抢答器。

课时安排

1 小时。

教育过程

一、讲授铺垫

教师： 欢迎各位家长抽出宝贵时间来参加我们的家长课堂。孩子是国家的希望和民族的未来，更是我们每个家庭的寄托。教育和引导孩子健康成长，把他们培养成才，是学校、家庭和社会共同的责任。今天我们聚在这里，目的在于进一步加强家校联系，共同探讨如何教育好孩子，寻找教育孩子的方法与策略，让孩子能健康快乐地成长。

近几年，家庭安全教育受到人们的广泛关注。在新冠病毒感染疫情暴发以后以及后疫情时代，学生的正常作息节奏被打乱了。较长时间的居家生活和线上学习，手机、电脑等成为学生日常完成学习任务的重要工具。由于部分孩子对手机的使用缺乏控制力，往往沉溺网络游戏、网络直播。由于家长网络安全意识不强，对孩子的心理关爱不够，最终使得亲子矛盾激化升级。许多家长应对突发事件的意识、社会责任意识和自救、互救能力不强。可见，家庭安全教育势在必行。

二、讲授过程

（1）热身游戏：安全知识我来答。

教师： 下面，我们先做一个热身小游戏。我要选取 6 个亲子家庭，进行安全知识抢答，每答对一道题裁判给加 1 分，在 5 分钟时间内总分最高的亲子家庭获胜。大家注意在抢答过程中需要先按下抢答器，再进行抢答，直接抢答不得分。

第一部分　简答题

①你知道我国有哪些关于安全的法律法规？

②家庭安全教育的内容有哪些？

③常用的消防器材有哪些？

④地震发生时如何自救？

⑤你知道我国哪一天是心理关爱日吗？

第二部分　选择题（注意有多选项）

①制订家庭应急计划应包括（ ）。

A. 疏散路线　B. 家人之间的联络方式 C. 水、电、气总阀的位置　D. 急救常识及其他

②生活中发生烫伤，可以采取应急措施，下列措施中不正确的是（ ）

A. 对只有轻微红肿的轻度烫伤，可以用冷水反复冲洗，再涂些清凉油就行了。

B. 烫伤部位已经起小水泡的，可以直接用小刀或细针将其弄破，然后再涂抹一些药膏，以加快药物吸收

C. 烫伤比较严重的，应当及时送医院进行诊治。

D. 烫伤面积较大的，应尽快脱去衣裤、鞋袜，但不能强行撕脱，必要时应将衣物剪开；烫伤后，要特别注意烫伤部位的清洁，不能随意涂擦外用药品或代用品，防止受到感染，以免给医院的治疗增加困难。

③横穿马路，可能遇到的危险因素会大大增加，应特别注意安全。下列做法中不安全的行为是（ ）

A. 穿越马路，要听从交通民警的指挥；要遵守交通规则，做到“绿灯行，红灯停”。

B. 穿越马路，要走人行横道线；在有过街天桥和地下通道的路段，应自觉走过街天桥或地下通道。

C. 穿越马路时，要走直线，不可迂回穿行；在没有人行横道的路段，应先看左边，再看右边，在确认没有机动车通过时才可以穿越马路。

D. 没有人行横道的路段，在确认前后左右都没有车后，可以翻越道路中央的安全护栏和隔离墩。

教师：现在我们表彰获胜的亲子组。接下来，我们要认真思考家庭安全教育的必要性、政策依据和教育内容。

（2）故事聚焦：网络打赏引思考

教师：网络安全关系千家万户。疫情前后，学生对手机缺乏合理使用能力，过于沉迷网络直播、网络游戏等。很多家长还没来得及搞清楚“网络直播”“网站 UP 主”是啥，家里的钱就被宝贝们拱手送给了主播。下面我们看一个真实案例。

教师讲述《教程》第 106~107 页“三、故事聚焦《直播打赏 荒唐求关注》”。

教师：小文用手机刷“礼物”、给网站主播打赏，类似的案例近两年出现了增长态势。事情发生后，很多家长痛心不已。

提问：请家长和孩子分别从不同的角度思考为什么会出现小文看直播疯狂打赏的举动？

教师请学生组和家长组的代表分别表述自己的观点。

教师：类似小文打赏主播的事件并不是个例。下面我们看一个短视频。

教师播放视频《13 岁初中生沉迷玩游戏 为破解防沉迷系统被骗 10 万》。

提问：大家结合这两个案例，能不能对刚才的答案进一步扩展和补充？

教师请学生和家长代表进行观点扩充，并讲述《教程》第 107~108 页“四、剖析根源”。

（3）头脑风暴：网络打赏如何休？

教师：现在请爸爸妈妈以家庭为单位组成参赛选手，就如何解决网络沉溺、网络打赏来一次头脑风暴。学生作为评委根据每组家庭的答案给出 1~10 分的评分。最终平均分最高的家庭组获胜。

教师组织家庭组开展头脑风暴，由学生评委打分，在教师指导下计算出获胜组。

小结：孩子在成长的过程中始终伴随着家长的安全教育。童年阶段，家长言传身教，立规矩、明红线、勤叮嘱、常告诫，帮助孩子懂得生命安全、交通安全、出行安全、涉水安全、食品安全等，更侧重于实际生活内容；进入校园后，家校结合共同教育学生明晰安全纪律、中小学生行为规范守则，践行校园内外安全、消防安全、交友安全、心理健康安全等，更贴近于孩子学习成长需求。我们家长不妨从以下几个方面努力。

教师讲述《教程》第 108~109 页“五、指导策略”。

（4）实践思考，安全教育再提升。

①设置情景，启发家长思维。

教师：前面我们分享了网络直播打赏、荒唐求关注的案例，大家针对此类问题也进行了观点交流。现代孩子一出生就面对现实和网络两个世界，一味地阻止、回避孩子接触网络是不现实的。对这一代的孩子来说，网络不是洪水猛兽，他们需要做的是合理利用网络，把它变成辅助生活学习的工具。但是，一旦利用不好，就会诱发恶性事件。

现在我们看这样的一个情境并思考，网络安全恶性案件或犯罪行为能得到根治吗?

教师讲述《教程》第 110 页“六、实践思考（二）情境题”。

小结：大家分析得都非常好，对于网络诈骗或犯罪行为国家必须重拳出击，下决心治理。当然，网络安全问题的根治更不开家长朋友们的努力。我们要帮助孩子不断提升懂网、用网的能力，这样我们才能创造一个风清气正的网络环境。

②案例分析，各抒己见。

教师：为了增强我们的网络安全意识，培养文明上网行为，下面请家长和孩子共同分析网络安全的案例。

教师讲述《教程》第 110~111 页“六、实践思考（三）案例分析题”。

小结：大家说得都很有道理。现实生活中，这种例子屡见不鲜。面对“用户痕迹，明码标价”的情况，我们应该抵制网络诱惑，以科学谨慎的态度摆脱不良干扰，提高自控能力，改正不良习惯，明白涉及网络安全行为哪些能做，哪些行为不能做。下面就让我们做个亲子游戏，列出网络安全清单。

（5）亲子游戏：网络安全清单我来列。

教师讲述《教程》第 111 页“六、实践思考（四）亲子实践活动”。

三、讲授总结

教师：安全无小事，孩子的成长始终需要伴随着我们家长科学而系统的安全教育。为了让孩子更健康地成长，我们需要建立起科学系统的安全教育观；要“持续更新”安全教育观念，了解孩子普遍存在的心理问题；更要和孩子共同树立、学习、维护“大安全观”。居安思“安全”，亲情护安宁，希望每个家长都能够和孩子进行亲情式安全教育，共同守护，静待花开！

感谢大家在百忙之中参与这次活动，我这里还有一些关于家庭安全教育的指导内容，我将通过资料包发送。今日的家长会圆满结束，不负相聚日，静待花开时，一场爱与信任的相遇，感恩遇见，让我们携起手来架起家长、学校、孩子有效沟通的桥梁！

教师给家长提供《教程》第112页“七、智慧分享”。

附：本课资料包下载

法治教育

把握人生的航向——帮助孩子走好人生每一步（教案）

授课学段：高中二年级
授课名称：法治教育
把握人生的航向——帮助孩子走好人生每一步
授课单位：天津市扶轮中学
授课教师：姜春　张婷婷
指导教师：王莉　张大双

教育目标

（1）知识：引导家长了解法治教育对孩子成长的重要性。

（2）技能：帮助家长掌握在家庭中进行法治教育的方式和方法。

（3）情感：让家长帮助孩子提高敬法、守法的意识。

学情分析

高中生的身体发育很快，但是他们的心智还不够成熟。目前，未成年人犯罪有低龄化趋势，形势不容乐观。因此，对未成年人进行法治教育至关重要。现在许多家长都很重视孩子的教育，但很少有人把法治教育引入家庭教育中。家庭教育作为教育的重要一环，有其特殊的作用。家长作为孩子的第一任老师，有责任帮助孩子把握好人生的航向，帮助孩子走好人生的每一步。

重点难点

（1）重点：引导家长认识到对孩子进行法治教育的重要性和必要性。

（2）难点：指导家长掌握在家庭中进行法治教育的方式和方法，提高孩子敬法、守法意识。

教具准备

教学课件（见资料包）。

课时安排

1 小时。

教育过程

一、讲授铺垫

教师：各位家长大家好，欢迎大家参加本次家长会。首先我给大家分享一位司法工作者讲述的一个真实的故事。

一天，我在少管所接见室里，见到一群刚刚入监不久，身上痞气犹存、欲隐还现的少年犯。这时有个年约十六七岁的男孩，看看我身上的着装，走上前来，拉着我的手说："叔叔，救救我吧，我不是个坏孩子，我不是个坏孩子呀！"我低头看看他那稚嫩、天真的脸蛋，听着他那诚挚、悔恨的请求，一种怅然若失的感觉涌上心头。随着男孩的呼唤声，我发现坐在他身边的一位双目失明、年近花甲的老人站起来。他右手撑着一根手杖，脸上挂着泪水，用震颤沙哑的嗓音说道："同志，孩子犯法我们家长有责任啊！因为我不懂法，不会用法来教育孩子，所以才……"他说到这里便哽咽了。他是男孩的爸爸，老伴半身瘫痪，他是让不满十岁的小女儿牵手引路，一跛一颠走来的。看着眼前这一老两少的场面，我匆忙搀扶着老人坐下，此刻我的心也随着这老少两代的抽泣而震颤了。

教师：家长朋友们，当我们听到这个故事时，是不是思绪万千，心中久久不能平静呢？中学生违法犯罪问题给我们留下了太多沉重的思考。今天，我将通过案例为您提供青少年法治教育新思路。

二、讲授过程

1. 现状分析

教师：2021 年 6 月 1 日，最高人民检察院在官网中发布《未成年人检察工作白皮书》，白皮书中披露：2020 年全国检察机关共受理审查、逮捕未成年犯罪嫌疑人 37 681 人，批准逮捕 22 902 人，形势依然不容乐观。

教师讲述《教程》第 113~114 页“二、现状分析”中“未成年人犯罪呈现特点”。

2. 故事聚焦

（1）“法盲”付出的代价。

教师：据《央视新闻》2021 年 4 月 15 日报道，2021 年 4 月 14 日，一段发生在某高级中学内的校园欺凌的视频在互联网上迅速传播。经民警调查，受害者是某高级中学高一学生，16 周岁。施暴者共 7 人，其中 17 周岁 1 人，16 周岁 3 人，15 周岁 3 人。

教师讲述《教程》第 114~115 页“三、故事聚焦《‘法盲’付出的代价》”。

（2）剖析根源

教师：校园欺凌事件目前已成为频发的社会问题，其背后有复杂的成因。

教师讲述《教程》第 116~117 页“四、剖析根源”

①家长示范和教育的偏航。

②事发学校管理上的漏洞。

③受害学生的家长应多与孩子沟通、交流。

④施暴学生的家长疏于管理。

3. 指导策略

教师讲述《教程》第 117~118 页“五、指导策略”。

①家长为孩子作出良好表率。如遵守交通规则；示范良好行为习惯；建立良好的人际关系；充满爱心、扶危济困、同情弱者、正直善良。

②身教的同时也要注意言教。教育孩子违法犯罪要付出代价，违法犯罪影响一生。学生报考军校、警校以及大学毕业后报考公务员等岗位要进行政审。

③密切观察孩子的负面变化。当有下列不良苗头时，要及时与老师沟通，采取果断措施：夜不归宿；无故旷课；放学后无故不按时回家；抽烟酗酒；结交问题朋友；口吐脏字；上网浏览有害信息；消费异常。

④做好校园欺凌事件的预防。一是家长多留意孩子是否有以下现象：个人物品经常无故丢失或者损坏；本来性格开朗突然变得沉默寡言；身上经常会出现莫名伤痕或者印迹；晚上失眠或者做噩梦；抵触上学或者不愿意人际交往；出现自我伤害或者自虐倾向。二是多跟孩子聊天和讨论。三是教育孩

子学会自我保护。

4. 案例分析

教师：下面我再介绍几个案例。

案例 1：因为和大声斥责自己的父母争论了几句，16 岁的朱某一气之下，闷头冲出家门，整晚没回家。一周后，警察找上门来，朱某在夜不归宿的那天抢劫了 6 名学生。

分析：未成年人身心发育尚不成熟，缺乏生活经验和辨别是非的能力。

案例 2：15 岁的小明因犯故意伤害罪被判刑。据小明自述，他在同学的生日宴会上认识了出手大方的王某，王某经常请他去餐馆吃喝，带他去电子游戏厅玩游戏机。工作繁忙的父母没时间陪他，王某成了小明的好朋友和崇拜偶像。一天，王某突然对小明说："有一个小子总跟我过不去，我不便出面，你替我教训教训他，反正他也不认识你。"被王某这么一蛊惑，原本老实听话的小明手拿木棒，朝那个人的头上猛击一棒，导致其头部受了重伤。

分析：青少年时期，一定要慎择友，择良友。

案例 3：口角纠纷引发杀人惨案。一天晚上，某中学发生一起故意杀人案。该校初一年级学生陈某与刘某因琐事发生口角纠纷，陈某动手打了刘某一耳光。恼羞成怒的刘某失去理智，抽出一把水果刀，对着陈某的脑部、腹部等处连刺三刀，陈某被送往医院后抢救无效死亡。

分析：爱冲动是一种性格缺陷，青少年学生更是由于心理不稳定容易冲动，有时酿成大错。

5. 实践思考

（1）思考题：您在家里的时候都注意观察孩子的哪些变化？发现孩子的这些变化后您是怎么做的？

教师讲述《教程》第 118~119 页"六、实践思考（一）思考题"。

（2）情境题。

教师讲述《教程》第 119 页"六、实践思考（二）情境题"。

（3）案例分析题。

教师讲述《教程》第 119~120 页"六、实践思考（三）案例分析题"。

三、讲授总结

教师：各位家长，只有让孩子早学法，早知法，早懂法，及早树立法治观念，才有可能不至于做出违法犯罪的事来。让我们一起帮助他们把握人生的航向，走好人生每一步！

教师给家长提供《教程》第 120~121 页“七、智慧分享”。

附：本课资料包下载

理想信念

补足理想信念之“钙”——帮助孩子找到前行动力（教案）

授课学段：高中三年级
授课名称：理想信念
补足理想信念之“钙”——帮助孩子找到前行动力
授课单位：天津市宁河区芦台第一中学
授课教师：白凤云
指导教师：马长苓　李建成

教育目标

（1）帮助家长理解理想信念对于实现人生价值的重要意义。

（2）帮助家长指导孩子正确处理个人与社会、国家的关系。

（3）帮助家长引导孩子树立远大理想目标，将个人理想融入社会理想之中。

学情分析

家长经济压力大，工作繁忙，用于教育和陪伴孩子的时间有限。基于对“知识改变命运”的认同，家长在仅有的时间内，更关注学生的成绩，容易忽视对学生思想上的教育。在社会大环境下，有些家长的理想信念也逐渐被削弱，更多地关注付出后所带来的经济效益，却忽视了国家富强人民才能安稳，所以在对孩子的理想信念的教育上，缺少关注的源动力。

重点难点

（1）重点：帮助家长培养孩子树立远大目标，帮助家长协助孩子将个人理想融入社会理想之中。

（2）难点：如何协助孩子将个人理想融入社会理想之中。

教具准备

教学课件、视频、音乐（见资料包）。

课时安排

1 小时。

教育过程

一、讲授铺垫

教师播放视频《70、80、90 童年生活对比》，激发家长的家国情怀。

教师：家长们，童年生活仿佛还在昨天，如今我们已为人父母。大家是否和孩子分享过自己儿时的经历？孩子有什么反应？

教师组织家长交流、分享。

教师：时代在进步，不同的成长背景，形成了我们与孩子之间的代沟。我们有幸成为中国发展最迅猛的 30 年的见证者，您能否分享那些让您记忆深刻的国家大事件？

教师组织家长交流、分享（如地震、洪灾、非典、新冠等）。

教师：这些事件有些已经过去很多年，但仍然刻在我们的记忆中，如今回想起，依然心怀感动！因为在每一次的困难中，总有一批人为我们负重前行！我们敬畏英雄的无私，可英雄出自哪里？还是源于我们 14 亿的中华儿女！我们生在红旗下，长在春风里，是因为我们心中有信仰，国家才能有力量！而我们的孩子出生在和平且物质富饶的年代，缺少了中华儿女引以为傲的家国情怀！“理想”“信念”的缺乏，导致孩子学习没有动力，意志不坚定，所以想治标必先治本！

二、讲授过程

1. 现状分析

教师：请家长打开桌上的“家书”，让我们走进孩子们的内心世界。

家长阅读“家书”，分享感受。

教师：通过阅读“家书”，我们发现有些孩子目标明确，每天过得很充实；也有一些孩子迷茫无措，找不到前行的动力。在交流中我们也发现，有些家长对孩子写的“家书”内容感到十分意外，所以当我们用“我以为”的心态去应对孩子时，当然是药不对症，又怎能做到药到病除呢？在新时代的高中生身上，缺乏为了理想持之以恒奋斗的决心和毅力。

教师展示新华网对某地16~18岁的高中生的调查数据。

教师讲述《教程》第124页“二、现状分析”前4个自然段内容。

提问：究竟是什么原因造就了这种现状呢？

教师组织家长讨论、分享。

教师：通过分享，我们可以总结出三个原因。

教师讲述《教程》第125页“二、现状分析”前3个自然段内容。

2. 故事聚焦

教师：帮助孩子树立理想信念迫在眉睫！那么我们如何帮助孩子树立理想信念，并将个人理想融入社会理想之中呢？让我们一起从下面的故事中寻找答案！

教师讲述《教程》第125~127页“三、故事聚焦《心有所信 方能行远》”。

教师：各位家长，我们小时候唱的是《学习雷锋好榜样》，那时别人问我们理想是什么？很多男孩子会回答“当兵”！反观如今的孩子，在观看《觉醒年代》片段时，会认为里面的人好傻，可是没有这些“傻”人，又哪里来的和平美好的生活？那么问题究竟出在了哪里？

3. 剖析根源

教师：上述案例中，针对小阳出现的问题，我们可以从社会、学校、家庭及个人4个角度进行分析。

教师讲述《教程》第127~128页“四、剖析根源”。

4. 指导策略

教师：作为高中生家长，您既要忙工作、照顾老人，又要不断学习，和孩子“斗智斗勇”，付出了很多，却没有很好的效果。今天我们也来当一回学生，感受下孩子们究竟需要什么。

活动：以教室中线为界，左侧两排左列家长可以稍事休息，拿出手机处理下事务，同桌的家长及右侧两排家长拿出孩子们留给家长的一件礼物——一本孩子学着最有兴趣的书，家长需要认真阅读5分钟，同时播放舒缓音乐。

家长在阅读时，教师观察家长的反应。

教师：时间到。您作为“学生”，经过了5分钟的学习，有什么感受？您的阅读是否高效？

反馈以中线为界，分两部分统计，请左右各一位家长谈谈自己的感受。

小结：从家长们的反馈发现，当同桌家长也在看书时，我们更容易投入其中，阅读效率更高；而对于同桌的家长在用手机时，读书的家长较难进入阅读状态，甚至也想拿出手机！其实这也是孩子的心理状态。我们要重视榜样的力量，高质量的陪伴才能助力孩子成长！这也是我要和大家分享的策略。

教师讲述《教程》第128~130页“五、指导策略”。

①注重家庭氛围的营造。家长要传递正能量，高质量陪伴孩子，构建和谐家庭。

②注重榜样教育的力量。家长要以身作则，全面提高个人素质，成为孩子的第一个榜样。

③学会借力。家长要积极与老师沟通协作，形成教育合力。

5. 实践思考

教师：了解了这么多，相信家长心中燃起了信心，那在实操前，我们先来一场纸上练兵吧！这里有两个案例，请家长们阅读后思考，如果您是案例中的家长，您会如何做呢？

教师讲述《教程》第130~131页“六、实践思考（二）情境题和（三）案例分析题”，并组织家长讨论、分享。

教师：看来家长们都有了自己的锦囊妙计，相信各位今后一定能帮助孩子们重建理想信念，找到学习的动力！其实在家庭教育中，亲子实践也是很好的教育途径！例如和孩子一起走进天津的觉悟社、梁启超纪念馆等。可有些家庭实践后效果不佳，借由这个机会，家长们可以彼此交流，我们一起来想办法，找到高效实现亲子实践教育的康庄大道！

家长代表分享亲子实践经历，家长们帮助其总结误区，讨论进行实践教育的正确方式

教师：经过这场讨论，相信大家都开启了进行亲子实践教育的新通道，简单总结，大概有以下4点建议。

教师讲述《教程》第131~132页“六、实践思考（四）亲子实践活动”。

6. 智慧分享

教师：最后，我还要和家长分享两篇文章，以学生朗读形式呈现。我还

要与家长分享有关家庭教育的文章、书籍或公众号等，一起给内心充电！

教师给家长提供《教程》第 132~136 页“七、智慧分享”。

三、讲授总结

教师：“家是国的基础，国是家的延伸，家国情怀是对家乡的依恋、对国家的高度认同感和责任感，是‘中国梦’的脐血。它维系着中华民族的凝聚力和向心力，激励着中华儿女不断前行。”相信有了家长们锦囊妙计的加持，我们的孩子定会树立起坚定的理想信念，我们的国家定会越来越强大！

附：本课资料包下载

人际交往

我理解你和我的不同——尊重差异，有效沟通（教案）

授课学段：高中三年级
授课名称：人际关系
我理解你和我的不同——尊重差异，有效沟通
授课单位：天津市第二十五中学
授课教师：张磊
指导教师：张志文

教育目标

（1）帮助家长处理孩子与他人平等对话、有效沟通的问题。

（2）帮助家长将建立良好人际关系的方法传授给孩子。

（3）帮助家长把尊重差异、与人和睦相处的理念传递给孩子。

学情分析

当前学生在人际交往关系中存在的问题具体表现如下。

（1）自私：不理解更不能尊重差异，经常用自己的标准来要求别人。

（2）对立：不能与人平等对话，总是把自己放在中心点，需要别人关注、迁就自己。

（3）攀比：只和自己身边的人比，擅长“窝里斗”，没有大局观。用自己的长处比别人的短处，沾沾自喜。

（4）嫉妒：有些学生只看到自己的优点，容不得别人比自己优秀。

家长有义务和责任帮助孩子处理好孩子与他人平等对话、有效沟通的问题，将建立良好人际关系的方法传授给孩子，把尊重差异、与人和睦相处的观念传递给孩子。

重点难点

（1）重点：帮助家长明确孩子尊重差异，有效沟通的重要性。
（2）难点：家长如何将建立良好人际关系的方法传授给孩子。

教具准备

教学课件（见资料包）。

课时安排

1 小时。

教育过程

一、讲授铺垫

教师：现在的孩子受家庭，社会的影响总看着别人的问题，从来没有站在别人的角度设身处地地思考问题。不能尊重个体差异存在的客观性，和同学人际关系不说，对未来人格健全也有影响。人与人之间的交往，是思想、能力、知识与心理的整体作用。哪一方面的欠缺都会影响人际关系的质量。有的学生在人际交往中存在着社交恐惧、胆怯、羞怯、自卑、冷漠、孤独、封闭、猜疑、自傲、嫉妒等不良心理，这些都不易建立良好的人际关系，家长们一定要引起重视。

二、讲授过程

1. 故事聚焦

教师：各位家长，我想和大家分享一个案例，大家看了这个案例后有什么感想呢？

教师讲述《教程》第 137 页“三、故事聚焦《告别每日一‘责’》”，并组织家长交流讨论。

2. 剖析根源

教师：请家长们思考，造成孩子这种心理的原因是什么？

教师组织家长分小组交流讨论，并请每小组指派一名家长代表将本组分析的原因和大家分享。

教师：造成孩子这种心理的原因既包括群体特质，又包括家庭原因。

教师讲述《教程》第 139~140 页“四、剖析根源”。

3. 指导策略

环节一：请学生代表演讲《我希望您是这样的爸爸妈妈》。

环节二：存在突出问题的学生家长代表描述孩子的表现，其他家长集思广益对这个问题展开讨论寻求解决办法。

环节三：教师给出建议。

小结：家长应尊重孩子的想法做法，在平等、互相尊重的基础上与孩子交谈，引导孩子敞开心扉，把心里话都说给家长听。要给孩子一定的活动空间和心理空间，不要唠唠叨叨，凡事都管。凡事都管就是事事管不了，事事管不好。只有抓大放小，才能真正把主要矛盾抓在手中，才能重点突破，解决问题。

教师讲述《教程》第 141~142 页“五、指导策略”。

4. 实践行动

教师：前面我们一起进行了理论学习，现在我和家长一起进行实践反思。

教师讲述《教程》第 142 页“六、实践思考（一）（二）（三）”部分内容。

教师：通过前面的学习，各位家长对如何帮助学生改善人际关系也有了一定的了解，接下来我想为大家介绍一个游戏，在游戏中传授给孩子生活经验的同时增进感情，密切亲子关系，和孩子一起探索世界。

教师讲述《教程》第 143~144 页 “六、实践思考（四）亲子实践活动”。

三、讲授总结

教师：每个个体都有其内在的人格魅力，人格魅力是一个人的综合素质在社交生活中的体现，这就要求在校的中学生丰富自己的内心世界，尊重差异，从仪表到谈吐，从形象到学识，从心理到行为，多方位提高自己。要学会换位思考，善用赞扬，戒用批评，主动交往，会移情和共情。每个人都希望生活能充满阳光，都希望友谊能天长地久，都希望人情能温馨美好。所以，我们一定要为孩子美好的明天而努力。我这里还有一些指导内容和推荐书目，我将通过资料包发送，如果您在以后的实践中有任何疑惑也许从这里能找到答案，也随时欢迎您与我沟通，希望我们能一起共助孩子成长。

教师给家长提供《教程》第 144~146 页“七、智慧分享”。

附：本课资料包下载

感恩教育

滴水恩当涌泉报——培养孩子的感恩之心（教案）

授课学段：高中三年级
授课名称：感恩教育
滴水恩当涌泉报——培养孩子的感恩之心
授课单位：天津市武清区杨村第一中学
授课教师：王萍
指导教师：王宝东

教育目标

（1）帮助家长提升唤醒孩子感恩之心的意识和能力。

（2）帮助家长将表达家庭感恩之心的具体做法传授给孩子。

（3）帮助家长建构在中学生成长的不同阶段，依据孩子的年龄特点循序渐进进行家庭感恩教育的理论体系和实践平台。

学情分析

家庭感恩教育是家长根据学生的年龄、心理、性格、生活环境等特点，运用得当的教育手段，创设教育氛围和实践契机，对受教育者实施的知恩、感恩、报恩和施恩的人文教育、情感教育和道德品质教育。当前，在家庭中开展感恩教育的情况并不理想，许多家长并没有意识到感恩教育的必要性，存在感恩教育意识淡薄、感恩教育方法失当等问题，导致部分孩子新社会性行为欠缺，没有回报家庭和社会的责任感，亲子关系也因孩子不知感恩而出现矛盾激化的情况。

重点难点

（1）重点：转变家长的传统教育观念，提升他们唤醒孩子感恩之心的意识和能力。

（2）难点：在建立良好亲子关系基础上，教授家庭感恩教育的具体方法。

教具准备

教学课件、《跪羊图》视频（见资料包）。

课时安排

1 小时。

教育过程

一、讲授铺垫

教师：欢迎各位家长参加此次的家长课堂，我们也非常珍惜本次与家长面对面交流的机会，希望能够引导各位家长走出家庭教育观的“舒适区”，建立科学的家庭感恩教育理念。

教师播放视频《跪羊图》，同时请家长思考小羊跪乳告诉了我们什么？

教师：的确，羊有跪乳之恩，鸦有反哺之义，作为有血有肉的人类更需要懂得感恩、孝顺父母。然而现在的家庭教育仍存在“重智育轻德育”“重成才轻成人”“重言教轻身教”等错误观念，同时家庭感恩教育缺失带来了许多社会问题，诸如孩子心胸狭隘、利己主义严重、缺乏责任感、意志力薄弱和亲子矛盾问题突出等。今天，我将通过案例、活动体验等环节为您提供“培养孩子的感恩之心”新思路。

二、讲授过程

（1）案例导入，引发家长思考。

教师：各位家长，我想和大家分享一个案例，大家一起听听，故事里的父亲做得对不对？如果您是这位“父亲”，您会怎么做？

教师讲述《教程》第 148~149 页“三、故事聚焦《用爱唤醒爱》”。

提问：案例分享后，我有几个问题想与大家交流。小雨的父亲在家庭感恩教育中出现了什么问题？您认为成绩优异的小雨进入高三后仅仅是因为身体原因而不断缺考吗？如果您是小雨父亲，您会用什么方式帮助小雨走出心理困境？

小结：通过这个案例，家长都认为小雨父母缺乏营造轻松温暖的亲子沟通氛围的意识，长期漠视孩子的心理需求，不善于表达关爱，造成了对小雨感恩教育的缺失。其实小雨并非仅仅是因为身体原因而缺考，而是心理也出现了不适症状，所以导致学习上出现各种问题。

教师：是什么原因造成了小雨父亲虽然按时给小雨零花钱，但是小雨仍感觉不到家庭的温暖，觉得高考是孤军奋战呢？

（2）分析问题，和家长一起探索解决方法。

教师：通过上述案例和刚才的讨论，可以看出小雨的家庭在感恩教育方面出现了一些问题。

教师讲述《教程》第 149~151 页“四、剖析根源”。

（3）分析家庭感恩教育的意义和现状。

教师：家庭感恩教育对孩子和家长都很重要。习近平总书记在党的二十大报告中指出“育人的根本在于立德”，要求“全面贯彻党的教育方针，落实立德树人根本任务，培养德智体美劳全面发展的社会主义建设者和接班人”。家庭感恩教育既能提升孩子的道德境界，帮助其树立正确的人生观和价值观，还有助于其建构和谐的人际关系，健全人格。

小结：如果家长没有正确的家庭教育观，“重智育轻德育”“重形式轻内涵”“重一时轻长远”的不当教育方法都会使亲子关系紧张，造成家长与孩子的双重苦恼，不利于孩子树立正确的价值观。结合刚刚小雨的故事，我想给大家提供几点新思路。

（4）结合实际，探析对策。

教师讲述《教程》第 151~152 页“五、指导策略”。

教师：希望以上几点对策能够帮助各位家长了解孩子的内心世界，以身作则，用亲情延续亲情，真正满足孩子内心对爱的需求，树立感恩榜样，让孩子成为一个内心充满感恩、能够积极回报社会的青年。

（5）设置情景，启发家长思维。

教师：前面我们分享了家庭感恩教育的理论知识，现在我们做一个角色互动游戏，这也是我们经常在教研中提出的“以孩子视角”看问题。在亲身体验中思考如何理解和回应孩子的感受和需求。

教师讲述《教程》第 153 页“六、实践思考（二）情境题”。

小结：大家表现得都非常好，只有表达了对孩子的关爱，孩子才能感受到自己成长历程中父母倾注的心血和情感。日常生活中，父母也可以采用此类办法加强亲子沟通，化解亲子矛盾，可以跟孩子一起回顾家庭经历的风风雨雨，讲讲自己赡养老人的故事，提醒孩子已步入成年人之列，要扮演好属于自己的社会角色等。

教师：我们再来尝试一个别的情境。

教师讲述《教程》第 153~154 页“六、实践思考（三）案例分析题”。

教师：大家说得都很有道理，看得出平时是用心教育孩子的。在生活中家长是观察者，要做到对孩子的兴趣爱好和心理需求心中有数，尊重孩子现有心理发展水平和兴趣发展；家长是支持者，要做好对孩子生活能力培养的有效引导；家长是陪伴者，要通过不断与孩子做有效交流、沟通，做知心朋友的同时，用适宜的方式让孩子爱学习、乐学习、会学习。

（6）通过亲子游戏，增进亲子感情。

教师：前面我们一起进行了理论和实操练习，各位家长对家庭感恩教育也有了一定的了解，接下来我带领大家进行一次亲子活动。由父母和子女组成一支家庭代表队，以家庭为单位进行闯关比赛，比赛内容包括“十人九足”“无敌风火轮”等，通过比赛，为亲子沟通搭建桥梁，增进亲子感情。同时通过活动引导孩子重视和提升生活技能，培养承担家庭责任的能力，教育孩子懂得用实际行动回报父母的养育之恩。

小结：以上的小游戏提供给大家，希望能抛砖引玉，在以后的生活中多用“游戏”的思维引导孩子，用“活动”的体验教育孩子。为您和孩子提供一个相互给对方带来快乐的舞台，促进亲子间的感情。

三、讲授总结

教师：通过今天这次家长课堂，大家感受到感恩教育是个体成长过程中不可或缺的营养素，也是家庭教育中重要的组成部分，感恩教育的有效实施，不但能提升孩子的道德境界，还能帮助其树立正确的人生观和价值观，也是健全其人格的重要因素。

感谢大家在百忙之中参与这次活动，我这里还有一些关于家庭亲子游戏的指导内容，将通过资料包发送，如果您在实践中有亲子沟通方面的问题，也许从这里能找到答案，也随时欢迎您与我们沟通，希望我们能一起共助孩子成长。

教师给家长提供《教程》第 154~157 页“七、智慧分享”。

附：本课资料包下载

情绪管理

沟通有术——学习做情绪的骑象人（教案）

授课学段：高中三年级
授课名称：情绪管理
沟通有术——学习做情绪的骑象人
授课单位：天津市静海区第六中学
授课教师：吴美莹
指导教师：尹福利

教育目标

（1）帮助家长了解什么是考前焦虑，明确产生考前焦虑情绪的原因。

（2）帮助家长提升应对孩子考前焦虑的能力，将缓解考前焦虑的方法传授给孩子。

（3）帮助家长接纳孩子的考前焦虑情绪，并在生活中把积极的心态、科学的思维方式和正确的价值观传递给孩子。

学情分析

家长在面临孩子即将高考的情况下，有时会和学生有相似的考前焦虑。相比孩子的紧张程度来说，或许父母的焦虑情绪也并不少。正所谓“态度决定一切”，倘若没有良好的心态，孩子的学习能力与水平就难以正常发挥。因此本专题就如何帮助家长引导孩子应对考前焦虑给出指导。

重点难点

（1）重点：帮助家长了解考前焦虑。

（2）难点：帮助家长接纳孩子的考前焦虑情绪，并在生活中把积极的心态、科学的思维方式和正确的价值观传递给孩子。

教具准备

教学课件（见资料包）。

课时安排

1 小时。

教育过程

一、讲授铺垫

教师：欢迎各位家长参加家庭课堂，共同来关注学生的学习和发展情况。作为家长，我们如何帮助孩子更好地舒缓压力和紧张情绪，对孩子进行必要的心理辅导呢？今天，我们就来共同探讨如何引导孩子应对考前焦虑。

每次考试前，不少学生会出现焦虑情绪，有的家长担心这样会影响到孩子考试的正常发挥。其实，心理研究表明，在适度的焦虑情绪下，个体可以达到临场发挥的最佳水平。家长接纳和理解孩子的焦虑，有利于孩子发挥出最佳水平（见下图）。

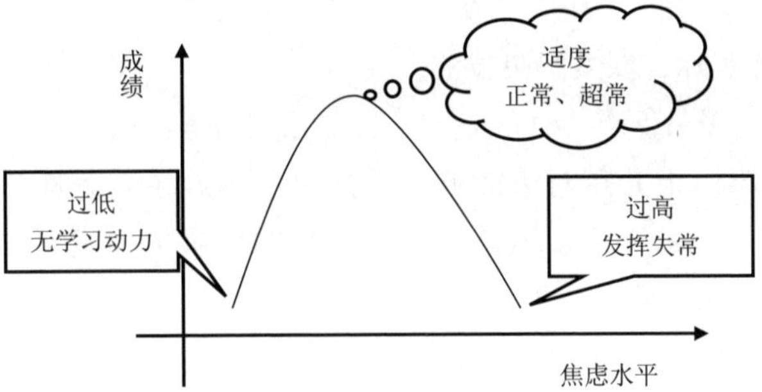

焦虑水平与成绩关系图

那么什么是考前焦虑呢？

教师讲述《教程》第 158 页“二、现状分析（一）什么是考前焦虑”。

教师：面对考前焦虑，美国积极心理学家乔纳森·海特把人类心理做了一个生动的比喻，他说我们分裂的“自我”，就如同大象与骑象人。

教师讲述《教程》第 158~159 页“二、现状分析（二）情绪的骑象人”，引入情绪的“骑象人”概念。

提问：面对高考的竞争与压力，高中生考前焦虑的具体表现和不良后果都有哪些呢？

教师讲述《教程》第 159 页“二、现状分析（三）和（四）”内容。

二、讲授过程

（1）案例导入，引发家长思考。

教师：各位家长，我想和大家分享一个案例，大家一起听听，如果您是这位家长，您会不会做自己情绪的骑象人？

教师讲述《教程》第 159 页“三、故事聚焦《战胜自己》”。

提问：案例分享后，有几个问题我想与您沟通了解。如果您是小凯的父亲，每天叮嘱孩子学习一定要努力，一定得考个好成绩？您会不会把自己当年没考上大学的那种期待也压在孩子身上？

教师：通过这个案例，各位家长都认为小凯父亲有些焦虑，他所认为的对孩子的付出和关心实际上给孩子带来了巨大的压力。那么是什么原因导致孩子在面对高考时有如此大的压力呢？

（2）分析问题，和家长一起寻找原因。

教师：通过上述案例和刚刚我们的讨论，我们可以找出问题的原因。

教师讲述《教程》160~161 页“四、剖析根源”。

（3）结合实际，探索解决方法。

教师讲述《教程》第 161~163 页“五、指导策略”。

教师：希望以上几点对策能够帮助您更清晰地了解怎样帮助孩子缓解紧张的焦虑情绪。总的来说，考试期间，家长的情绪也很重要，要对孩子充满信心，切不可因孩子的一点失误而斥责。

（4）设置情景，启发家长思维。

教师：前面我们分享了许多关于考前焦虑的理论知识，我们想象一个场景，高考临近，孩子的情绪很不稳定，作为家长，我们该如何帮助孩子摆脱负面情绪？

教师讲述《教程》第 163~164 页“六、实践思考（二）情境题”。

小结：首先，家长要平静自然地面对孩子的焦虑情绪，切不可因为孩子焦虑而让自己变得更加焦虑。孩子的这种情况通常是过度焦虑引起的，可以尝试用关键对话法进行亲子沟通，帮助孩子做情绪的“骑象人”。其次，家长要进行情感认同，无条件接纳孩子的感受。最后，利用一系列的提问帮孩子纠正将题不会做与高考失利进行必然联系的错误认知，树立正确的思想认识，引导孩子积极采取行动缓解焦虑。

提问：高考前，家长应该以怎样的心态面对焦虑的孩子？

教师讲述《教程》第 164 页“六、实践思考（三）案例分析题”。

教师：大家说得都很有道理，看得出平时是用心教育孩子的。在生活中家长是观察者，观察到孩子出现紧张焦虑的状态，就应该有意识地为孩子减压，鼓励孩子认真积极备考，把高考作为对自己人生的一次挑战。但切记不要让孩子觉得自己的人生只有大学一条路，他仍然有其他的人生选择，让孩子尽力而为就可以了。家长对孩子学习上的要求要合理，不要强求实现过高目标，这样孩子心理压力就会减小，焦虑情绪会得到缓解。

（5）通过亲子实践，增进亲子感情。

教师：前面我们一起进行了理论和实操练习，各位家长对学生的考前焦虑也有了一定的了解，接下来我想为大家介绍几个亲子活动，当孩子出现考前焦虑情绪时，请家长从以下活动中选择一项，与孩子共同完成。

教师讲述《教程》第 164 页“六、实践思考（四）亲子实践活动”。

教师：以上的活动提供给大家，希望能抛砖引玉，在以后的生活中多和孩子互动，以积极的心态和生活状态引导孩子，为您和孩子提供一个轻松的备考环境，促进亲子间的感情。

三、讲授总结

教师：通过今天这次家长课堂，大家认识到孩子在面对高考时可能会面对各种压力，随之而来的还有焦虑情绪。那么高考期间家长可以做些什么呢？我们可以提醒孩子在每一科考试时，认真检查考试需要用到的文具，避免过分关心孩子的考试结果。若孩子前面的科目没有发挥好，心情很沮丧，对之后的考试都没有了信心，这个时候家长应该倾听孩子的不安、委屈以及自责，要能看见他们的情绪，理解他们的恐慌，才能让他们感觉好受一些。在这种情况下，家长只需当忠实的听众，并可以试试抱抱孩子，如果想说点什么，可以试着问：“你需要我为你做点什么？”“我可以为你做点什么吗？”

请家长放心，当孩子感受到了家长无条件的爱，孩子能用语言表达出他们的情绪，他们就得到了支持和疗愈。

感谢大家在百忙之中参与这次活动，我这里还有一些关于考前焦虑的指导内容，我将通过资料包发送，如果您在以后的实践中有任何疑惑，也许从这里能找到答案，也随时欢迎您与我沟通，希望我们能一起共助孩子成长。

教师给家长提供《教程》第 164~167 页“七、智慧分享”。

附：本课资料包下载

责任意识

敢为砥柱立中流——培养孩子的责任意识（教案一）

授课学段：高中三年级
授课名称：政治意识
敢为砥柱立中流——培养孩子的责任意识
讲授单位：天津市静海区第四中学
授课教师：卢凤丽
指导教师：肖印军

教育目标

（1）帮助家长明确责任意识的重要性。

（2）帮助家长学会责任意识的培养方法，使孩子认清自己的家庭责任。

（3）帮助家长进一步培养孩子的社会责任，使其能够作出正确的人生选择。

学情分析

很多高中学生缺乏家庭和社会责任感，这也反映了部分家长在孩子的成长中不能有意识地培养孩子的责任意识，或包办代替，或放手不管，或听之任之；加之自身受教育程度等因素的影响，部分家长自身也没有以身作则的意识，缺乏用自身的实际行动引导、帮助孩子建立责任感的方法。长此以往，最终导致在孩子的成长中责任意识的缺位。这种缺位表现为从家庭生活中对于家庭成员的漠不关心、对家庭事务的置身事外，到对身边世事和社会问题上的无动于衷。

重点难点

（1）重点：帮助家长学会责任意识的培养方法，使孩子认清自己的责任。

（2）难点：家长在生活中怎样抓住机会培养孩子的责任意识，让学生成人成才。

教具准备

教学课件、视频（见资料包），调查问卷。

课时安排

1 小时。

教育过程

一、讲授铺垫

教师：俄国伟大作家列夫·托尔斯泰曾经说过："一个人若是没有热情，他将一事无成，而热情的基点正是责任心。"天下兴亡，匹夫有责。一个没有强烈责任意识的民族是没有希望的民族。作为民族的未来，青少年的责任意识的培养至关重要。那么如何培养孩子的责任心呢？ 今天，我就和家长一起学习 "敢为砥柱立中流——培养孩子的责任意识"这一课。

教师讲述《教程》第 168 页"一、指导目标"。

二、讲授过程

（1）孩子责任意识的现状分析。

教师：通过之前对学生及家长做的问卷调查，我们总结了学生责任意识的现状。

①学生方面：普遍缺乏家庭和社会责任感；

②家长方面：缺乏培养孩子责任感的意识或缺乏以身作则的意识；

③社会方面：亟待提高青年公民的责任意识。

教师讲述《教程》第 168~169 页"二、现状分析"。

小结：责任意识是孩子健全人格的基础，是能力发展的催化剂。责任意识对孩子的全面发展和健康成长，起到了不可估量的催化和促进作用。一个没有责任意识的孩子，即使再聪明，再有知识，再有能力，长大后也难以成才。因此，培养孩子的责任心，是关系到将来孩子的命运，决定着孩子人生的大事。请欣赏下面的经典案例。

（2）故事聚焦：临行密密缝。

教师讲述《教程》第 169~170 页"三、故事聚焦《临行密密缝》"。

提问：小丹妈妈培养孩子责任意识的做法给您带来了什么教育启示？

教师引导家长讨论，交流观点。

小结：小丹的母亲对她进行有意识的培养，不仅让小丹学会了吃苦，更是让她担起了家庭的责任，并在教授生活技能的同时，潜移默化地渗透了责任感的教育。小丹成功带领弟弟度过艰苦岁月，拥有健康快乐的童年，其背后有一系列深层次的原因。

（3）剖析根源。

教师将学生家长分成三组，分别从不同的角度交流小丹姐弟成功快乐的原因。

①家长的角度：关注孩子劳动意识和劳动能力的培养；具化家庭责任教育；把家务劳动定位到培养家庭责任的高度。

②学生的角度：拥有基本的生活技能；符合马斯洛的需求层次理论学说。

③学校的角度：同伴的深远影响。

小结：小丹姐弟的成功并非偶然，作为家长，在平时的生活中一定要加强对孩子责任感的培养。不同情况可以采取怎样不同的指导策略呢？

教师讲述《教程》第170~172页“四、剖析根源”。

（4）指导策略。

教师将独生子女家长分成一组，交流培养孩子责任感的经验和方法；将多子女家长分成一组，交流培养孩子责任感的经验和方法；教师讲述《教程》第172~174页“五、指导策略”。

（5）实践思考。

提问：家长可以从几个层面帮助孩子建立社会责任感？

教师：通过调查发现，不同家庭结构培养孩子责任意识的方法存在一定的差异。家长可尝试以下办法，树立孩子的社会责任感。

①关心班级，树立归属感；

②关注社会时事，剖析社会问题；

③在进行职业生涯规划时，要从社会、国家的需求出发，把个人前途同国家命运紧密联系起来。

教师：通过对刚才案例的分析，相信家长对如何培养孩子的责任心有了很多收获。下面，请家长们观看一道情景题目，请您与孩子共同思考，面对这个情况，应该如何应对，才能体现出责任感呢？

教师讲述《教程》第174~175页“六、实践思考（二）情境题”。

教师组织家长讨论，交流做法。然后请一位家长上讲台扮演其中一个角色，另一个家长扮演身体有残疾的旅客，向大家展示在此情境下怎样培养孩子的责任感。

小结： 家长培养孩子责任感的情境无处不在。家长要善于制造机会，抓住机会，循序渐进，让孩子在生活中感受责任的分量。我们可以参考教学课件中的三点做法，让孩子超越“以自我为中心”，强化自己对他人负责，对周围环境负责的责任心。

教师：下面我们再来进行一个案例分析。

教师讲述《教程》第 175 页“六、实践思考（三）案例分析题”。

小结： 曹刿和庄公的三问三答，表现了曹刿对人民负责的政治站位，以及对国家和军队负责到底的态度和卓越的军事才能，即“夫大国，难测也，惧有伏焉。吾视其辙乱，望其旗靡，故逐之”。

三、讲授总结

教师： “责任是信念之基，担当是力量之源。”一个有责任、有担当的孩子，才能走在通向光明的人生大路上。培养高中生责任感的方法形形色色，下面让我们深入学习教材中提供的《培养高中生社会责任感的策略与方法》和《新时代培养高中生社会责任感的策略与方法》，其中的核心要点有助于我们更好地形成家校合力，促进学生成人成才。

教师给家长提供《教程》第 177~180 页“七、智慧分享”。

总结：我们的学生是社会的未来，祖国的未来。我们培养的接班人应该具有时代的责任感，人人都有爱心，人人都有责任心。我坚信：把一个信念播种下去，收获的将是一个行动；把一个行动播种下去，收获的将是一个习惯；把一个习惯播种下去，收获的将是一种性格；一种性格关系到一个人的命运；具有了责任意识的性格，就会收获一个金色的人生。相信在家长的努力和帮助下，每一个孩子都能成为一个有高度责任心的人！

附：本课资料包下载

责任意识

敢为砥柱立中流——培养孩子的责任意识（教案二）

授课学段：高中三年级
授课名称：责任意识
敢为砥柱立中流——培养孩子的责任意识
授课单位：天津市民族中学
授课教师：尹晨
指导教师：王小彦

教育目标

（1）帮助家长明确责任意识的重要性，指导家长学会责任意识的培养方法。

（2）通过家长的引导，使孩子认清自己的家庭和社会责任，并在家长的帮助下更好地担负起自己的家庭责任。

（3）帮助家长进一步培养孩子的社会责任，使其能够做出正确的人生选择。

学情分析

高中阶段的孩子正处于人生成长的重要阶段，他们自我意识相对较强，但对家庭和社会的责任感不足。部分家长在孩子的成长中不能有效培养孩子的责任感，或包办代替，或放手不管，或听之任之，缺乏用自身的实际行动引导、帮助孩子建立责任意识的方法，长此以往导致在孩子的成长中责任意识的缺位。

重点难点

（1）重点：帮助家长明确责任意识的重要性，帮助家长学会责任意识的培养方法。

（2）难点：使孩子认清自己的家庭和社会责任，并在家长的帮助下更好地担负起自己的家庭责任，进而能认清自己的社会责任，做出正确的人生选择。

教具准备

教学课件（见资料包）。

课时安排

1 小时。

教育过程

一、讲授铺垫

教师：各位家长，您的孩子正处于高中阶段，自我意识越来越强烈，但是，我们也发现，他们对家庭和社会的责任意识并不强。而责任意识的培养，也关乎家庭的幸福和谐，甚至关乎孩子未来的职业规划。所以今天我们一起来探讨如何能够更好地培养孩子的责任意识。我们先开展一个小活动，主题是“这是谁的责任”。

教师展示场景 1 图片——凌乱的书房，场景 2 图片——糟糕的成绩单。

教师：我请两组家长，每组两人，任选一幅照片，一位扮演自己，一位扮演孩子，演一演场景之下的一段对话。要求对话围绕“这是谁的责任”这一话题展开，还原家庭日常亲子对话。

小结：首先，家长要明确责任意识的内涵。责任意识是一种自觉意识，也是一种传统美德。人在社会中生存，就必然要对自己、对家庭、对集体甚至对祖国承担并履行一定的责任。责任只有轻重之分，而无有无之别。其次，家长要认识到家庭教育对于孩子的责任意识培养的重要性。每个家庭中的孩子，其成长环境各不相同，决定了孩子在其中扮演的角色的不同，承担了不同的责任。家庭教育在孩子的责任意识培养上，起着非常重要的作用。

二、讲授过程

1. 故事聚焦

教师讲述《教程》第 169~170 页“三、故事聚焦《临行密密缝》”。

教师：现在我要将家长分成若干小组，结合刚才的故事请家长谈谈如何进行的家庭责任感教育。问题如下：

①小丹的妈妈教给小丹什么样的生活技能？

②小丹妈妈采用什么做法培养小丹？

③您认为这样的家庭责任感教育在当下是否有必要？

教师请每小组选一位家长发言（或者可以设置表格，让家长填写后分享），教师可以做适当的引导。

2. 剖析根源

教师讲述《教程》第 170~172 页“四、剖析根源”。

①家长在日常教育中已经未雨绸缪，关注了孩子劳动意识和劳动能力的培养。

②在具体的教育过程中，家长设计了教育场景和实践过程，使家庭责任教育没有停留在口头上，而是具化成为可见可感、可学可做的家务劳动。

③家长把家务劳动准确地定位到家庭责任的高度。

小结：在家庭中，孩子需要担负起家庭的责任，家长应当教授孩子必要的生活技能，并给予孩子勇敢独立尝试的机会，这就是在潜移默化地渗透了责任感的教育。

3. 思考实践

教师讲述《教程》第 174~175 页“六、实践思考（二）情境题”。

教师：请您尝试站在孩子的角度上思考，面对上述情况，应该如何应对？

小结：在这样的活动中，家长尝试站在孩子的角度去分析问题，研究解决办法，其实也是换位思考。只有真正设身处地从孩子的角度分析思考，才能明晰应该怎样培养孩子的社会责任感，并依照孩子的个性特点有针对性地进行培养。

4. 知识小讲堂

教师：现在与家长分享基于家庭教育培养学生责任意识的相关知识。

教师讲述《教程》第 173 页“五、指导策略（三）社会责任感的培养”。

小结：家庭责任感的培养和社会责任感的培养是相辅相成，互相促进的。这里所说的社会责任可以被理解为一个人对自己、他人、集体、社会、国家所承担的职责、任务和使命。对于高中学生而言，社会责任感应该表现其行为对他人、集体、社会和国家有利无害，并始终为有利于社会的健康发展和良性循环而不懈努力。

三、讲授总结

教师：各位家长，通过今天这次家长课堂，相信各位家长应该对如何培养孩子的责任意识有所了解，家庭教育对于孩子的成长是非常重要的，而责任意识的培养又是家庭教育的重要组成部分，希望通过今天的活动，能够给您一些启示，我这里还有一些关于家庭亲子游戏的指导内容，我将通过资料包发送，如果您在以后的实践中有任何疑惑也许从这里能找到答案，也随时欢迎您与我沟通，谢谢各位家长！

教师给家长提供《教程》第 177~180 页“七、智慧分享”。

附：本课资料包下载

应对高考

家长的支持是学生备考的“催化剂”——帮助家长与孩子共同应考（教案）

授课学段：高中三年级

授课名称：应对高考

家长的支持是学生备考的“催化剂”——帮助家长与孩子共同应考

授课单位：天津市天津中学

授课教师：吕燕津

指导教师：赵隽劼

教育目标

（1）指导家长认知自我效能感的定义及影响自我效能感的因素。

（2）传授给家长帮助孩子提升自我效能感的方法。

（3）指导家长用宽容、坦诚、信任的态度对待亲子关系，从而提升孩子的自我效能感、成就感和家庭的幸福指数。

学情分析

现在家长普遍重视教育，把培养孩子成才作为家庭的首要目标。但在育人观念上，部分家长存在唯分数论的观点，对自我效能感的重要性认知不足；部分高三家庭亲子关系不融洽，家长对孩子的潜能缺乏信任；部分家长教育方式不当，缺乏提升孩子自我效能感的方法；有的家长不善于管控情绪，当孩子出现情绪或成绩波动时采取斥责等做法；有些家长对自己要求不严，不求上进，不能成为孩子的榜样；部分单亲、离异家庭也易造成孩子情感需求的缺失。

重点难点

（1）重点：加深家长对自我效能感的认知，指导家长营造整个家庭齐心备考的氛围，让家长和孩子成为并肩作战的伙伴。

（2）难点：家长教育观念的转变和教育手段的更新。

教具准备

教学课件、微视频（见资料包），投影仪。

课时安排

1 小时。

教育过程

一、讲授铺垫

教师：今天我们要一起观赏的是华为拍摄一个广告短片，它是由第 11 届 FIRST 影展最佳剧情片、最佳导演蔡成杰主导的《悟空》。

小男孩不满足于用家里的小电视看《大闹天宫》，他想去城里的大电影院看，却遭到了父母的反对。父亲为了让他断了念想，好好读书，不惜棍棒相加。但小男孩还是坚定地离开家，独自一人翻山越岭，克服种种困难，学会野外求生之道，从一个怀揣梦想的懵懂少年成长为无所畏惧的山林小英雄，最终实现梦想来到电影院。尽管攥在自己手中多年的电影票早已过期，但小男孩并不失望，因为他虽然没有看成《大闹天宫》，但是他自己已经成长为“悟空”。

教师：请各位家长讨论一下以下问题：

①小男孩的梦想是什么？父母为什么反对他追逐梦想？

②父母是使用什么方式阻止男孩去观看《悟空》的？小男孩最终实现梦想了吗？

③这个优秀短片的寓意是什么？引起了我们对哪些家庭教育问题的反思？

教师请几位家长谈自己的观点。

提问：这个故事给我们的启迪是什么呢？

小结：在这个故事里我们看到了一对爱孩子却不信任孩子的父母。他们试图用严厉的管教让孩子好好读书，成人成才，却没有通过提升孩子的自我效能感帮助孩子坚定信心、实现梦想。我们应该认识到，孩子真正的成长是逐渐拥有较高的自我效能感。内心强大、目光远大，使一个人有能力掌控自己的命运，实现自己的梦想。唯有信任、支持孩子的家长才能给孩子追逐梦想的勇气，唯有温馨、有爱的家庭才能给孩子不畏艰难的底气。

二、讲授过程

（1）理解自我效能感。

教师：自我效能感是指个人对自己的学习或行动能够达到某种水平的信念，是个体以积累的经验或信息作为判断的依据，对于自身和环境间发生效果的一种主观判断。

教师讲述《教程》第181~182页“二、现状分析”中“自我效能感的影响因素”。

教师：下面请各位家长思考一个问题，自我效能感与高考备考的关系是什么？

教师讲述《教程》第182页“二、现状分析”中“自我效能感与高考备考的关系”。

小结：成就动机的强弱与个体对于自我效能的评价有关。当一个人拥有较高的自我效能感，他便具有乐观勇敢的心态，不容易产生焦虑不安等负面情绪，处理事情理智果断，乐于并善于迎接突发事件的挑战，因为他相信自己可以把握事情的结果。

（2）课堂微话剧与课堂讨论。

教师将《教程》第182~183页“三、故事聚焦《父母的支持和老师的关爱是孩子成长的动力》”的内容改编成舞台剧，请几位家长进行角色分工，现场表演。

提问：根据前面的表演，您认为周忆父母的教育存在哪些问题？应该怎样纠正？

小结：周忆父母的教育存在的主要问题，一是家长的教育观有狭隘之处，只关心孩子成绩；二是家长缺乏足够的应考经验，心理抗压能力不足，有焦虑倾向；三是对孩子的身心健康关心不够，没能营造出更为温馨、祥和的家庭氛围；四是在亲子沟通的方法上稍感匮乏，没有让孩子感受到家长是孩子最强大的后盾。要解决上述问题，一要营造温馨、信任、支持的家庭氛围；二要帮助孩子考前做好身体养护，养精蓄锐；三要协助孩子做好应考的心理建设；四要做好家长自我心态调节，科学应对考试焦虑。

教师讲述《教程》第 185~186 页“五、指导策略”。

三、讲授总结

教师：我们还设计了一些课后问题，帮助您巩固课堂所学，另有“智慧分享”提供的学习资料，可供您课后阅读思考。家庭教育是每个成年人的必修课，千里马常有，伯乐不常有，家庭教育真正的课堂在家庭，真正的阅卷者是孩子，在孩子成长的历程中，希望我们每个人都能交上一份满意的答卷。

教师给家长提供《教程》第 187~190 页“七、智慧分享”。

附：本课资料包下载

后记
Postscript

今天，《学校家庭教育指导教程实用教案》一书付梓了，这是天津市学校家庭教育指导中心在天津市教育两委指导关怀下，在推进立德树人和贯彻素质教育的进程中，坚持以人为本，恪守以科研为先导的学校家庭教育指导工作理念所取得的累累硕果，是教师们辛勤汗水和聪睿才智的结晶，是执着探索和大胆实践的成果。为此，对本书的问世，表示由衷的祝贺。

家庭教育在学生成长成才的过程中发挥着重要的潜移默化作用，家长不再是旁观者，而应是支持者、交流者、参与者。尤其是随着现在经济社会的发展与变化，家庭教育的功能正不断得到凸显与强化，展现出其独特的价值。家校协同不仅是促进学生健康发展的需要，也是全面贯彻党和国家相关方针政策的需要，是教育现代化的需要，是实现中华民族伟大复兴的需要。教师指导家长做好家庭教育工作是教育应担负的责任，是校家社协同育人的重要内容。基于此，我们编写了《学校家庭教育指导教程实用教案》一书。这本书以教师指导家长开展家庭教育为着力点，通过剖析家庭教育中常见的、可能存在的问题，为家长开展学生教育提供一些指导和帮助，促进校家合力育人。

在编写本书的过程中，教师们踏出了一串串辛勤的脚印，有艰辛、有快乐，更有种种收获和感悟。在不断修改中，看到教案不断完善成熟，大家内心都会被感动，体味着小小的成就感和无限的幸福感。《学校家庭教育指导教程实用教案》一书就是教师们成功的收获。

在此，要感谢一路上支持帮助的专家老师们，他们的无私指导，成就了教师们的成功。感谢各区教育部门等单位相关朋友们出谋划策，携手研究，付出了大家的智慧、辛劳与汗水；感谢天津大学出版社领导和编辑们对本书进行的卓有成效的统稿和高质量的审校工作。大家辛苦了，在此表示衷心感谢！

由于水平和能力所限，书中肯定存在很多不妥之处，敬请读者谅解。真诚希望得到大家的帮助和指导，谢谢大家！

编 者

2023 年 4 月 28 日